《北京市法学品牌专业实践课程系列特色教材》编委会

总 主 编 李仁玉

副总主编 秦艳梅　吕来明　闫冀生

编　　委 李仁玉　北京工商大学法学院院长　教授

　　　　　　秦艳梅　北京工商大学文科实验中心主任　教授

　　　　　　徐康平　北京工商大学法学院　教授

　　　　　　吕来明　北京工商大学法学院副院长　教授

　　　　　　闫冀生　北京工商大学法学院总支书记　教授

　　　　　　王亦平　北京工商大学法学院经济法教研室主任　教授

　　　　　　刘淑莲　北京工商大学法学院刑事法教研室主任　教授

　　　　　　刘弓强　北京工商大学法学院国际法教研室主任　副教授

　　　　　　王茂华　北京工商大学法学院理论法学教研室主任　副教授

　　　　　　白慧林　北京工商大学法学院民商法教研室主任　副教授

税收法律实务
SHUISHOU FALÜ SHIWU
（第四版）

郝琳琳　刘　影 ◎ 著

北京大学出版社
PEKING UNIVERSITY PRESS

图书在版编目(CIP)数据

税收法律实务/郝琳琳,刘影著. —4 版. —北京:北京大学出版社,2015.1
(北京市法学品牌专业实践课程系列特色教材)
ISBN 978-7-301-25291-8

Ⅰ. ①税… Ⅱ. ①郝… ②刘… Ⅲ. ①税法—中国—高等学校—教材 Ⅳ. ①D922.22

中国版本图书馆 CIP 数据核字(2015)第 001092 号

书　　名	税收法律实务(第四版)
著作责任者	郝琳琳　刘　影　著
责任编辑	王　晶
标准书号	ISBN 978-7-301-25291-8
出版发行	北京大学出版社
地　　址	北京市海淀区成府路 205 号　100871
网　　址	http://www.pup.cn
电子信箱	law@pup.pku.edu.cn
新浪微博	@北京大学出版社　@北大出版社法律图书
电　　话	邮购部 62752015　发行部 62750672　编辑部 62752027
印刷者	北京虎彩文化传播有限公司
经销者	新华书店
	730 毫米×980 毫米　16 开本　20.25 印张　368 千字
	2006 年 9 月第 1 版　2008 年 3 月第 2 版
	2011 年 7 月第 3 版
	2015 年 1 月第 4 版　2019 年 11 月第 2 次印刷
定　　价	38.00 元

未经许可,不得以任何方式复制或抄袭本书之部分或全部内容。
版权所有,侵权必究
举报电话: 010-62752024　电子信箱: fd@pup.pku.edu.cn
图书如有印装质量问题,请与出版部联系,电话: 010-62756370

第四版前言

《税收法律实务》(第四版)在结构上沿袭了第三版的模式,每章均分为两个部分:第一部分是对基本概念、基本知识、基本理论和重点、难点、疑点问题的解析。第二部分则由个案组成,围绕案情提出问题,力图激发学生讨论、参与的积极性,引导学生思考案件的若干种可能性;以简明扼要的解题思路代替标准答案,目的在于对学生进行鼓励、引导、提示,从而最大程度地发掘学生的潜力;相关法律链接则为分析、解决问题提供了依据。

自本书第三版问世后的三年多来,我国的税收立法工作进展迅速。先后出台、修订了多部税收法律、法规和规章,尤其是营业税改征增值税试点、房产税试点等。经过第四版的修订,不仅将原来书中有些陈旧、过时的案例、解答和相关法律链接进行了修改和更新,而且充实了本书的内容,使结构更加合理、完整。

编写本书是作者在教学和科研实践中的一种尝试和一个阶段性成果,但由于水平、时间和视野的限制,即使修订后也难免有错误之处,因此恳请学术界和实务界同仁批评指正。

郝琳琳　刘影

2014 年冬于北京工商大学法学院

总　　序

　　三十年前,随着改革开放序幕的拉开,中国的法学教育在高等教育中艰难地赢得一席之地,在没有教材、没有法规、没有专著、没有参考资料的艰难局面下,靠着我们前辈的无限热情和不懈努力而蹒跚起步。正如中国人民大学著名史学家戴逸先生所说,那时的法学教育是幼稚的,基本上处于法学教育的启蒙阶段。其表现为老师上课念讲稿,学生上课做笔记,考试背笔记。正如任何大学的长成需要经过幼苗阶段一样,老师的讲授也基本停留在对法学概念的阐释层面。

　　时至今日,法学学科和法学教育出现了一种全新的局面。目前,全国有近五百所高校设置了法学院系,全国每年招收全日制法学本科生共计十万人左右。在法律规范层面上,社会主义市场经济法律体系已经基本形成,全国人大及其常委会颁布的法律、国务院颁布的行政法规、国务院各部门颁布的政府规章以及最高人民法院、最高人民检察院所作的相关司法解释已经深入到社会生活、经济生活的方方面面,无法可依的局面已经得到彻底改观。在法律研究层面上,几乎有近万部专著出现,面对当下之形势,法学教育何去何从,已是摆在法学教育者面前的一道现实课题。

　　时值北京市实现教育跨越式发展,建设100个市级本科品牌专业的伟大构想之际,我院法学专业作为北京市市级品牌建设专业,提出本科法学教育强化基础,重视应用的教学理念,使学生做到学习平时化,目标具体化。为了实现这一理念,我们除了针对教育部核定的法学专业14门核心课程推出北京市法学品牌专业核心课系列特色教材之外,同时推出北京市法学品牌专业实践课系列特色教材,以达到重视应用之目的。

　　本特色教材的特色在于:第一,在教材的编写体例和内容上,以实务中发生的真实案例为基本素材,同时通过该案例启发学生思考的方向,并提出学生实践的具体要求和目标。从宏观意义上讲,法学是经邦治国之学,法学教育以培养经邦治国之才为己任;从微观意义上讲,法学是维护人权之学,法学教育以培养学生为民请命、为民排忧解难之品格和技能为内容。无论是经邦治国还是为民排忧解难都是解决形形色色的社会问题,而社会问题都集中体现在具体的案例中。因此,以实务中发生的真实案例为素材进行教学是使学生了解社会、认识社会、分析社会和解决社会问题的最佳途径。社会问题是复杂的,对年轻的学生来说,根据其人生经验和社会阅历往往难以分析、判断,故在教材中编写了启发学生思考方向或路径的内容。学生实践的具体要求和目标使实践课程的目标具体化,是解决学生实践目的、实践步骤、实践内容和实践方法的意义所在。第二,在教材的使用上,不是传统法学教育模式下以教师为中心的讲授,而是以学生为主体的模拟实践行为,老师只是起到组织者和裁判者的作用。模拟实践行为的实现,必然要求学生在课下进行充分的准备,在准备过程中学生会不自觉地将所学理论知识和方法转化为自己的实践能力,这个过程是一个探究法学理论意义的过程,是一个法条分析和运用的过程,是一个剖析社会现象的过程,也是一个由概念法学向问题法学、由理论法学向实践法学转化的过程。学生通过课下的充分准备,将其所准备的材料在课堂上进行展示,这个展示过程必将使学生熟悉法律运用的程序,从而使学生综合运用法律的能力得到提升;在课堂展示过程中,通过老师的点评,指出学生的纰漏和错误,又必将使学生弥补所学之不足,从而进一步激发学生的学习动力。

本系列特色教材全部由北京工商大学法学院长期从事本科教学的教师所编写,是这些教师多年教学经验的总结和教学心得的提炼。本系列特色教材暂定14本,以后根据具体情况逐步增加,暂定的14本教材分别是《庭审实务》、《律师实务》、《税收法律实务》、《房地产法律实务》、《证据法律实务》、《涉外经营管理法律实务》、《法律文书写作》、《法律职业形象设计》(上述8本为中文版)、《国际贸易法律实务》、《国际投资法律实务》、《商标法律实务》、《专利法律实务》、《英美合同法律实务》、《WTO法律实务》(上述6本为英文版)。编写本系列特色教材是一项原创性的工作,没有多少经验可供借鉴,难免出现各种纰漏或不足,诚请社会同仁批评指正。

在本系列特色教材即将付梓之际,应当特别感谢北京市教委,他们对本系列特色教材的出版给予了经费支持。应当特别感谢北京工商大学校长沈愉教授,副校长李朝鲜教授、谢志华教授和张耘教授,教务处黄先开教授以及文科实验中心的秦艳梅教授,他们对本系列特色教材的策划提出了宝贵意见,并给予了大力支持。应当特别感谢北京工商大学法学院的老师们,他们为本系列特色教材的编写贡献了他们的人生智慧和教学心得。

北京工商大学法学院

北京工商大学文科实验中心

2006年1月3日

目 录

第一章 税法总论 ··· (1)
第一节 税法总论基本问题 ··· (1)
第二节 税法总论法律实务 ··· (4)
案例1 纳税人的权利与义务 ·· (4)
案例2 赵某拒绝缴税案 ·· (5)
案例3 依据省地税局文件征税是否符合税收法定原则 ·············· (5)
案例4 政府与企业之间签订的减免税协议是否有效 ·················· (6)

第二章 增值税法 ··· (8)
第一节 增值税法基本问题 ··· (8)
第二节 增值税法律实务 ·· (14)
案例1 企业利用纳税主体身份进行税收筹划案 ························ (14)
案例2 某纺织厂缩小增值税征税范围偷税案 ···························· (16)
案例3 企业的兼营行为应如何适用税率和处理问题 ·················· (17)
案例4 建筑材料商店混合销售行为征收增值税案 ······················ (19)
案例5 一般纳税人应如何缴纳增值税 ······································· (20)
案例6 春雨纺织厂应如何缴纳增值税 ······································· (24)
案例7 货运公司应如何缴纳增值税 ··· (26)
案例8 A企业应纳增值税案 ··· (28)
案例9 利用起征点逃避纳税案 ·· (31)
案例10 未将价外费用并入销售额少纳税案 ······························ (32)
案例11 企业采用折扣方式销售商品应如何缴纳增值税 ············ (34)
案例12 以物易物未缴增值税案 ·· (35)
案例13 安信租赁公司税务处理案 ··· (36)
案例14 科达电子公司错误计算增值税案 ·································· (38)
案例15 彩虹电视机厂应纳增值税案 ··· (40)
案例16 鼎盛货物代理公司应纳增值税案 ·································· (42)

案例17	新兴印刷厂应纳增值税案	(45)
案例18	伊林纺织品公司骗取出口退税款案	(48)
案例19	A国际运输公司退税案	(50)
案例20	如何确定增值税的纳税义务发生时间	(52)
案例21	销售货物价格明显偏低时如何缴纳增值税	(54)
案例22	李某虚开增值税专用发票案	(55)

第三章 消费税法 (59)
第一节 消费税法基本问题 (59)
第二节 消费税法律实务 (62)

案例1	卷烟批发企业应如何缴纳消费税	(62)
案例2	委托加工应税消费品应纳税额的计算	(64)
案例3	金山卷烟厂应纳消费税案	(65)
案例4	视同销售的应税消费品应纳消费税未纳案	(68)
案例5	某酒厂收到代销清单未纳消费税案	(69)
案例6	如何计算酒厂的消费税	(71)

第四章 营业税法 (73)
第一节 营业税法基本问题 (73)
第二节 营业税法律实务 (76)

案例1	某商业银行缴纳营业税案	(76)
案例2	某旅游公司缴纳营业税案	(78)
案例3	如何确定营业税的纳税地点	(80)
案例4	某农机化学校培训收入纳税案	(82)
案例5	某合作建房项目税务纠纷案	(84)
案例6	销售自建不动产如何缴纳营业税案	(86)
案例7	某企业未在免租期内申报缴纳营业税案	(87)
案例8	对内对外业务未分别核算引起的税务纠纷案	(88)
案例9	某旅店缴纳营业税争议案	(90)
案例10	某建筑工程确定营业额案	(91)
案例11	保险公司应纳营业税案	(92)

第五章 城市维护建设税法 (95)
第一节 城市维护建设税法基本问题 (95)

第二节　城市维护建设税法律实务 (96)
案例1　如何计算市区企业的城市维护建设税 (96)
案例2　进口环节不征城市维护建设税 (97)
案例3　某钢铁厂不服税务机关缴纳城市维护建设税案 (98)

第六章　企业所得税法 (100)
第一节　企业所得税法基本问题 (100)
第二节　企业所得税法律实务 (107)
案例1　合伙企业是企业所得税的纳税主体吗 (107)
案例2　怎样辨别居民企业和非居民企业 (110)
案例3　企业如何弥补以前年度的亏损 (111)
案例4　高等院校创收应纳企业所得税 (112)
案例5　如何确认应税收入 (115)
案例6　如何确认合理支出 (118)
案例7　支出大于收入要缴纳企业所得税吗 (121)
案例8　处理固定资产相关账务应谨慎 (123)
案例9　固定资产折旧费的提取中发生的漏税问题 (126)
案例10　无形资产摊销不当将对所得税产生影响 (128)
案例11　费用当期未扣以后不得补扣 (130)
案例12　企业的境外所得应如何抵免 (131)
案例13　符合条件的环保企业可享受税收优惠 (133)
案例14　企业所得税应源泉扣缴 (135)
案例15　特别纳税调整后如何补缴税款和利息 (136)
案例16　企业清算处理中的所得税 (138)
案例17　怎样预缴企业所得税 (139)
案例18　分公司、子公司应如何缴纳所得税 (140)
案例19　企业所得税应纳税额的计算(一) (141)
案例20　企业所得税应纳税额的计算(二) (144)
案例21　某企业偷逃所得税案 (147)
案例22　企业合并业务如何进行税务处理 (150)
案例23　企业债务重组业务如何进行税务处理 (151)
案例24　企业应如何计算多项税金 (153)
案例25　小微企业的税收优惠 (158)

第七章　个人所得税法 ································· (160)
第一节　个人所得税法基本问题 ······················· (160)
第二节　个人所得税法律实务 ························· (165)
案例1　如何区分居民纳税人与非居民纳税人 ············· (165)
案例2　某企业发放年终奖金所引起的纳税争议案 ········· (167)
案例3　李某取得公司股权被征税案 ····················· (169)
案例4　张某是否应缴纳"月饼税" ······················· (171)
案例5　收回已转让股权应如何计税 ····················· (173)
案例6　某记者就"稿酬"纳税案 ························· (174)
案例7　王某转让继承房屋纳税案 ······················· (176)
案例8　个体工商户应如何缴纳所得税 ··················· (178)
案例9　出租车司机缴纳个人所得税案 ··················· (180)
案例10　祝某的演出收入应如何纳税 ···················· (182)
案例11　作家与导演应如何纳税 ························ (184)
案例12　因专利被侵权所获赔款也应纳税 ················ (186)
案例13　派发红股和转增股本所得如何计税 ·············· (187)
案例14　扣缴义务人未扣缴税款应承担法律责任 ·········· (189)
案例15　李教授就国内外所得缴税案 ···················· (190)

第八章　房产税、车船税、契税法 ····················· (192)
第一节　房产税、车船税、契税法基本问题 ············· (192)
第二节　房产税、车船税、契税法律实务 ··············· (196)
案例1　某医院缴纳房产税争议案 ······················· (196)
案例2　某企业就多处房产缴纳房产税案 ················· (198)
案例3　某华侨出租房屋缴纳房产税 ····················· (200)
案例4　大修理房屋和临时性房屋如何缴纳房产税 ········· (201)
案例5　如何确认房产原值争议案 ······················· (203)
案例6　上海试点某户缴纳房产税案 ····················· (205)
案例7　购买某破产企业厂房缴纳契税案 ················· (207)
案例8　某大学合并之后改变房屋用途补缴契税案 ········· (208)
案例9　迅驰公司拥有车辆如何缴纳车船税 ··············· (210)

第九章　印花税、车辆购置税法 ······················· (212)
第一节　印花税、车辆购置税法基本问题 ··············· (212)

第二节　印花税、车辆购置税法律实务 ………………………… (214)
　　　案例1　某加工企业缴纳印花税案 ……………………………… (214)
　　　案例2　某企业合并后重用印花税票案 ………………………… (216)
　　　案例3　某企业就多个账簿交纳印花税案 ……………………… (217)
　　　案例4　中奖小汽车如何缴纳车辆购置税 ……………………… (219)
　　　案例5　外交官购入的车辆免征车辆购置税 …………………… (220)

第十章　资源税、城镇土地使用税、耕地占用税法 ………………… (222)
　　第一节　资源税、城镇土地使用税、耕地占用税法基本问题 …… (222)
　　第二节　资源税、城镇土地使用税、耕地占用税法律实务 ……… (226)
　　　案例1　跨省开采原油如何缴纳资源税 ………………………… (226)
　　　案例2　用于加热、修井的原油免征资源税 …………………… (227)
　　　案例3　煤矿开采的煤炭如何缴纳资源税 ……………………… (228)
　　　案例4　大新煤矿销售伴采的天然气如何纳税 ………………… (230)
　　　案例5　矿山开采的金属矿原矿如何缴纳资源税 ……………… (232)
　　　案例6　某矿山利用选矿比进行纳税筹划案 …………………… (232)
　　　案例7　盐场如何缴纳资源税 …………………………………… (233)
　　　案例8　如何缴纳城镇土地使用税 ……………………………… (234)
　　　案例9　如何计算耕地占用税 …………………………………… (236)

第十一章　关税法 ……………………………………………………… (237)
　　第一节　关税法基本问题 ………………………………………… (237)
　　第二节　关税法律实务 …………………………………………… (239)
　　　案例1　离职空姐代购案 ………………………………………… (239)
　　　案例2　红山公司迟交进口关税案 ……………………………… (241)
　　　案例3　金辉公司缴纳出口关税案 ……………………………… (242)
　　　案例4　对某电影厂计征复合税案 ……………………………… (243)
　　　案例5　个人携带的进境物品进口税的征收 …………………… (244)
　　　案例6　某公司缴纳进口环节消费税、增值税和关税案 ……… (245)

第十二章　土地增值税法 ……………………………………………… (248)
　　第一节　土地增值税法基本问题 ………………………………… (248)
　　第二节　土地增值税法律实务 …………………………………… (250)
　　　案例1　房地产开发企业缴纳土地增值税案 …………………… (250)

案例2　个人缴纳土地增值税案…………………………………(252)
　　案例3　Y房地产开发公司土地增值税清算案…………………(253)

第十三章　税收征收管理法……………………………………………(256)
　第一节　税收征收管理法基本问题…………………………………(256)
　第二节　税收征管法律实务…………………………………………(262)
　　案例1　使用白条入账，由谁作出处罚……………………………(262)
　　案例2　设置账外账隐匿收入案……………………………………(263)
　　案例3　被查封财产的看管费用由谁承担…………………………(265)
　　案例4　税务机关应慎行税务检查权………………………………(266)
　　案例5　税务机关如此扣押合法吗…………………………………(268)
　　案例6　变更经营地址应该办理税务登记…………………………(270)
　　案例7　"纳税担保人"持刀行凶为何不构成暴力抗税罪…………(271)
　　案例8　税收代位权行使不当案……………………………………(273)
　　案例9　税务机关应依法送达税务文书……………………………(275)
　　案例10　撕毁文书是否等于抗税越权………………………………(277)
　　案例11　个人取得租金应办理纳税申报……………………………(280)
　　案例12　税务机关追征纳税人漏缴税款案…………………………(281)

第十四章　税务行政复议和行政诉讼…………………………………(282)
　第一节　税务行政复议和行政诉讼基本问题………………………(282)
　第二节　税务行政复议和行政诉讼法律实务………………………(286)
　　案例1　税务行政复议受理范围……………………………………(286)
　　案例2　什么是复议前置程序………………………………………(288)
　　案例3　行政复议的管辖……………………………………………(291)
　　案例4　处罚程序不合法的法律后果………………………………(294)
　　案例5　税务机关应如何采取强制措施……………………………(296)
　　案例6　如何确定税务行政诉讼的管辖法院………………………(299)
　　案例7　行政处罚后仍不改正如何处理……………………………(301)
　　案例8　税务机关如何行使税收代位权……………………………(302)
　　案例9　税务行政处罚中当事人的听证权利………………………(304)
　　案例10　税收诉讼中的证据规则……………………………………(307)
　　案例11　"一事不再理"原则的应用…………………………………(309)

第一章 税法总论

第一节 税法总论基本问题

一、税收和税法的概念

税收,是国家为了实现其职能,依据政治权力,按照法律规定的标准,强制地向纳税人无偿征收货币或实物所形成的特定分配关系。在这一分配关系中,权力主体是国家,客体是人民创造的国民收入和积累的社会财富,其目的是为了实现国家的职能。税收具有强制性、无偿性和固定性的特点。税收的强制性是指国家对税收行为凭借公共权力颁布法令实施,任何单位和个人都不得违抗。税收的无偿性是指国家征税以后,税款即为国家所有,既不需要偿还,也不需要对纳税人付出任何直接形式的报酬。税收的固定性是指国家在征税以前就通过法律形式,把税收的各个要素以法律、法规形式规定下来,征纳双方共同遵守,任何人不得随意改变。

税法作为国家制定的特殊行为规范,是税收的法律形式,是国家制定的用以调整国家与纳税人之间在征纳税方面的权利与义务关系的法律规范的总称。按照税法内容的不同,可以将税法分为税收实体法和税收程序法。税收实体法是规定税收法律关系主体的实体权利、义务的法律规范的总称,我国税收实体法的内容主要包括:流转税法、所得税法、资源税法、财产税法和行为税法。税收程序法是以国家税收活动中所发生的程序关系为调整对象的税法,是规定国家征税权行使程序和纳税人纳税义务履行程序的法律规范的总称,税收征收管理法即属于税收程序法。

二、税法的基本原则

税法的基本原则就是指导一国有关税收法律文件的立法、执法、司法和守法诸环节的基础性法律理念。

(一) 税收法定原则

税收法定原则也称税收法律主义。它是指所有的税收活动必须依照法律的规定进行,税法的各类构成要素必须而且只能由法律予以明确。

(二) 税收公平原则

税收公平原则包括横向公平和纵向公平,即税收负担必须根据纳税人的负担能力进行分配,负担能力相等,税负相同;负担能力不等,则税负不同。

(三) 税收效率原则

税收效率原则包括经济效率和行政效率。税收效率原则要求税法的制定要有利于资源的有效配置和经济体制的有效运行,并有利于提高行政效率。

(四) 实质课税原则

实质课税原则是指在适用税法确认的各个要素时,必须从实际出发,从事物的本质而不是根据其外在形式或者表面现象去审查确认。

三、税法的构成要素

税法的构成要素也称税法的基本结构,即构成各种税法的基本要素。一般来说,税法构成要素包括税收主体、征税客体、税率、纳税环节、纳税期限、纳税地点、税收优惠以及法律责任等共八项内容。

(一) 税收主体

税收主体是指税法规定享有权利和承担义务的当事人,包括征税主体和纳税主体。征税主体是代表国家行使税收管理权的各级征税机关,例如国家各级税务机关、财政机关和海关。纳税主体则是指依税法负有纳税义务的纳税人和负有代扣代缴、代收代缴税款义务的扣缴义务人。

(二) 征税客体

征税客体又称征税对象、征税范围,是征纳税主体权利与义务指向的对象,即征税标的。它包括物和行为,代表课税的广度,是区别不同税种的主要标志。与征税客体有关的概念还有税目和计税依据。税目是税法上规定应征税的具体项目,是征税对象的具体化。计税依据是指计算应纳税额所根据的标准,例如,从价计算的税收以计税金额为计税依据,而从量计征的税收则以征税对象的重量、容积、体积、数量为计税依据。

(三) 税率

税率是指应征税额与征税对象数额之间的比率,代表课税的深度。目前我国的税率形式主要有比例税率、累进税率和定额税率。

1. 比例税率

比例税率是指应征税额与征税客体数量为等比关系。比例税率又可分为单一比例税率、差别比例税率和幅度比例税率。

2. 累进税率

累进税率是随着征税客体数量的增加,其适用的税率也随之提高的一种税率形式。累进税率在具体运用时,又分为全额累进税率和超额累进税率。全额累进税率是指征税对象都按其相应等级的累进税率计算征收。超额累进税率则是指征税对象数额超过某一等级时,仅就其超过的部分按高一级税率计算征税。根据我国个人所得税法的规定,工资薪金所得就是按照七级超额累进税率计算征税的。

3. 定额税率

定额税率是按单位征税对象直接规定固定税额的一种税率形式。

(四) 纳税环节

纳税环节是指对处于运动中的征税对象,选定应该缴纳税款的环节。按照缴纳税款环节的多少,税收的纳税环节可分为一次课征制、二次课征制和多次课征制。例如,消费税就是一次课征制的税种,增值税则采用多次课征制。

(五) 纳税期限

纳税期限是指税法规定的纳税人应纳税款的期限。税法明确规定了每种税的纳税期限,纳税人必须依法如期纳税,逾期纳税者将受到加收滞纳金等处罚。

(六) 纳税地点

纳税地点是纳税人申报缴纳税款的场所。

(七) 税收优惠

税收优惠是国家为了体现鼓励和扶持政策,在税收方面采取的鼓励和照顾措施。目前我国税法规定的税收优惠形式主要有减税、免税、退税、加速折旧、延缓纳税和亏损结转抵补等。

(八) 法律责任

法律责任是税法规定的纳税人和征税工作人员违反税法规范应当承担的法律后果。是规定对纳税人和征税工作人员违反税法的行为采取的惩罚措施。例如,根据我国《税收征收管理法》的规定,纳税人伪造、变造、隐匿、擅自销毁账簿、记账凭证,或者在账簿上多列支出或者不列、少列收入,或者经税务机关通知申报而拒不申报或者进行虚假的纳税申报,不缴或者少缴应纳税款的是偷税。对纳税人偷税的,由税务机关追缴其不缴或者少缴的税款、滞纳金,并处不缴或者少缴的税款 50% 以上 5 倍以下的罚款。就是对纳税人违反税法的行为而规定的违法处理措施。

第二节 税法总论法律实务

案例1 纳税人的权利与义务

事件

国家税务总局2009年11月30日在其官方网站上发布了《关于纳税人权利与义务的公告》,就纳税人在纳税过程中的权利与义务进行了详细解读。主要内容如下:

一、纳税人的权利

(一)知情权;(二)保密权;(三)税收监督权;(四)纳税申报方式选择权;(五)申请延期申报权;(六)申请延期缴纳税款权;(七)申请退还多缴税款权;(八)依法享受税收优惠权;(九)委托税务代理权;(十)陈述与申辩权;(十一)对未出示税务检查证和税务检查通知书的拒绝检查权;(十二)税收法律救济权;(十三)依法要求听证的权利;(十四)索取有关税收凭证的权利。

二、纳税人的义务

(一)依法进行税务登记的义务;(二)依法设置账簿、保管账簿和有关资料以及依法开具、使用、取得和保管发票的义务;(三)财务会计制度和会计核算软件备案的义务;(四)按照规定安装、使用税控装置的义务;(五)按时、如实申报的义务;(六)按时缴纳税款的义务;(七)代扣、代收税款的义务;(八)接受依法检查的义务;(九)及时提供信息的义务;(十)报告其他涉税信息的义务。

法律问题及要求

请了解我国纳税人的权利与义务,提高纳税人意识。

解题思路

《税收征收管理法》对于加强税收征管,规范税收征收和缴纳行为,保障国家税收收入,保护纳税人合法权益,促进经济和社会发展,发挥了积极作用。国家税务总局在2009年11月发布的《关于纳税人权利与义务的公告》中,把分散在我国《税收征收管理法》及其实施细则和相关税收法律、行政法规中的相关规定进行了梳理,明确列举规定了我国纳税人拥有的十四项权利与十项义务。公告的意义在于将既有的权利与义务明晰化,从而便于纳税人在实践中具体操作。一方面,明确具体的权利种类有利于提高纳税人的权利意识、维权意识和维权能力;另一方面,公告对纳税义务的详细列举,也便于纳税人准确快捷地履行相关手续,完成纳税事宜。

案例 2　赵某拒绝缴税案

案情

赵某系个体工商户,经营日用百货,生意红火,利润颇丰。可当税务机关向其征税时,赵某以其收入是自己辛勤劳动经营的结果为由,不愿将自己的辛苦钱无偿交给别人,于是拒绝缴纳税款。

法律问题及要求

(1)什么是税收?
(2)赵某是否应该缴纳税款?

解题思路

在本案中,赵某无论是在学习、生活还是在社会活动中都享受到了作为纳税人的待遇,税收是"取之于民,用之于民"的,因此,赵某应当纳税,否则将违背税收的强制性和无偿性原则,受到应有的处罚。

案例 3　依据省地税局文件征税是否符合税收法定原则

案情

2014年5月,某市的一家公路建设工程公司承接了该市境内某段公路的路基建设施工工程。在施工期间,该公司从当地购买了20万立方米的河沙作为路基建设材料。据此,市地税局依照省地税局有关文件规定,核定该公司应缴纳资源税396472.53元,并且责令其限期缴纳。

该公司接到市地税局税局下达的税务处理决定后,认为《中华人民共和国资源税暂行条例》(以下简称《资源税暂行条例》)及其实施细则所列举的应税产品中不含河沙,因此他们不是资源税纳税人,不应缴纳资源税。在足额缴纳396472.53元税款后,该公司向市地税局的上级主管机关提出了税务行政复议申请。

市地税局上级主管机关作出了维持市地税局原税务处理决定的复议决定。该公司不服,在合理期限内向市人民法院提起了行政诉讼,要求法院撤销市地税局作出的原税务处理决定,退还其已经缴纳的资源税税款 396472.53 元。

市人民法院经审理后,认定市地税局适用税收法律错误,依法作出了撤销市地税局原税务处理决定的判决。

法律问题及要求

(1)什么是"税收法定主义原则"?

(2)依据省地税局文件征税是否符合"税收法定主义原则"?

解题思路

(1)税收法定主义原则,是我国税法至为重要的基本原则,是指征税与纳税都必须有法律根据,并且应当依法征税和纳税。税收法定主义原则一方面要求纳税人必须依法纳税;另一方面,课税只能在法律的授权下进行,超越法律规定的课征是违法和无效的。

我国 2013 年 6 月 29 日修订的《税收征收管理法》第 3 条明确规定:"税收的开征、停征以及减税、免税、退税、补税,依照法律的规定执行;法律授权国务院规定的,依照国务院制定的行政法规的规定执行。任何机关、单位和个人不得违反法律、行政法规的规定,擅自作出税收开征、停征以及减税、免税、退税、补税和其他同税收法律、行政法规相抵触的决定。"这是税收法定主义原则在我国税法中的体现。

(2)根据《资源税暂行条例》第 2 条的规定,资源税的税目、税额,依照本条例所附的《资源税税目税额幅度表》及财政部的有关规定执行。税目、税额幅度的调整,由国务院决定。因此,认定河沙是否属于资源税中的应税矿产品,应由国务院决定。本案中该省地税局有关文件设定河沙为资源税的应税产品,显然违反了《资源税暂行条例》及其实施细则的规定,也不符合税收法定主义原则。

案例 4　政府与企业之间签订的减免税协议是否有效

案情

Y 县政府为招商引资制定了一系列税收优惠政策,根据该政策,凡外地投资者在本县新设立的企业,均可享受免征3年企业所得税的优惠。外地经营者李某遂于2001年10月投资200万元在该县开办了Z金属公司,并随即与该县政府签订了《税收减免协议》。2001年底,该公司取得微利8万元,根据该协议,未申报缴纳企业所得税。2002年,公司经营状况良好,当年获利120万元,但仍未办理纳税申报。2003年3月,Z公司收到Y县税务局下达的《限期缴税通知书》,要求公司补缴2001年和2002年度的企业所得税42.24万元,并拟处罚款50万元。同时书面通知Z公司对拟处罚款有申请听证的权利。

法律问题及要求

(1) Y县政府与Z公司之间签订的减免企业所得税的协议是否有效?
(2) Z公司对拟处罚款是否有申请听证的权利?

解题思路

(1) Y县政府与Z公司之间签订的减免企业所得税的协议无效。

Y县政府制定减免税政策的做法违背了税收法定原则。税收法定原则要求由法律来明确其主体及权利与义务。也就是说,征税和减免税都必须有法律依据,且依法征税、依法纳税和依法减免税。具体地说,就是税法主体的权利义务、税法的各构成要素均必须由法律规定,在没有法律依据的情况下,任何主体都不得征收税款,也不得减免税收。

(2) Z公司对拟处罚款有申请听证的权利。

听证是指行政机关依法实施行政处罚过程中,在作出决定前,由非本案调查人员主持,听取调查人员提出当事人违法的事实、证据和行政处罚建议与法律依据,并听取当事人的陈述、举证、质证和申辩及意见的程序活动。

根据《税务行政处罚听证程序实施办法(试行)》的规定,税务机关对公民作出2000元以上(含本数)罚款或者对法人或者其他组织作出1万元以上(含本数)罚款的行政处罚之前,应当向当事人送达《税务行政处罚事项告知书》,告知当事人已经查明的违法事实、证据、行政处罚的法律依据和拟将给予的行政处罚,并告知有要求举行听证的权利。当事人要求听证的,税务机关应当组织听证。

---

① 案例引自刘剑文主编:《财税法学案例与法理研究》,高等教育出版社2004年版,第190页。

第二章 增值税法

第一节 增值税法基本问题

增值税是对在我国境内销售货物或者提供加工、修理修配服务(以下简称"应税劳务")、交通运输业、邮政业、铁路运输业和部分现代服务业服务(以下简称"应税服务")以及进口货物的企业单位和个人,就其货物销售提供应税劳务、应税服务的增值额和货物进口金额为计税依据而课征的一种流转税。

2011年底,国家决定在上海试点营业税改征增值税工作。自2013年8月1日起,"营改增"范围已推广到全国试行。截至2014年6月1日,交通运输业、邮电通信业和部分现代服务业已纳入"营改增"范围。

一、纳税主体

增值税的纳税人是在我国境内从事销售货物或者提供应税劳务和应税服务以及从事进口货物的单位和个人。增值税的纳税人分为一般纳税人和小规模纳税人,它们在税款计算方法、适用税率以及管理办法上都有所不同。对一般纳税人实行购进扣税法,对小规模纳税人则实行简易征收法。

根据我国《增值税暂行条例》及其《实施细则》的规定,小规模纳税人是指年销售额在规定标准以下,并且会计制度不健全,不能按照规定报送有关税务资料的增值税纳税人。小规模纳税人包括以下三类:

1. 从事货物生产或提供应税劳务的纳税人,以及以从事货物生产或提供应税劳务为主,并兼营货物批发或零售的纳税人,年应税销售额在50万元以下的。

2. 从事货物批发或零售的纳税人,年应税销售额在80万元以下的。

3. 对提供应税服务的,年应税服务销售额在500万元以下的。

二、征税客体

增值税的征税范围为销售货物、提供应税劳务、进口货物以及提供应税服务。

1. 销售货物。销售货物是指有偿转让货物的所有权,这里的"货物"是指有形动产,包括电力、热力、气体在内。

2. 提供应税劳务。应税劳务是指有偿提供加工、修理修配劳务单位或者个体工商户聘用的员工为本单位或者雇主提供加工、修理修配劳务,不包括在内。所谓"加工",是指受托加工货物,即委托方提供原料及主要材料,受托方按照委托方的要求,制造货物并收取加工费的业务。"修理修配",则是指受托对损伤和丧失功能的货物进行修复,使其恢复原状和功能的业务。

3. 进口货物。进口货物是指报关进入我国海关境内的货物。

4. 提供应税服务。应税服务是指陆路运输、水路运输服务、航空运输服务、管道运输服务;邮政普遍服务、邮政特殊服务、其他邮政服务;基础电信服务、增值电信服务;研发和技术服务、信息技术服务、文化创意服务、物流辅助服务、有形动产租赁服务、鉴证咨询服务、广播影视服务等。

5. 视同销售货物的行为。单位或者个体工商户的下列行为,视同销售货物:(1) 将货物交付其他单位或者个人代销;(2) 销售代销货物;(3) 设有两个以上机构并实行统一核算的纳税人,将货物从一个机构移送其他机构用于销售,但相关机构设在同一县(市)的除外;(4) 将自产或者委托加工的货物用于非增值税应税项目;(5) 将自产、委托加工的货物用于集体福利或者个人消费;(6) 将自产、委托加工或者购进的货物作为投资,提供给其他单位或者个体工商户;(7) 将自产、委托加工或者购进的货物分配给股东或者投资者;(8) 将自产、委托加工或者购进的货物无偿赠送其他单位或者个人;(9) 单位和个体工商户向其他单位或者个人无偿提供交通运输业、邮电通信业和部分现代服务业服务,但以公益活动为目的或者以社会公众为对象的除外;(10) 财政部和国家税务总局规定的其他情形。

6. 混合销售行为。一项销售行为如果既涉及货物又涉及非增值税应税劳务,为混合销售行为。从事货物的生产、批发或者零售的企业、企业性单位和个体工商户的混合销售行为,视为销售货物,应当缴纳增值税;其他单位和个人的混合销售行为,视为销售非增值税应税劳务,不缴纳增值税。

7. 兼营非增值税应税劳务。兼营非应税劳务是指纳税人的经营范围既包括销售货物和应税服务,又包括提供非应税劳务。纳税人兼营非增值税应税项目的,应分别核算货物、应税劳务或者应税服务的销售额和非增值税应税项目的营业额;未分别核算的,由主管税务机关核定货物或者应税劳务的销售额。

三、税率和征收率

我国的增值税对一般纳税人和小规模纳税人适用不同的计税方法和税率。

对一般纳税人设置了一档基本税率、一档低税率,对其出口货物设置了零税率;对小规模纳税人则设置了3%的征收率。

1. 基本税率。纳税人在国内销售货物或者进口货物,除列举的以外,税率均为17%;提供加工、修理修配劳务的,税率也为17%。根据"营改增"的规定,提供交通运输业和邮政业以及基础电信业务服务,税率为11%;提供现代服务业服务(有形动产租赁服务除外)和增值电信业务服务,税率为6%。

2. 低税率。纳税人销售或者进口下列货物的,税率为13%:(1)粮食、食用植物油。(2)自来水、暖气、冷气、热水、煤气、石油液化气、天然沼气、居民用煤炭制品。(3)图书、报纸、杂志。(4)饲料、化肥、农药、农机、农膜。(5)国务院规定的其他货物。

3. 零税率。纳税人出口货物和财政部、国家税务总局规定的应税服务,税率为零;但是,国务院另有规定的除外。

4. 小规模纳税人的征收率。小规模纳税人销售货物或者应税劳务的,按3%的征收率征税。交通运输业、邮电通信业和部分现代服务业营业税改征增值税中的小规模纳税人同样适用3%的征收率。

此外,纳税人兼营不同税率的货物或者应税劳务,应当分别核算不同税率货物或者应税劳务的销售额;未分别核算销售额的,从高适用税率。

四、增值税的计算

(一)一般纳税人应纳增值税的计算

纳税人销售货物或者提供应税劳务,应纳税额为当期销项税额抵扣当期进项税额后的余额。应纳税额计算公式:

$$应纳税额 = 当期销项税额 - 当期进项税额$$

1. 销项税额

一般纳税人销售货物或者应税劳务,按照销售额适用税率计算并向购买方收取的增值税额,为销项税额。销项税额计算公式:销项税额 = 销售额 × 税率

销售额为纳税人销售货物或者应税劳务向购买方收取的全部价款和价外费用,但是不包括收取的销项税额。价外费用,包括价外向购买方收取的手续费、补贴、基金、集资费、返还利润、奖励费、违约金、滞纳金、延期付款利息、赔偿金、代收款项、代垫款项、包装费、包装物租金、储备费、优质费、运输装卸费以及其他各种性质的价外收费。

一般纳税人销售货物或者应税劳务,采用销售额和销项税额合并定价方法的,按下列公式计算销售额:

$$销售额 = 含税销售额 \div (1 + 税率)$$

2. 进项税额

纳税人购进货物或者接受应税劳务支付或者负担的增值税额,为进项税额。

下列进项税额准予从销项税额中抵扣:(1)从销售方取得的增值税专用发票上注明的增值税额;(2)从海关取得的海关进口增值税专用缴款书上注明的增值税额;(3)购进农产品,除取得增值税专用发票或者海关进口增值税专用缴款书外,按照农产品收购发票或者销售发票上注明的农产品买价和13%的扣除率计算的进项税额;(4)接受境外单位或者个人提供的应税服务,从税务机关或者境内代理人取得的解缴税款的中华人民共和国税收缴款凭证上注明的增值税额。

下列项目的进项税额不得从销项税额中抵扣:

(1)用于非增值税应税项目、免征增值税项目、集体福利或者个人消费的购进货物或者应税劳务。

(2)非正常损失的购进货物及相关的应税劳务。

(3)非正常损失的在产品、产成品所耗用的购进货物、应税劳务或应税劳务。

(4)国务院财税主管部门规定的纳税人自用消费品。

(5)上述第(1)—(4)项规定的货物的运输费用和销售免税货物的运输费用。

(6)纳税人购进货物或者应税劳务,取得的增值税扣税凭证不符合法律、行政法规或者国务院税务主管部门规定的,其进项税额不得从销项税额中抵扣。

(7)一般纳税人按照简易办法征收增值税的,不得抵扣进项税额。

(8)一般纳税人兼营免税项目或者非增值税应税劳务而无法划分不得抵扣的进项税额的,按下列公式计算不得抵扣的进项税额:

不得抵扣的进项税额 = 当月无法划分的全部进项税额 ×(当期简易计税方法计税项目销售额 + 非增值税应税劳务营业额 + 免征增值税项目销售额)÷(当月全部销售额 + 当月全部营业额)

(9)有下列情形之一者,应按销售额依照增值税税率计算应纳税额,不得抵扣进项税额,也不得使用增值税专用发票:

① 一般纳税人会计核算不健全,或者不能提供准确税务资料的;

② 应当申请办理一般纳税人资格认定而未申请的。

(10)纳税人接受试点纳税人提供的应税服务,下列项目的进项税额不得从销项税额中抵扣:

① 用于简易计税方法计税项目、非增值税应税项目、免征增值税项目、集体

福利或者个人消费,其中涉及的专利技术、非专利技术、商誉、商标、著作权、有形动产租赁,仅指专用于上述项目的专利技术、非专利技术、商誉、商标、著作权、有形动产租赁;

② 接受的旅客运输服务;

③ 与非正常损失的购进货物相关的交通运输业服务;

④ 与非正常损失的在产品、产成品所耗用购进货物相关的交通运输业服务。

上述非增值税应税项目,是指《增值税暂行条例》第10条所称的非增值税应税项目,但不包括《应税服务范围注释》所列项目。

(二) 小规模纳税人应纳增值税的计算

小规模纳税人销售货物或者应税劳务,实行按照销售额和征收率计算应纳税额的简易办法,并不得抵扣进项税额。应纳税额计算公式:

$$应纳税额 = 销售额 \times 征收率$$

(三) 纳税人进口货物应纳增值税的计算

纳税人进口货物,按照组成计税价格和适用的税率计算应纳税额。组成计税价格和应纳税额计算公式:

$$组成计税价格 = 关税完税价格 + 关税 + 消费税$$

$$应纳税额 = 组成计税价格 \times 税率$$

五、增值税纳税义务的发生时间

1. 销售货物或者应税劳务,其增值税纳税义务发生时间为收讫销售款或者取得销售款凭据的当天。具体规定如下:(1) 采取直接收款方式销售货物,不论货物是否发出,均为收到销售额或者取得索取销售额凭据,并将提货单交给买方的当天;(2) 采取托收承付和委托银行收款方式销售货物,为发出货物并办妥托收手续的当天;(3) 采取赊销和分期收款方式销售货物,为按合同约定的收款日期的当天;(4) 采取预收货款方式销售货物,为货物发出的当天;(5) 委托其他纳税人代销货物,为收到代销单位销售的代销清单的当天;(6) 销售应税劳务,为提供劳务同时收讫销售额或取得索取销售额凭据的当天;(7) 纳税人发生视同销售货物行为,为货物移送的当天。(8) 纳税人提供有形动产租赁服务采取款方式的,其纳税义务发生时间为收到预收款的当天。(9) 纳税人发生视同提供应税服务的,其纳税义务发生时间为收到预收款的当天。

2. 纳税人进口货物,其增值税纳税义务发生时间为报关进口的当天。增值税扣缴义务发生时间为纳税人增值税纳税义务发生的当天。

六、增值税的减免优惠

（一）增值税的减征

根据《增值税暂行条例》及其《实施条例》的规定，下列项目免征增值税：

（1）农业生产者销售的自产农业产品，即从事农业生产单位和个人出售的初级农业产品，包括种植业、养殖业、林业、牧业、水产业的初级产品；

（2）避孕药品和用具；

（3）向社会收购的古旧图书；

（4）直接用于科学研究、科学试验和教学的进口仪器、设备；

（5）外国政府、国际组织无偿援助的进口物资和设备；

（6）由残疾人组织直接进口供残疾人专用的物品；

（7）销售的自己使用过的物品。

（二）增值税的免征

根据营业税改征增值税试点过渡政策的规定，下列项目免征增值税：

（1）个人转让著作权；

（2）残疾人个人提供应税劳务；

（3）航空公司提供飞机播撒农药服务；

（4）试点纳税人提供技术转让、技术开发和与之相关的技术咨询、技术服务；

（5）符合条件的节能服务公司实施合同能源管理项目中提供的应税服务。

七、增值税的纳税期限

增值税的纳税期限分别为1日、3日、5日、10日、15日、1个月或者1个季度。纳税人的具体纳税期限，由主管税务机关根据纳税人应纳税额的大小分别核定；不能按照固定期限纳税的，可以按次纳税。

纳税人以1个月或者1个季度为1个纳税期的，自期满之日起15日内申报纳税；以1日、3日、5日、10日或者15日为1个纳税期的，自期满之日起5日内预缴税款，于次月1日起15日内申报纳税并结清上月应纳税款。

纳税人进口货物，应当自海关填发海关进口增值税专用缴款书之日起15日内缴纳税款。

八、增值税的纳税地点

1. 固定业户：（1）固定业户应当向其机构所在地的主管税务机关申报纳税。总机构和分支机构不在同一县（市）的，应当分别向各自所在地的主管税务机关申报纳税;经批准,可以由总机构汇总向总机构所在地的主管税务机关申报纳税。(2) 固定业户到外县(市)销售货物或者应税劳务,应当向其机构所在地的主管税务机关申请开具外出经营活动税收管理证明,并向其机构所在地的主管税务机关申报纳税;未开具证明的,应当向销售地或者劳务发生地的主管税务机关申报纳税;未向销售地或者劳务发生地的主管税务机关申报纳税的,由其机构所在地的主管税务机关补征税款。

2. 非固定业户:在销售地纳税,未在销售地纳税的,要在机构所在地或居住地补交。

3. 进口货物:应当在报关地海关纳税。

4. 扣缴义务人:向其机构所在地或居住地报缴税款。

扣缴义务人应当向其机构所在地或者居住地的主管税务机关申报缴纳其扣缴的税款。

第二节 增值税法律实务

案例1 企业利用纳税主体身份进行税收筹划案

案情

某商业批发企业,年应纳增值税销售额150万元,会计核算制度也比较健全,符合作为一般纳税人条件,适用17%增值税率,但该企业准予从销项税额中抵扣的进项税额较少,只占销项税额的10%,即2.55万元(150×17%×10%),企业应纳增值税额为22.95万元(150×17%-2.55)。如果将该企业分设两个批发企业,各自作为独立核算单位,假设,一分为二后的两个单位年应税销售额分别为70万元和80万元,均符合小规模纳税人的条件,可适用3%征收率。那么,在这种情况下,两个单位只要分别缴纳增值税2.1万元(70×3%)和2.4万元(80×3%)。可见,划小核算单位后,作为小规模纳税人,可较一般纳税人减轻增值税税负18.45万元。

法律问题及要求

(1) 如何区分一般纳税人和小规模纳税人?

(2) 如果不考虑其他因素的影响,企业选择哪种纳税人身份更有利于降低其应纳增值税税额?

第二章 增值税法

解题思路

选择纳税人身份的关键在于判断增值率,增值率=(销项税额－进项税额)/销项税额×100%。对该企业而言,由于其增值率较高,选择将企业分立为两个独立核算的小规模纳税人对企业更为有利。

相关法律链接

1.《增值税暂行条例》*第四条 除本条例第十一条规定外,纳税人销售货物或者提供应税劳务(以下简称销售货物或者应税劳务),应纳税额为当期销项税额抵扣当期进项税额后的余额。应纳税额计算公式:

应纳税额=当期销项税额－当期进项税额

当期销项税额小于当期进项税额不足抵扣时,其不足部分可以结转下期继续抵扣。

第十一条 小规模纳税人销售货物或者应税劳务,实行按照销售额和征收率计算应纳税额的简易办法,并不得抵扣进项税额。应纳税额计算公式:

应纳税额=销售额×征收率

小规模纳税人的标准由国务院财政、税收主管部门规定。

第十二条 小规模纳税人增值税征收率为3%。征收率的调整,由国务院决定。

2.《增值税暂行条例实施细则》第二十八条 条例第十一条所称小规模纳税人的标准为:

(一)从事货物生产或者提供应税劳务的纳税人,以及以从事货物生产或者提供应税劳务为主,并兼营货物批发或者零售的纳税人,年应征增值税销售额(以下简称应税销售额)在50万元以下(含本数、下同)的。

(二)除本条第一款第一项规定以外的纳税人,年应税销售额在80万元以下。

本条第一款所称以从事货物生产或者提供应税劳务为主,是指纳税人的年货物生产或者提供应税劳务的销售额占年应税销售额的比重在50%以上。

---

* 本书所引法律链接无特指均为我国法律规定。为简化起见,法律法规名称不再另加"中华人民共和国"字样。

案例 2 某纺织厂缩小增值税征税范围偷税案

案情

某纺织厂为增值税的一般纳税人。税务机关在对该企业 2014 年度的增值税纳税情况进行专项检查时,发现该厂 10 月份的增值税额比其他月份明显偏低。经检查发现,10 月份原材料购进正常,原材料月末库存比月初库存还有所下降,因而排除了购进原材料增加而导致税款下降的可能。经过进一步检查,税务机关发现该厂经营下列行为取得的有关款项均未记入会计账簿:

(1) 将 1000 米人造棉花布委托某商场代销;
(2) 将一批纯毛面料无偿赠送给某服装厂加工服装;
(3) 将自产的 1500 米丝绸发给职工作为集体福利;
(4) 将一批布料以实物形式向 S 公司投资。

法律问题及要求

(1) 增值税的征收范围有哪些?
(2) 该纺织厂上述行为是否属于增值税的征收范围?

解题思路

我国税法规定的增值税的征收范围是:在中华人民共和国境内销售货物或者提供加工、修理修配劳务、交通运输业、邮电通信业、铁路运输业、部分现代服务业以及进口货物。同时,为了平衡税负、便于控制税源,又列举了八种视同销售的行为,该纺织厂上述行为均应纳入增值税的征收范围。

相关法律链接

1. 《增值税暂行条例》第一条 在中华人民共和国境内销售货物或者提供加工、修理修配劳务以及进口货物的单位和个人,为增值税的纳税人,应当依照本条例缴纳增值税。

2. 《暂行条例实施细则》第二条 条例第一条所称货物,是指有形动产,包括电力、热力、气体在内。

条例第一条所称加工,是指受托加工货物,即委托方提供原料及主要材料,受托方按照委托方的要求制造货物并收取加工费的业务。

条例第一条所称修理修配,是指受托对损伤和丧失功能的货物进行修复,使其恢复原状和功能的业务。

第四条 单位或个体工商户的下列行为,视同销售货物:

(一) 将货物交付其他单位或者他人代销;

(二) 销售代销货物;

(三) 设有两个以上机构并实行统一核算的纳税人,将货物从一个机构移送其他机构用于销售,但相关机构设在同一县(市)的除外;

(四) 将自产或委托加工的货物用于非增值税应税项目;

(五) 将自产、委托加工的货物用于集体福利或个人消费;

(六) 将自产、委托加工或者购进的货物作为投资,提供给其他单位或个体工商户;

(七) 将自产、委托加工或者购进的货物分配给股东或投资者;

(八) 将自产、委托加工或者购进的货物无偿赠送其他单位或者个人。

3.《关于在全国开展交通运输业和部分现代服务业营业税改征增值税试点税收试点税收政策的通知》第十一条 单位和个体工商户的下列情形,视同提供应税服务:

(一) 向其他单位或者个人无偿提供交通运输业和部分现代服务业服务,但以公益活动为目的或者以社会公众为对象的除外。

(二) 财政部和国家税务总局规定的其他情形。

案例3 企业的兼营行为应如何适用税率和处理问题

案情

佳美公司是一家商业企业,拥有独立的法人资格,主要从事粮食及副食品的购销业务,是增值税的一般纳税人。该公司在2014年共取得销售收入702万元,其中:(1) 玉米销售收入182万元;(2) 面粉销售收入230元;(3) 面包、饼干及糖果销售收入290万元;(4) 取得有增值税专用发票的进项税额共75万元。另外,该公司还通过提供病虫害知识培训获得收入10万元。该企业在将收入记账时,没有分别核算以上几部分收入,而将其全年收入712(182+230+290

+10)万元,全部按13%的税率进行纳税申报,缴纳增值税92.56万元。

法律问题及要求

(1) 我国增值税法律制度中规定了几种税率？如何适用？
(2) 该商业企业按13%的税率缴纳增值税的行为合法吗？

解题思路

我国的增值税对一般纳税人和小规模纳税人适用不同的计税方法和税率。一般纳税人的增值税税率分为五档:17%、13%、11%、6%和零税率;小规模纳税人销售货物或者应税劳务的,按3%的征收率征税。在本案中,该公司销售的面包和糖果不属于粮食的范畴,应按一般货物适用17%的税率,玉米和面粉属于粮食的范畴,适用13%的税率。但由于该企业销售货物时,未能分别核算销售额,应从高适用税率。另外,对于其兼营病虫害知识培训所获得的收入,属于营业税的征税范围,也因未分别核算而应由主管税务机关核定货物或者应税劳务的销售额。

相关法律链接

1.《增值税暂行条例》第二条　增值税税率:
(一) 纳税人销售或者进口货物,除本条第(二)项、第(三)项规定外,税率为17%。
(二) 纳税人销售或者进口下列货物,税率为13%:
(1) 粮食、食用植物油;
(2) 自来水、暖气、冷气、热水、煤气、石油液化气、天然气、沼气、居民用煤炭制品;
(3) 图书、报纸、杂志;
(4) 饲料、化肥、农药、农机、农膜;
(5) 国务院规定的其他货物。
(三) 纳税人出口货物,税率为零;但是,国务院另有规定的除外。
(四) 纳税人提供加工、修理修配劳务(以下简称应税劳务),税率为17%。
税率的调整,由国务院决定。

第三条 纳税人兼营不同税率的货物或者应税劳务,应当分别核算不同税率货物或者应税劳务的销售额。未分别核算销售额的,从高适用税率。

2.《暂行条例实施细则》第七条 纳税人兼营非增值税应税项目的,应分别核算货物或应税劳务的销售额和非增值税应税项目的营业额。未分别核算的,由主管税务机关核定货物或者应税劳务的销售额。

案例4 建筑材料商店混合销售行为征收增值税案

案情

某建筑材料商店以批发和零售建筑材料为主营业务,其下设非独立核算的装修队,该商店业务收入的80%来自销售建筑材料,20%来自装修队为客户提供的装饰、装修服务。2010年9月,该商店与某业主签订了一份居室装修合同,合同约定:商店以"包工包料"的方式履行义务,合同总价款为5万元,其中含装修费2万元,材料费3万元。业主于合同订立后,先支付定金1万元,待装修结束并验收合格后再支付余款4万元。装修队于2010年11月完成了全部装修工作并通过验收。

法律问题及要求

(1) 什么是混合销售行为?
(2) 该建筑材料商店就此项"包工包料"业务的收入,应如何缴纳税款?
(3) 倘若纳税主体为一家经营装饰、装修业务为主的装饰装修公司,发生上述"包工包料"行为时,又应该如何纳税呢?

解题思路

混合销售行为是指一项销售行为既涉及增值税应税货物,又涉及非增值税应税劳务。在本案例中,建材商店的"包工包料"业务既涉及增值税应税货物,又涉及非增值税应税劳务,属于混合销售行为。又由于该商店以从事货物生产、批发或零售为主,并兼营非增值税应税劳务,所以取得的"包工包料"业务收入应一并征收增值税。反之,倘若纳税主体为一家经营装饰、装修业务为主的装饰装修公司,发生上述"包工包料"行为时,则应该缴纳营业税。

相关法律链接

《增值税暂行条例实施细则》第五条 一项销售行为如果既涉及货物又涉及非增值税应税劳务,为混合销售行为。除本细则第六条规定外,从事货物的生产、批发或零售的企业、企业性单位和个体工商户的混合销售行为,视为销售货物,应当缴纳增值税;其他单位和个人的混合销售行为,视为销售非应税劳务,不征收增值税。

本条第一款所称非增值税应税劳务,是指属于应缴营业税的交通运输业、建筑业、金融保险业、邮电通信业、文化体育业、娱乐业、服务业税目征收范围的劳务。

本条第一款所称从事货物的生产、批发或零售的企业、企业性单位和个体工商户,包括以从事货物的生产、批发或者零售为主,并兼营非增值税应税劳务的单位和个体工商户在内。

案例5 一般纳税人应如何缴纳增值税

案情

A县某企业为增值税一般纳税人,2014年6月发生下列业务:

(1) 该企业从农业生产者手中收购玉米30000公斤,共计支付收购价款90000元。企业将收购的玉米从收购地A县直接运往B县的来福酒厂生产加工药酒。药酒加工完毕后,企业收回药酒时酒厂开具了增值税专用发票,注明加工费20000元、增值税额3400元,加工的药酒当地无同类产品市场价格。在本月内,企业将收回的药酒批发销售,取得不含税销售额230000元。另外支付给运输单位的销货运输费用取得不含税销售额230000元。另外支付给运输单位的销货运输费用,取得增值税专用发票,注明金额15000元,增值税额1650元。

(2) 该企业购进货物取得增值税专用发票,注明金额350000元、增值税额59500元;支付给运输单位的购货运输费18000元,取得专用发票,增值税额1980元。本月将已验收入库货物的70%零售,取得含税销售额468000元,30%用于本企业集体福利。

(3) 该公司购进一批原材料取得增值税专用发票,注明金额120000元、增值税额 20400 元。本月生产加工一批新产品 360 件,每件成本价 420 元(无同类产品市场价格),该企业将这批新产品全部售给本企业职工并取得不含税销售额 151200 元。

(4)销售 2014 年 1 月购进作为固定资产使用过的摩托车 7 辆,开具普通发票,取得含税销售额 81900 元,摩托车的原值为每辆 9800 元。

(5)本月中,逾期仍未收回的出租物包装物押金 5850 元,计入销售收入中。

以上相关票据均符合税法的规定。

法律问题及要求

(1)怎样计算增值税销项税额,如何抵扣增值税进项税额?
(2)请分析并计算该企业 2014 年 6 月份应缴纳的增值税。

解题思路

业务(1)中应缴纳的增值税:$230000 \times 17\% - 90000 \times 13\% - 3400 - 1650 = 22350$ 元

业务(2)中应缴纳的增值税:$468000 \div (1 + 17\%) \times 17\% - 59500 \times 70\% - 1980 \times 70\% = 24964$ 元

业务(3)中应缴纳的增值税:$420 \times (1 + 10\%) \times 360 \times 17\% - 20400 = 7874.4$ 元

业务(4)中应缴纳的增值税:$81900 \div (1 + 17\%) \times 17\% = 11900$ 元

业务(5)中应缴纳的增值税:$5850 \div (1 + 17\%) \times 17\% = 850$ 元

相关法律链接

1.《增值税暂行条例》第五条 纳税人销售货物或者应税劳务,按照销售额和本条例第二条规定的税率计算并向购买方收取的增值税额,为销项税额。销项税额计算公式:

销项税额 = 销售额 × 税率

第八条 纳税人购进货物或者接受应税劳务(以下简称购进货物或者应税劳务),所支付或者负担的增值税额,为进项税额。

下列进项税额准予从销项税额中抵扣:

(一)从销售方取得的增值税专用发票上注明的增值税额。

(二) 从海关取得的海关进口增值税专用缴款书上注明的增值税额。

(三) 购进农产品,除取得增值税专用发票或者海关进口增值税专用缴款书外,按照农产品收购发票或者销售发票上注明的农产品买价和13%的扣除率计算进项税额。进项税额计算公式:

$$进项税额 = 买价 \times 扣除率$$

(四) 购进或者销售货物以及在生产经营过程中支付运输费用的,按照运输费用结算单据注明的运输费用金额和7%的扣除率计算的进项税额。进项税额计算公式:

$$进项税额 = 运输费用金额 \times 扣除率$$

准予抵扣的项目和扣除率的调整,由国务院决定。

第十条 下列项目的进项税额不得从销项税额中抵扣:

(一) 用于非增值税应税项目、免征增值税项目、集体福利或者个人消费的购进货物或者应税劳务;

(二) 非正常损失的购进货物及相关的应税劳务;

(三) 非正常损失的在产品、产成品所耗用的购进货物或者应税劳务;

(四) 国务院财政、税务主管部门规定的纳税人自用消费品;

(五) 本条第(一)项至第(四)项规定的货物的运输费用和销售免税货物的运输费用。

第十四条 一般纳税人销售货物或者应税劳务,采用销售额和销项税额合并定价方法的,按下列公式计算销售额:

$$销售额 = 含税销售额 \div (1 + 税率)$$

2. 财政部、国家税收总局《关于在全国开展交通运输业和部分现代服务业营业税改征增值税试点税收政策的通知》(财税[2013]37号)《附件2 交通运输业和部分现代服务业营业税改征增值税试点有关事项的规定》的第一条第(五)项 试点纳税人取得的2013年8月1日(含)以后开具的运输费用结算单据(铁路运输费用结算单据除外),不得作为增值税扣税凭证。

第二条第(一)项第6点 原增值税一般纳税人取得的2013年8月1日(含)以后开具的运输费用结算单据(铁路运输费用结算单据除外),不得作为增值税扣税凭证。

3. 财政部、国家税收总局《关于铁路运输和邮政业营业税改征增值税试点有关政策的补充通知》(财税[2013]121号)第五条 原增值税纳税人取得的2014年1月1日后开具的运输费用结算单据,不得作为增值税扣税凭证。

4. 国家税务总局《关于印发〈增值税若干具体问题的规定〉的通知》(国税发[1993]154号)第二点 计税依据:(一)纳税人为销售货物而出租出借包装物收取的押金,单独记账核算的,不并入销售额征税。但对因逾期未收回包装物不再退还的押金,应按所包装物的适用税率征收增值税。(四)纳税人因销售价格明显偏低或无销售价格等原因,按规定需组成计税价格确定销售额的,其组价公式中的成本利润率为10%。但属于应从价定率征收消费税的货物,其组价公式中的成本利润率,为《消费税若干具体问题的规定》中规定的成本利润率。

5. 财政部、国家税务总局《关于部分货物适用增值税低税率和简易办法征收增值税政策的通知》(财税[2009]9号)第二点 下列按简易办法征收增值税的优惠政策继续执行,不得抵扣进项税额:

(一)纳税人销售自己使用过的物品,按下列政策执行:

一般纳税人销售自己使用过的属于条例第十条规定不得抵扣且未抵扣进项税额的固定资产,按简易办法依4%征收率减半征收增值税。

一般纳税人销售自己使用过的其他固定资产,按照《财政部 国家税务总局关于全国实施增值税转型改革若干问题的通知》(财税[2008]170号)第四条的规定执行。

一般纳税人销售自己使用过的除固定资产以外的物品,应当按照适用税率征收增值税。

6. 财政部、国家税务总局《关于全国实施增值税转型改革若干问题的通知》(财税[2008]170号)第四点 自2009年1月1日起,纳税人销售自己使用过的固定资产(以下简称已使用过的固定资产),应区分不同情形征收增值税:

(一)销售自己使用过的2009年1月1日以后购进或者自制的固定资产,按照适用税率征收增值税;

(二)2008年12月31日以前未纳入扩大增值税抵扣范围试点的纳税人,销售自己使用过的2008年12月31日以前购进或者自制的固定资产,按照4%征收率减半征收增值税;

(三)2008年12月31日以前已纳入扩大增值税抵扣范围试点的纳税人,销售自己使用过的在本地区扩大增值税抵扣范围试点以前购进或者自制的固定资产,按照4%征收率减半征收增值税;销售自己使用过的在本地区扩大增值税抵扣范围试点以后购进或者自制的固定资产,按照适用税率征收增值税。

> 本通知所称已使用过的固定资产,是指纳税人根据财务会计制度已经计提折旧的固定资产。

案例6　春雨纺织厂应如何缴纳增值税

案情

春雨纺织厂为增值税一般纳税人,2014年4月经营情况如下:

(1) 该纺织厂将其生产的一批棉织品作为"五一"劳动节礼物发给职工,按同规格棉织品的同期销售价格计算的销售额为20万元;

(2) 销售绸缎2万匹,含税销售收入为234万元;

(3) 向当地农业生产者收购蚕茧一批,作为生产的原材料,收购发票上注明的农产品买价共计10万元;

(4) 向外地经销商销售真丝一批,由甲公司负责运输,真丝的销售额为30万元,收到甲公司开具的增值税专用发票上注明运费2万元,增值税0.22万元;

(5) 该纺织厂从A生产企业(小规模纳税人)处购进纱线一批,价款为6万元,未取得专用发票;同时向B企业(小规模纳税人)销售棉布一批,销售额为40万元。

法律问题及要求

请计算春雨纺织厂当月应纳的增值税税额。

解题思路

该纺织厂当月应纳增值税:

销项税额 = 20×17% + 234÷(1+17%)×17% + 30×17% + 40×17% = 49.3(万元)

进项税额 = 10×13% + 0.22 = 1.52(万元)

当月应纳增值税额 = 49.3 - 1.52 = 47.78(万元)

相关法律链接

1.《增值税暂行条例》第五条 纳税人销售货物或者应税劳务,按照销售额和本条例第二条规定的税率计算并向购买方收取的增值税额,为销项税额。销项税额计算公式:销项税额=销售额×税率

第八条 纳税人购进货物或者接受应税劳务(以下简称购进货物或者应税劳务),所支付或者负担的增值税额,为进项税额。

下列进项税额准予从销项税额中抵扣:

(一)从销售方取得的增值税专用发票上注明的增值税额。

(二)从海关取得的海关进口增值税专用缴款书上注明的增值税额。

(三)购进农产品,除取得增值税专用发票或者海关进口增值税专用缴款书外,按照农产品收购发票或者销售发票上注明的农产品买价和13%的扣除率计算进项税额,进项税额计算公式:进项税额=买价×扣除率

(四)购进或者销售货物以及在生产经营过程中支付运输费用的,按照运输费用结算单据注明的运输费用金额和7%的扣除率计算的进项税额。进项税额计算公式:

$$进项税额=运输费用金额×扣除率$$

准予抵扣的项目和扣除率的调整,由国务院决定。

第十四条 一般纳税人销售货物或者应税劳务,采用销售额和销项税额合并定价方法的,按下列公式计算销售额:

$$销售额=含税销售额÷(1+税率)$$

第十九条 增值税义务发生时间:

(一)销售货物或者应税劳务,为收讫销售款项或者取得索取销售款项凭据的当天;先开具发票的,为开具发票的当天。

(二)进口货物,为报关进口的当天。

增值税扣缴义务发生时间为纳税人增值税纳税义务发生的当天。

2.《增值税暂行条例实施细则》第十八条 本条例第八条第二款第(四)项所称运输费用金额,是指运输费用结算单据上注明的运输费用(包括铁路临管线及铁路专线运输费用)、建设基金,不包括装卸费、保险费等其他杂费。

第三十八条 条例第十九条第一款第(一)项规定的收讫销售款项或者

取得索取销售款项凭据的当天,按销售结算方式的不同,具体为:

(一)采取直接收款方式销售货物,不论货物是否发出,均为收到销售款或者取得索取销售款凭据的当天;

(二)采取托收承付和委托银行收款销售货物,为发出货物并办妥托收手续的当天;

(三)财务赊销和分期付款方式销售货物,为书面合同约定的收款日期当天,无书面合同或者书面合同没有约定收款日期的,为货物发出的当天;

(四)采取预收货款方式销售货物,为货物发出的当天,但生产销售生产工期超过12个月的大型机械设备、船舶、飞机等货物,为收到预收款或者书面合同约定的收款日期的当天;

(五)委托其他纳税人代销货物,为收到代销单位的代销清单或者收到全部或者部分货款的当天。未收到代销清单及货款的,为发出代销货物满180天税务当天;

(六)销售应税劳务,为提供劳务同时收讫销售款或者取得索取销售款的凭据的当天;

(七)纳税发生本细则第四条第(三)项至第(八)项所列视同销售货物的行为,为货物移送的当天。

案例7 货运公司应如何缴纳增值税

案情

上海市某中型货运公司主要经营陆路运输、装卸和仓储业务。2011年底被上海市国家税务局认定为增值税一般纳税人,从2012年1月1日起流转税项由营业税改征增值税,其2014年1月发生如下经济业务:

(1)取得国内交通运输收入500万元。

(2)为经营货物运输业务外购汽油,取得专用发票,注明价款10万元,增值税1.7万元。

(3)购入运输车辆,取得专用发票,注明价款100万元,增值税17万元。

(4)转让专利技术一项,取得收入10万元。

(5)该月提供的应税服务均已开具发票,但仍有100万元收入未收讫。

该公司取得的专用发票均已经过认证并可在当期抵扣。

法律问题及要求

(1) 该企业本月有哪些项目免征增值税?
(2) 该企业本月应缴纳的增值税为多少?

解题思路

该企业转让专利技术取得收入免征增值税。
该企业本月允许抵扣的进项税额为:1.7+17=18.7万元
该企业本月应缴纳的增值税为:500×11%-18.7=36.3万元

相关法律链接

1.《交通运输业和部分现代服务业营业税改征增值税试点实施办法》第八条 应税服务,是指陆路运输服务、水路运输服务、航空运输服务、管道运输服务、研发和技术服务、信息技术服务、文化创意服务、物流辅助服务、有形动产租赁服务、鉴证咨询服务、广播影视服务。应税服务的具体范围按照本办法所附的《应税服务范围注释》执行。

第十二条 增值税税率:
(一)提供有形动产租赁服务,税率为17%。
(二)提供交通运输业服务,税率为11%。
(三)提供现代服务业服务(有形动产租赁服务除外),税率为6%。
(四)财政部和国家税务总局规定的应税服务,税率为零。

第二十四条 下列项目的进项税额不得从销项税额中抵扣:
(一)用于适用简易计税方法计税项目、非增值税应税项目、免征增值税项目、集体福利或者个人消费的购进货物、接受加工修理修配劳务或者应税服务。其中涉及的固定资产、专利技术、非专利技术、商誉、商标、著作权、有形动产租赁,仅指专用于上述项目的固定资产、专利技术、非专利技术、商誉、商标、著作权、有形动产租赁。
(二)非正常损失的购进货物及相关的加工修理修配劳务和交通运输业服务。
(三)非正常损失的在产品、产成品所耗用的购进货物(不包括固定资产)、加工修理修配劳务或者交通运输业服务。

(四) 接受的旅客运输服务。

第四十一条 增值税纳税义务发生时间为:

(一) 纳税人提供应税服务并收讫销售款项或者取得索取销售款项凭据的当天;先开具发票的,为开具发票的当天。

收讫销售款项,是指纳税人提供应税服务过程中或者完成后收到款项。

取得索取销售款项凭据的当天,是指书面合同确定的付款日期;未签订书面合同或者书面合同未确定付款日期的,为应税服务完成的当天。

(二) 纳税人提供有形动产租赁服务采取预收款方式的,其纳税义务发生时间为收到预收款的当天。

(三) 纳税人发生本办法第十一条视同提供应税服务的,其纳税义务发生时间为应税服务完成的当天。

(四) 增值税扣缴义务发生时间为纳税人增值税纳税义务发生的当天。

2.《交通运输业和部分现代服务业营业税改征增值税试点过渡政策的规定》一、下列项目免征增值税:

(一) 个人转让著作权。

(二) 残疾人个人提供应税服务。

(三) 航空公司提供飞机播洒农药服务。

(四) 试点纳税人提供技术转让、技术开发和与之相关的技术咨询、技术服务。

(五) 符合条件的节能服务公司实施合同能源管理项目中提供的应税服务。

……

案例 8　A 企业应纳增值税案

案情

某市 A 企业为增值税一般纳税人,2014 年 10 月发生如下经济业务:

(1) 本月为了生产进口一批原材料,从海关取得的增值税专用缴款书上注明的关税完税价格 200 万元,关税 80 万元,消费税 120 万元,增值税 68 万元。

(2) 从该市 B 企业(小规模纳税人)处购入辅助材料,由当地税务机关代该小规模纳税人开出专用发票,金额 50 万元,增值税 1.5 万元。

(3)月初转来上月未抵扣完的进项税额30万元。

(4)购进燃料一批准备用于生产,专用发票注明价款200万元,增值税34万元,因管理不善,使这部分燃料全部损失。

(5)为集团福利购进商品取得增值税专用发票,注明价款10万元,增值税1.7万元。

(6)为生产免税产品购进原材料一批取得增值税专用发票,注明买价100万元,增值税17万元。

(7)本月共生产销售a产品,折扣前含增值税售价1170万元,增值税税率为17%。

(8)为及时推销a产品,本月共发生销售折扣117万元,销售折扣单独开具专用发票入账。

(9)本月销售b、c两种产品,未分别核算,b产品税率17%,c产品税率13%,含税售价共585万元。

法律问题及要求

(1)该企业本月有哪些进项税额不可抵扣,为什么?
(2)该企业本月允许抵扣的进项税额为多少?
(3)该企业本月应缴纳的增值税为多少?

解题思路

该企业本月第(4)(5)(6)项业务中所含的进项税不能抵扣。
该企业本月允许抵扣的进项税额为:68+1.5+30=99.5万元。
该企业本月应交增值税额为:
1170÷(1+17%)×17%+585÷(1+17%)×17%-99.5=155.5万元

相关法律链接

1.《增值税暂行条例》第三条 纳税人兼营不同税率的货物或者应税劳务,应当分别核算不同税率货物或者应税劳务的销售额;未分别核算销售额的,从高适用税率。

第八条 纳税人购进货物或者接受应税劳务(以下简称购进货物或者应税劳务)支付或者负担的增值税额,为进项税额。

下列进项税额准予从销项税额中抵扣：

（一）从销售方取得的增值税专用发票上注明的增值税额。

（二）从海关取得的海关进口增值税专用缴款书上注明的增值税额。

（三）购进农产品,除取得增值税专用发票或者海关进口增值税专用缴款书外,按照农产品收购发票或者销售发票上注明的农产品买价和13%的扣除率计算进项税额。进项税额计算公式:进项税额＝买价×扣除率

（四）购进或者销售货物以及在生产经营过程中支付运输费用的,按照运输费用结算单据注明的运输费用金额和7%的扣除率计算的进项税额。进项税额计算公式:进项税额＝运输费用金额×扣除率

准予抵扣的项目和扣除率的调整,由国务院决定。

第十条 下列项目的进项税额不得从销项税额中抵扣：

（一）用于非增值税应税项目、免征增值税项目、集体福利或者个人消费的购进货物或者应税劳务;

（二）非正常损失的购进货物或者应税劳务;

（三）非正常损失的在产品、产成品所耗用的购进货物或者应税劳务;

（四）国务院财政、税务主管部门规定的纳税人自用消费品;

（五）本条第（一）项至第（四）项规定的货物的运输费用和销售免税货物的运输费用。

2. 国家税务总局《关于印发〈增值税若干具体问题的规定〉的通知》（国税发[1993]154号）第二点第二项 纳税人采取折扣方式销售货物,如果销售额和折扣额在同一张发票上分别注明的,可按折扣后的销售额征收增值税;如果将折扣额另开发票,不论其在财务上如何处理,均不得从销售额中减除折扣额。

3. 财政部、国家税务总局《关于在全国开展交通运输业和部分现代服务业营业税改征增值税试点税收政策的通知》（财税[2013]37号）《附件2 交通运输业和部分现代服务业营业税改征增值税试点有关事项的规定》的第一条第（五）项规定 试点纳税人取得的2013年8月1日（含）以后开具的运输费用结算单据（铁路运输费用结算单据除外）,不得作为增值税扣税凭证。

第二条第（一）项第6点规定:原增值税一般纳税人取得的2013年8月1日（含）以后开具的运输费用结算单据（铁路运输费用结算单据除外）,不得作为增值税扣税凭证。

4. 财政部、国家税务总局《关于铁路运输和邮政业营业税改征增值税试点有关政策的补充通知》(财税[2013]121号)第五条 原增值税纳税人取得的2014年1月1日后开具的运输费用结算单据,不得作为增值税扣税凭证。

案例9　利用起征点逃避纳税案

案情

某地规定增值税的起征点为月销售额5500元。该地某个体工商户张某为小规模纳税人,张某在2014年10月1日至31日已实现销售额5300元,当月张某又销售价值为220元的棉服一件,而张某却以190元(低于成本)的低价出售,该情况被当地的税务机关得知,责令其补交增值税款,由此发生争议。

法律问题及要求

(1) 什么是起征点?起征点与免征额有何不同?
(2) 该个体经营者为何要将棉服低价销售?
(3) 税务机关是否有权责令其补交税款?

解题思路

起征点是征税对象达到一定数额开始征税的起点。免征额是在征税对象的全部数额中免予征税的数额。起征点与免征额同为征税与否的界限,对纳税人来说,在其收入没有达到起征点或没有超过免征额的情况下,都不征税;它们的区别在于:其一,当纳税人的收入恰好达到起征点时就要征税,而当纳税人的收入恰好与免征额相同时,则不征税。其二,当纳税人收入超过起征点时,要按其收入全额征税。而当纳税人收入超过免征额时,则只就超过的部分征税。两者相比,享受免征额的纳税人就要比享受同额起征点的纳税人税负轻。

在增值税的纳税实践中,利用增值税起征点的规定避税是小规模纳税人经常采用的方法。该个体工商户以低于成本价出售货物是为了逃避缴纳增值税的义务,税务机关有权责令其补交。

结合本案来看,如果该个体工商户取得这220元的收入,就要缴纳增值税额=(5300+220)×3%=165.6元(假设适用3%的征收率);若以190元的价格售出,则本月可不交增值税。

相关法律链接

1.《增值税暂行条例》第十七条　纳税人销售额未达到财政、税额税务主管部门规定的增值税起征点的,免征增值税;达到起征点的,依照本条例规定全额计算缴纳增值税。

2. 财政部《关于修改〈增值税暂行条例实施细则〉和〈营业税暂行条例实施细则〉的决定》(财政部令第65号)从2011年11月1日起,提高增值税和营业税起征点幅度,其中,增值税起征点的幅度规定如下:

销售货物的,为月销售额5000—20000元;
销售应税劳务的,为月销售额5000—20000元;
按次纳税的,为每次(日)销售额300—500元。
各省、自治区、直辖市可以根据实际情况,在上述规定的范围内确定本地区适用的起征点。

案例10　未将价外费用并入销售额少纳税案

案情

某机械设备有限公司于2013年7月研制出一种新型机械设备,投入市场后销售旺盛,常常供不应求。该设备厂为取得更多的经济利益,同时也为了缓和供求矛盾,对新型机械设备进行变相提价,除了要收取价款以外,再向购货方收取技术开发补贴费用,仅此一项费用,该厂在2014年3月就增加销售收入100万元,但是在申报纳税时,该厂仍然同以往一样按照销售价款缴纳增值税。因此,该厂的利润虽有较大的增长,但缴纳的流转税增长却很少。在一次税务大检查中,检查人员发现了这种情况,经过进一步审查,最终发现该厂未将价外费用合并到销售额中计税。根据税法规定,税务人员指出其错误,并责令其补交税款。

法律问题及要求

(1) 什么是价外费用?哪些费用属于价外费用?
(2) 该机械设备厂收取的技术开发补贴费用是否应当缴纳增值税?

解题思路

价外费用包括价外向购买方收取的手续费、补贴、基金、集资费、返还利润、奖励费、违约金、滞纳金、延期付款利息、赔偿金、代收款项、代垫款项、包装费、包装物租金、储备费、优质费、运输装卸费以及其他各种性质的价外收费。

计算增值税应纳税额的销售额为纳税人销售货物或应税劳务向购买方收取的全部价款和价外费用。应当对该机械设备厂收取的技术开发补贴费征收增值税,因为该部分属于向购买方收取的价外费用。

  相关法律链接

1.《增值税暂行条例》第六条第一款 销售额为纳税人销售货物或者应税劳务向购买方收取的全部价款和价外费用,但是不包括收取的销项税额。

2.《增值税暂行条例实施细则》第十二条 条例第六条所称价外费用,包括价外向购买方收取的手续费、补贴、基金、集资费、返还利润、奖励费、违约金、滞纳金、延期付款利息、赔偿金、代收款项、代垫款项、包装费、包装物租金、储备费、优质费、运输装卸费以及其他各种性质的价外收费。但下列项目不包括在内:

(一)受托加工应征消费税的消费品所代收代缴的消费税;

(二)同时符合以下条件的代垫运费:

1. 承运部门的运输费用发票开具给购买方的;

2. 纳税人将该项发票转交给购买方的。

(三)同时符合以下条件代为收取的政府性基金或者行政事业性收费:

1. 由国务院或者财政部批准设立的政府性基金,由国务院或者省级人民政府及其财政、价格主管部门批准设立的行政事业性收费;

2. 收取时开具省级以上财政部门印制的财政票据;

3. 所收款项全额上缴财政。

(四)销售货物的同时代办保险等而向购买方收取的保险费,以及向购买方收取的代购买方缴纳的车辆购置税、车辆牌照费。

案例 11　企业采用折扣方式销售商品应如何缴纳增值税

案情

蓝天公司是一家专营家电的企业,2014 年 10 月,该公司向本地的方圆商场批发销售彩电 200 台,每台含税价格为 4500 元。

法律问题及要求

(1) 蓝天公司销售此批彩电的销项税额是多少?

(2) 如果蓝天公司的进项税额为 30784.56 元,则蓝天公司应缴纳的增值税额是多少?

(3) 如果蓝天公司给方圆商场 10% 的销售折扣,则在公司将折扣额与销售额在同一张发票上注明或未予注明的情况下,甲公司的销项税额是否有所不同(用数据说明)。

解题思路

(1) 蓝天公司销售此批彩电的销项税额为:销项税额 = 销售额 × 税率 = [4500 × 200 ÷ (1 + 17%)] × 17% = 130769.23(元)

(2) 应纳增值税额 = 当期销项税额 – 当期进项税额 = 130769.23 – 30784.56 = 99984.67(元)

(3) 如果销售额和折扣额是在同一张发票上注明的情况下,蓝天公司的销项税额 = [4500 × 200 × (1 – 10%) ÷ (1 + 17%)] × 17% = 117692.31(元)

如果销售额和折扣额未在同一张发票上注明,则销项税额同(1),仍为 130769.23 元。

相关法律链接

1.《增值税暂行条例实施细则》第十四条　一般纳税人销售货物或者应税劳务,采用销售额和销项税额合并定价方法的,按下列方式计算销售额:

销售额 = 含税销售额 ÷ (1 + 税率)

2. 国家税务总局《关于印发〈增值税若干具体问题的规定〉的通知》(国税发[1993]154号)第二点第二项 纳税人采取折扣方式销售货物,如果销售额和折扣额在同一张发票上分别注明的,可按折扣后的销售额征收增值税;如果将折扣额另开发票,不论其在财务上如何处理,均不得从销售额中减除折扣额。

案例 12 以物易物未缴增值税案

案情

某市钢铁厂系增值税的一般纳税人,2014 年 12 月,该市税务稽查人员对该厂 2010 年的纳税情况进行检查。在检查过程中,稽查人员发现 2014 年 3 月"工程物资"账户反映该厂从某水泥厂购进水泥一批,金额为 200000 元,然而在检查"银行存款"、"应付账款"账户时,均未发现有这笔交易的记录。稽查人员进一步查看对应的记账凭证,发现企业所做的会计分录为:

借:工程物资——水泥　　　　　　　　　　200000
　贷:库存商品——钢材　　　　　　　　　　　　200000

稽查人员接着检查记账凭证所附的原始凭证,原始凭证共有三份,第一份是该厂开出的销售钢材的普通发票记账联,第二份是水泥厂开出的出售水泥的普通发票,第三份是该厂基建仓库将水泥验收入库后开具的验收单,金额均为 250000 元(不含税)。显而易见,该厂用本厂生产的钢材换取了水泥厂生产的水泥,并且未记入销售收入。该批钢材成本价为 200000 元,市场价为 250000 元(不含税)。经查,该厂换入水泥是为了建造一幢写字楼,该工程现尚未完工。后来通过向水泥厂调查了解,也证明了这一事实。

法律问题及要求

(1) 企业"以物易物"的行为,是否应缴纳增值税?
(2) 该企业就该笔"以物易物"的交易,应如何缴纳增值税?

解题思路

企业"以物易物"的行为,应缴纳增值税。
企业应补缴增值税 = 250000 × 17% = 42500(元)

相关法律链接

《增值税暂行条例实施细则》第三条 条例第一条所称销售货物,是指有偿转让货物的所有权。

条例第一条所称提供加工、修理修配劳务(以下简称应税劳务),是指有偿提供加工、修理修配劳务。单位或个体工商户聘用的员工为本单位或雇主提供加工、修理修配劳务,不包括在内。

本细则所称有偿,包括从购买方取得货币、货物或其他经济利益。

案例13 安信租赁公司税务处理案

案情

安信租赁公司是一家从事电子生产设备租赁的企业,注册地为北京,设立于2014年8月,已被认定为增值税一般纳税人,于2014年10月发生如下经济业务:

(1) 购入A型号电子生产设备一台,收到增值税专用发票,支付价款100万元,增值税30.6万元。

(2) 为运输A型号电子生产设备,向甲运输公司支付运费1.11万元(含增值税),取得增值税专用发票并通过认证。

(3) 当月出租A型号电子生产设备10台,共取得租金收入200万元(不含税)。

(4) 为维修一台生产设备,向乙技术咨询公司进行咨询,支付其咨询费2.12万元(含增值税),取得增值税专用发票并通过认证。

法律问题及要求

安信公司的增值税应如何计算?

解题思路

安信公司2014年10月应纳增值税额 $= 200 \times 17\% - [30.6 + 1.11 \div (1 + 11\%) \times 11\% + 2.12 \div (1 + 6\%) \times 6\%] = 3.17$(万元)

相关法律链接

《交通运输业和部分现代服务业营业税改征增值税试点实施办法》第八条 应税服务,是指陆路运输服务、水路运输服务、航空运输服务、管道运输服务、研发和技术服务、信息技术服务、文化创意服务、物流辅助服务、有形动产租赁服务、鉴证咨询服务、广播影视服务。

应税服务的具体范围按照本办法所附的《应税服务范围注释》执行。

第十二条 增值税税率:

(一)提供有形动产租赁服务,税率为17%。

(二)提供交通运输业服务,税率为11%。

(三)提供现代服务业服务(有形动产租赁服务除外),税率为6%。

(四)财政部和国家税务总局规定的应税服务,税率为零。

第十四条 增值税的计税方法,包括一般计税方法和简易计税方法。

第十五条 一般纳税人提供应税服务适用一般计税方法计税。

一般纳税人提供财政部和国家税务总局规定的特定应税服务,可以选择适用简易计税方法计税,但一经选择,36个月内不得变更。

第十六条 小规模纳税人提供应税服务适用简易计税方法计税。

第十七条 境外单位或者个人在境内提供应税服务,在境内未设有经营机构的,扣缴义务人按照下列公式计算应扣缴税额:

应扣缴税额 = 接受方支付的价款 ÷ (1 + 税率) × 税率

第十八条 一般计税方法的应纳税额,是指当期销项税额抵扣当期进项税额后的余额。应纳税额计算公式:

应纳税额 = 当期销项税额 − 当期进项税额

当期销项税额小于当期进项税额不足抵扣时,其不足部分可以结转下期继续抵扣。

第十九条 销项税额,是指纳税人提供应税服务按照销售额和增值税税率计算的增值税额。销项税额计算公式:

销项税额 = 销售额 × 税率

第二十二条 下列进项税额准予从销项税额中抵扣:

(一)从销售方或者提供方取得的增值税专用发票(含货物运输业增值税专用发票、税控机动车销售统一发票,下同)上注明的增值税额。

（二）从海关取得的海关进口增值税专用缴款书上注明的增值税额。

（三）购进农产品，除取得增值税专用发票或者海关进口增值税专用缴款书外，按照农产品收购发票或者销售发票上注明的农产品买价和13%的扣除率计算的进项税额。计算公式为：

$$进项税额 = 买价 \times 扣除率$$

买价，是指纳税人购进农产品在农产品收购发票或者销售发票上注明的价款和按照规定缴纳的烟叶税。

（四）接受铁路运输服务，按照铁路运输费用结算单据上注明的运输费用金额和7%的扣除率计算的进项税额。进项税额计算公式为：

$$进项税额 = 运输费用金额 \times 扣除率（现已实行"营改增"）$$

运输费用金额，是指铁路运输费用结算单据上注明的运输费用（包括铁路临管线及铁路专线运输费用）、建设基金，不包括装卸费、保险费等其他杂费。

（五）接受境外单位或者个人提供的应税服务，从税务机关或者境内代理人取得的解缴税款的中华人民共和国税收缴款凭证（以下称税收缴款凭证）上注明的增值税额。

第三十九条 纳税人提供应税服务，将价款和折扣额在同一张发票上分别注明的，以折扣后的价款为销售额；未在同一张发票上分别注明的，以价款为销售额，不得扣减折扣额。

案例14 科达电子公司错误计算增值税案

案情

科达电子公司为增值税一般纳税人，2014年4月销售电脑，销售单价为每台5000元（不含税），本月发生如下购销业务：

（1）该公司从某商贸公司购进生产用的原材料和零部件，取得增值税专用发票，专用发票上注明的价款为20万元，增值税3.4万元。

（2）进口电子元器件一批，从海关取得的增值税缴款书上注明的增值税1.7万元。

（3）向海天电脑城销售电脑300台，由于和该电脑城有长期的业务往来，该公司给予15%的折扣，并另开发票入账。

(4)为扩大销售,提高市场占有率,该公司对原销售的电脑采取以旧换新的方式销售,共收回旧电脑50台,每台收购价600元。

(5)本单位人事部门领取5台电脑作办公用。

(6)本公司新成立营业部,尚未办理税务登记,且未领购专用发票,公司为其销售电脑代开发票,金额为40万元。

(7)该公司从某小规模纳税人企业购进1.5万元的修理用配件,未取得增值税专用发票。

当月该企业会计计算本月的应纳增值税如下:

当月销项税额=5000×300×(1-15%)×17%+50×(5000-600)×17%=254150(元)

当月进项税额=34000+17000+15000×3%=51450(元)

当月应纳增值税税额=254150-51450=202700(元)

法律问题及要求

(1)请按增值税税法的有关规定,分析该公司2014年4月应纳增值税的计算是否正确。若有错误,请指出错误在何处。

(2)请正确计算该公司当月应纳增值税税额。

解题思路

该公司当月应纳增值税的计算是错误的。

正确计算该公司当月应纳增值税税额:

当月销项税额=300×5000×17%+50×5000×17%+5×5000×17%+400000×17%=369750(元);

当月进项税额=34000+17000=51000(元);

当月应纳增值税税额=369750-51000=318750(元)。

相关法律链接

1.《增值税暂行条例实施细则》第四条 单位或个体工商户的下列行为,视同销售货物:

(一)将货物交付其他单位或者个人代销;

(二)销售代销货物;

(三)设有两上以上机构并实行统一核算的纳税人,将货物从一个机构移送其他机构用于销售,但相关机构设在同一县(市)的除外;

(四)将自产或者委托加工的货物用于非应增值税应税项目;

(五)将自产、委托加工的货物用于集体福利或者个人消费;

(六)将自产、委托加工或者购进的货物作为投资,提供给其他单位或者个体工商户;

(七)将自产、委托加工或者购进的货物分配给股东或者投资者;

(八)将自产、委托加工或者购进的货物无偿赠送其他单位或者个人。

第十八条 条例第八条所称运输费用金额,是指运输费用结算单据上注明的运输费用(包括铁路临管线及铁路专线运输费用)、建设基金,不包括装卸费、保险费等其他杂费。

2. 国家税务总局《关于印发〈增值税若干具体问题的规定〉的通知》(国税发[1993]154号)第二点　计税依据

(一)纳税人为销售货物而出租出借包装物收取的押金,单独记账核算的,不并入销售额征税。但对因逾期未收回包装物不再退还的押金,应按所包装货物的适用税率征收增值税。

(二)纳税人采取折扣方式销售货物,如果销售额和折扣额在同一张发票上分别注明的,可按折扣后的销售额征收增值税;如果将折扣额另开发票,不论其在财务上如何处理,均不得从销售额中减除折扣额。

(三)纳税人采取以旧换新方式销售货物,应按新货物的同期销售价格确定销售额。

纳税人采取还本销售方式销售货物,不得从销售额中减除还本支出。

(四)纳税人因销售价格明显偏低或无销售价格等原因,按规定需组成计税价格确定销售额的,其组价公式中的成本利润率为10%。但属于应从价定率征收消费税的货物,其组价公式中的成本利润率,为《消费税若干具体问题的规定》中规定的成本利润率。

案例15　彩虹电视机厂应纳增值税案

案情

2014年7月,彩虹电视机厂生产出最新型号的彩色电视机,每台不含税销售单价7000元。当月发生如下经济业务：

（1）7月3日，向某商场销售电视机200台，由于该大商场一向信誉良好，电视机厂给予10%的折扣，并且将销售额和折扣额在同一张发票上分别注明。

（2）7月5日向本市一新落成的宾馆无偿提供电视机100台。

（3）7月10日，发货给外省分支机构300台，用于销售，并支付运输公司运费1500元，取得专用发票。

（4）7月12日为扩大市场销售，该厂采用以旧换新的方式，从消费者个人手中收购旧型号电视机，销售新型号电视机500台，每台旧型号电视机折价为500元。

（5）7月20日，购进用于生产电视机的原材料一批，取得增值税专用发票上注明的价款为3000000元，增值税税额为510000元，发票已通过认证并可于本月申报抵扣进项税额。

（6）从国外购进一台电视机大型检测设备，取得的海关增值税缴款书上注明的增值税税额为100000元，可于本月向税务机关申报抵扣进项税额。

法律问题及要求

请分析并计算彩虹电视机厂7月份应纳增值税税额。

解题思路

当月销项税额 = 200×7000×(1-10%)×17% + 100×7000×17% + 300×7000×17% + 500×7000×17% = 1285200（元）

当月进项税额 = 510000 + 1500×11% + 100000 = 610165（元）

彩虹电视机厂7月份应纳增值税税额为：
1285200 - 610165 = 675035（元）

  相关法律链接

1.《增值税暂行条例实施细则》第四条　单位或个体工商户的下列行为，视同销售货物：

（一）将货物交付其他单位或者个人代销；

（二）销售代销货物；

（三）设有两个以上机构并实行统一核算的纳税人，将货物从一个机构移送其他机构用于销售,但相关机构设在同一县(市)的除外；

(四)将自产或者委托加工的货物用于非应增值税应税项目；

(五)将自产、委托加工的货物用于集体福利或者个人消费；

(六)将自产、委托加工或者购进的货物作为投资,提供给其他单位或者个体工商户；

(七)将自产、委托加工或者购进的货物分配给股东或者投资者；

(八)将自产、委托加工或者购进的货物无偿赠送其他单位或者个人。

2. 财政部、国家税务总局《关于全国实施增值税转型改革若干问题的通知》(财税[2008]号)第二点　纳税人允许抵扣的固定资产进项税额,是指纳税人2009年1月1日以后(含1月1日,下同)实际发生,并取得2009年1月1日以后开具的增值税扣税凭证上注明的或者依据增值税扣税凭证计算的增值税税额。

3. 国家税务总局《关于调整增值税扣税凭证抵扣期限有关问题的通知》(国税函[2009]617号)第一点　增值税一般纳税人取得2010年1月1日以后开具的增值税专用发票、公路内河货物运输业统一发票和机动车销售统一发票,应在开具之日起180日内到税务机关办理认证,并在认证通过的次月申报期内,向主管税务机关申报抵扣进项税额。

第二点　实行海关进口增值税专用缴款书(以下简称海关缴款书)"先比对后抵扣"管理办法的增值税一般纳税人取得2010年1月1日以后开具的海关缴款书,应在开具之日起180日内向主管税务机关报送《海关完税凭证抵扣清单》(包括纸质资料和电子数据)申请稽核比对。

未实行海关缴款书"先比对后抵扣"管理办法的增值税一般纳税人取得2010年1月1日以后开具的海关缴款书,应在开具之日起180日后的第一个纳税申报期结束以前,向主管税务机关申报抵扣进项税额。

案例16　鼎盛货物代理公司应纳增值税案

案情

上海鼎盛货运代理公司是从事货物代理业务的一般纳税人,其2014年11月发生如下经济业务：

(1)为关联企业无偿提供应税服务,同类服务的不含税价款为200万元。

(2)支付给 A 公司修理费总计 11.7 万元,取得增值税专用发票。

(3)为拓展业务,支付给 B 广告公司广告费 10 万元(不含增值税)取得增值税专用发票。

(4)在国内提供货物代理业务,取得收入 750 万元。

(5)接受 C 交通运输企业的运输服务,支付 C 公司运输费共计 111 万元,取得增值税专用发票。

法律问题及要求

请分析并计算鼎盛公司 2014 年 11 月应纳增值税额。

解题思路

鼎盛公司 2014 年 11 月增值税销项税额 = 200 × 6% + 750 ÷ (1 + 6%) × 6% = 54.45(万元)

鼎盛公司 2014 年 11 月增值税进项税额 = 11.7 ÷ (1 + 17%) × 17% + 10 × 6% + 111 ÷ (1 + 11%) × 11% = 13.3(万元)

鼎盛公司 2014 年 11 月应纳增值税 = 41.15(万元)

相关法律链接

《交通运输业和部分现代服务业营业税改征增值税试点实施办法》第八条 应税服务,是指陆路运输服务、水路运输服务、航空运输服务、管道运输服务、研发和技术服务、信息技术服务、文化创意服务、物流辅助服务、有形动产租赁服务、鉴证咨询服务、广播影视服务。

应税服务的具体范围按照本办法所附的《应税服务范围注释》执行。

第九条 提供应税服务,是指有偿提供应税服务,但不包括非营业活动中提供的应税服务。

有偿,是指取得货币、货物或者其他经济利益。

非营业活动,是指:

(一)非企业性单位按照法律和行政法规的规定,为履行国家行政管理和公共服务职能收取政府性基金或者行政事业性收费的活动。

(二)单位或者个体工商户聘用的员工为本单位或者雇主提供应税服务。

（三）单位或者个体工商户为员工提供应税服务。
（四）财政部和国家税务总局规定的其他情形。

第十一条　单位和个体工商户的下列情形，视同提供应税服务：

（一）向其他单位或者个人无偿提供交通运输业和部分现代服务业服务，但以公益活动为目的或者以社会公众为对象的除外。

（二）财政部和国家税务总局规定的其他情形。

第十二条　增值税税率：

（一）提供有形动产租赁服务，税率为17%。

（二）提供交通运输业服务、邮政业服务，税率为11%。

（三）提供现代服务业服务(有形动产租赁服务除外)，税率为6%。

（四）财政部和国家税务总局规定的应税服务，税率为零。

第十九条　销项税额，是指纳税人提供应税服务按照销售额和增值税税率计算的增值税额。销项税额计算公式：

$$销项税额 = 销售额 \times 税率$$

第二十条　一般计税方法的销售额不包括销项税额，纳税人采用销售额和销项税额合并定价方法的，按照下列公式计算销售额：

$$销售额 = 含税销售额 \div (1 + 税率)$$

第二十一条　进项税额，是指纳税人购进货物或者接受加工修理修配劳务和应税服务，支付或者负担的增值税税额。

第二十二条　下列进项税额准予从销项税额中抵扣：

（一）从销售方或者提供方取得的增值税专用发票(含货物运输业增值税专用发票、税控机动车销售统一发票，下同)上注明的增值税额。

（二）从海关取得的海关进口增值税专用缴款书上注明的增值税额。

（三）购进农产品，除取得增值税专用发票或者海关进口增值税专用缴款书外，按照农产品收购发票或者销售发票上注明的农产品买价和13%的扣除率计算的进项税额。计算公式为：

$$进项税额 = 买价 \times 扣除率$$

买价，是指纳税人购进农产品在农产品收购发票或者销售发票上注明的价款和按照规定缴纳的烟叶税。

购进农产品，按照《农产品增值税进项税额核定扣除试点实施办法》抵扣进项税额的除外。

（四）接受境外单位或者个人提供的应税服务，从税务机关或者境内代理人取得的解缴税款的中华人民共和国税收缴款凭证(以下称税收缴款凭证)上注明的增值税额。

第四十条　纳税人提供应税服务的价格明显偏低或者偏高且不具有合理商业目的的，或者发生本办法第十一条所列视同提供应税服务而无销售额的，主管税务机关有权按照下列顺序确定销售额：

（一）按照纳税人最近时期提供同类应税服务的平均价格确定。

（二）按照其他纳税人最近时期提供同类应税服务的平均价格确定。

（三）按照组成计税价格确定。组成计税价格的公式为：

$$组成计税价格 = 成本 \times (1 + 成本利润率)$$

成本利润率由国家税务总局确定。

《应税服务范围注释》二、部分现代服务业

部分现代服务业，是指围绕制造业、文化产业、现代物流产业等提供技术性、知识性服务的业务活动。包括研发和技术服务、信息技术服务、文化创意服务、物流辅助服务、有形动产租赁服务、鉴证咨询服务、广播影视服务。

案例17　新兴印刷厂应纳增值税案

案情

新兴印刷厂为增值税一般纳税人，2015年2月份发生如下经济业务：

（1）印刷台历1500本，每本售价35.1元(含税价)，其中零售100本。

（2）批发给某商场700本，实行7折优惠，开票时将销售额和折扣额开在了同一张专用发票上，并规定3天之内付款，再给10%的折扣，该商场如期付款。

（3）接受白云出版社委托，印刷图书2000册，每册不含税的印刷价格10元。

（4）由于该印刷厂与白云出版社有长期的业务往来，该印刷厂赠与白云出版社台历400本。

（5）为免税产品印刷说明书收取加工费3000元(不含税)。

（6）该印刷厂以前购进的原材料取得增值税专用发票上注明增值税5000元，已办理发票认证手续并可于本月抵扣进项税额。

（7）购买一台机械设备，取得增值税专用发票上注明税金30000元，尚未办理发票认证手续。

(8) 以前购进的价值10000元(不含税价)的纸张本月因管理不善浸水,无法使用,但进项税额已于上月抵扣。

(9) 由于元旦将至,该印刷厂将剩下的300本台历发给本企业职工作为节日礼物。

法律问题及要求

请根据以上情况,分析并计算该企业当月应纳增值税额。

解题思路

该企业当月应纳增值税的计算过程为:

销项税额 = 35.1 ÷ (1 + 17%) × (100 + 400 + 300) × 17% + 35.1 ÷ (1 + 17%) × 700 × 70% × 17% + 10 × 2000 × 17% + 3000 × 17% = 10489(元)

进项税额 = 5000 − 10000 × 17% = 3300(元)

应纳增值税额 = 10489 − 3300 = 7189(元)

相关法律链接

1.《增值税暂行条例》第二条　增值税税率:

(一) 纳税人销售或者进口货物,除本条第(二)项、第(三)项规定外,税率为17%。

(二) 纳税人销售或者进口下列货物,税率为13%:

1. 粮食、食用植物油;

2. 自来水、暖气、冷气、热水、煤气、石油液化气、天然气、沼气、居民用煤炭制品;

3. 图书、报纸、杂志;

4. 饲料、化肥、农药、农机、农膜;

5. 国务院规定的其他货物。

(三) 纳税人出口货物,税率为零;但是,国务院另有规定的除外。

(四) 纳税人提供加工、修理修配劳务(以下简称应税劳务),税率为17%。税率的调整,由国务院决定。

除本条例第十一条规定外,纳税人销售货物或者提供应税劳务(以下简称销售货物或者应税劳务),应纳税额为当期销项税额抵扣当期进项税额后的余额。应纳税额计算公式:应纳税额=当期销项税额-当期进项税额

当期销项税额小于当期进项税额不足抵扣时,其不足部分可以结转下期继续抵扣。

第十条 下列项目的进项税额不得从销项税额中抵扣:

(一)用于非增值税应税项目、免征增值税项目、集体福利或者个人消费的购进货物或者应税劳务;

(二)非正常损失的购进货物及其相关的应税劳务;

(三)非正常损失的在产品、产成品所耗用的购进货物或者应税劳务;

(四)国务院财政、税务主管部门规定的纳税人自用消费品;

(五)本条第(一)项至第(四)项规定的货物的运输费用和销售免税货物的运输费用。

2.《增值税暂行条例实施细则》第二十四条 条例第十条第(二)项所称非正常损失,是指因管理不善造成被盗、丢失、霉烂变质的损失。

第二十七条 已抵扣进项税额的购进货物或者应税劳务,发生条例第十条规定的情形的(免税项目、非增值税应税劳务除外),应当将该项购进货物或者应税劳务的进项税额从当期的进项税额中扣减;无法确定该进项税额的,按当期实际成本计算应扣减的增值税额。

3.财政部、国家税务总局《关于全国实施增值税转型改革若干问题的通知》(财税[2008]号)第二点 纳税人允许抵扣的固定资产进项税额,是指纳税人2009年1月1日以后(含1月1日,下同)实际发生,并取得2009年1月1日以后开具的增值税扣税凭证上注明的或者依据增值税扣税凭证计算的增值税税额。

4.国家税务总局《关于调整增值税扣税凭证抵扣期限有关问题的通知》(国税函[2009]617号)第一点 增值税一般纳税人取得2010年1月1日以后开具的增值税专用发票、公路内河货物运输业统一发票和机动车销售统一发票,应在开具之日起180日内到税务机关办理认证,并在认证通过的次月申报期内,向主管税务机关申报抵扣进项税额。

第二点 实行海关进口增值税专用缴款书(以下简称海关缴款书)"先比对后抵扣"管理办法的增值税一般纳税人取得2010年1月1日以后开具的海关缴款书,应在开具之日起180日内向主管税务机关报送《海关完税凭证

抵扣清单》(包括纸质资料和电子数据)申请稽核比对。

未实行海关缴款书"先比对后抵扣"管理办法的增值税一般纳税人取得2010年1月1日以后开具的海关缴款书,应在开具之日起180日后的第一个纳税申报期结束以前,向主管税务机关申报抵扣进项税额。

案例18 伊林纺织品公司骗取出口退税款案

案情

伊林纺织品有限责任公司是一家有进出口经营权的增值税一般纳税人,出口货物的征税税率为17%,退税率为13%。2014年6月该公司的经营业务为:购进原材料一批,取得增值税专用发票注明的价款为200万元,外购货物准予抵扣的进项税额为34万元,货物已验收入库,当月进料加工免税进口材料的组成计税价格为100万元。上期末留抵税款6万元,本月在国内销售货物取得含税销售额117万元,并已将款项存入银行。当月出口货物销售额折合人民币200万元。

法律问题及要求

(1) 什么是出口退(免)税?
(2) 伊林公司当月依法能取得的增值税退税额应是多少?

解题思路

出口退(免)税,是指货物报关出口销售后,将其国内所缴纳的税收退还给货物出口企业或对出口企业给予免税的一种制度。出口货物准予退(免)税的仅限于已征收的增值税、消费税。出口货物退(免)税为世界各国所采用,一般都是以法定的税率确定出口货物的退税率。其目的在于鼓励产品出口,使本国产品以不含税价格进入国际市场增强竞争能力,促进对外出口贸易。

当月伊林公司免抵退税不得免征和抵扣税额抵减额 = 100 × (17% − 13%) = 4(万元)

免抵退税不得免征和抵扣税额 = 200 × (17% − 13%) − 4 = 4(万元)

当期应纳税额 = 100 × 17% − (34 − 4) − 6 = −19(万元)

免抵退税额抵减额 = 100 × 13% = 13(万元)

出口货物免抵退税额 = 200 × 13% − 13 = 13(万元)

当期期末留抵税额＞当期免抵退税额,所以当期应退税额＝当期免抵退税额,即当期应退税额＝13(万元)

伊林公司当期免抵税额＝当期免抵退税额－当期应退税额＝0

伊林公司当月期末留抵结转下期继续抵扣税额为19－13＝6(万元)

相关法律链接

1.《增值税暂行条例》第二十五条　纳税人出口适用退(免)规定的,应当向海关办理出口手续后,凭出口报关单等有关凭证,在规定的出口退(免)税申报期内按月向主管税务机关申报办理该项出口货物的退(免)税。具体办法由国务院财政、税务主管部门制定。

出口货物办理退税后发生退货或者退关的,纳税人应当依法补缴已退的税款。

2.财政部、国家税务总局《关于进一步推进出口货物实行免抵退税办法的通知》(财税[2002]7号)第二点　实行免、抵、退税办法的"免"税,是指对生产企业出口的自产货物,免征本企业生产销售环节增值税;"抵"税,是指生产企业出口自产货物所耗用的原材料、零部件、燃料、动力等所含应予退还的进项税额,抵顶内销货物的应纳税额;"退"税,是指生产企业出口的自产货物在当月内应抵顶的进项税额大于应纳税额时,对未抵顶完的部分予以退税。

第三点　有关计算方法

(一)当期应纳税额的计算

当期应纳税额＝当期内销货物的销项税额－(当期进项税额－当期免抵退税不得免征和抵扣税额)

(二)免抵退税额的计算

免抵退税额＝出口货物离岸价×外汇人民币牌价×出口货物退税率－免抵退税额抵减额

其中:

1.出口货物离岸价(FOB)以出口发票计算的离岸价为准。出口发票不能如实反映实际离岸价的,企业必须按照实际离岸价向主管国税机关进行申报,同时主管税务机关有权依照《税收征收管理法》、《增值税暂行条例》等有关规定予以核定。

2. 免抵退税额抵减额＝免税购进原材料价格×出口货物退税率

免税购进原材料包括从国内购进免税原材料和进料加工免税进口料件，其中进料加工免税进口料件的价格为组成计税价格。

进料加工免税进口料件的组成计税价格＝货物到岸价＋海关实征关税和消费税

（三）当期应退税额和免抵税额的计算

1. 如当期期末留抵税额≤当期免抵退税额，则

当期应退税额＝当期期末留抵税额

当期免抵税额＝当期免抵退税额－当期应退税额

2. 如当期期末留抵税额＞当期免抵退税额，则

当期应退税额＝当期免抵退税额

当期免抵税额＝0

当期期末留抵税额根据当期《增值税纳税申报表》中"期末留抵税额"确定。

（四）免抵退税不得免征和抵扣税额的计算

免抵退税不得免征和抵扣税额＝出口货物离岸价×外汇人民币牌价×（出口货物征税率－出口货物退税率）－免抵退税不得免征和抵扣税额抵减额

免抵退税不得免征和抵扣税额抵减额＝免税购进原材料价格×（出口货物征税率－出口货物退税率）

案例 19　A 国际运输公司退税案

案情

A 国际货物运输公司为一般纳税人，该企业实行"免、抵、退"税管理办法。该企业 2014 年 10 月发生如下业务：

（1）该企业当月承接了 3 个国际运输业务，取得确认的收入 50 万元人民币。

（2）企业增值税纳税申报时，期末留抵税额为 10 万元人民币。

法律问题及要求

计算该企业当月的退税额。

解题思路

当期零税率应税服务"免、抵、退"税额＝当期零税率应税服务"免、抵、退"税计税依据×外汇人民币折合率×零税率应税服务增值税退税率＝50×11%＝5.5万元。

当期期末留抵税额10万元＞当期"免、抵、退"税额5.5万元。

当期应退税额＝当期"免、抵、退"税额5.5万元。

退税申报后,结转下期留抵的税额为4.5万元。

相关法律链接

《适用增值税零税率应税服务退(免)税管理办法(暂行)》第一条 中华人民共和国境内(以下简称境内)提供增值税零税率应税服务并认定为增值税一般纳税人的单位和个人(以下称零税率应税服务提供者),提供适用增值税零税率的应税服务(以下简称零税率应税服务),如果属于增值税一般计税方法的,实行增值税退(免)税办法,对应的零税率应税服务不得开具增值税专用发票。

第二条 零税率应税服务的范围

(一)国际运输服务、港澳台运输服务

1. 国际运输服务

(1)在境内载运旅客或货物出境;

(2)在境外载运旅客或货物入境;

(3)在境外载运旅客或货物。

从境内载运旅客或货物至国内海关特殊监管区域及场所、从国内海关特殊监管区域及场所载运旅客或货物至国内其他地区或者国内海关特殊监管区域及场所,不属于国际运输服务。

第三条 本办法所称增值税退(免)税办法包括:

(一)免抵退税办法。零税率应税服务提供者提供零税率应税服务,如果属于适用增值税一般计税方法的,免征增值税,相应的进项税额抵减应纳增值税额(不包括适用增值税即征即退、先征后退政策的应纳增值税额),未抵减完的部分予以退还。

(二)免退税办法。外贸企业兼营的零税率应税服务,免征增值税,其对应的外购应税服务的进项税额予以退还。

第四条 零税率应税服务的增值税退税率为其在境内提供对应服务适用的增值税税率。

第六条 零税率应税服务增值税退(免)税的计算

(一)零税率应税服务增值税免抵退税,依下列公式计算:

1. 当期免抵退税额的计算:

当期零税率应税服务免抵退税额＝当期零税率应税服务免抵退税计税依据×外汇人民币折合率×零税率应税服务增值税退税率

2. 当期应退税额和当期免抵税额的计算:

(1) 当期期末留抵税额≤当期免抵退税额时,

当期应退税额＝当期期末留抵税额

当期免抵税额＝当期免抵退税额－当期应退税额

(2) 当期期末留抵税额＞当期免抵退税额时,

当期应退税额＝当期免抵退税额

当期免抵税额＝0

"当期期末留抵税额"为当期《增值税纳税申报表》的"期末留抵税额"。

案例20　如何确定增值税的纳税义务发生时间

案情

某物资贸易公司为增值税一般纳税人,2014年5月份发生以下业务:

(1) 上月购进并入库的原材料一批,本月付款,取得增值税专用发票上注明价款100万元,税金17万元;

(2) 采用托收承付结算方式销售给A厂机床30台,共60万元(不含税),货已发出,托收手续已在银行办妥,货款尚未收到;

(3) 采用分期付款结算方式销售给B厂机床100台,价款共200万元(不含税),货已发出,合同规定本月到期货款40万元,但实际上只收回了30万元;

(4) 销售一批小型农用机械,开具普通发票上注明销售额113万元,上月已

收预收款 20 万元,本月发货并办托银行托收手续,但货款未到;

(5) 盘亏一批 2011 年 2 月份购入的物资(已抵扣进项税额为 6.8 万元),盘亏金额为 1 万元;

(6) 采用其他方式销售给 C 厂一些机床配件,价款 70 万元(不含税),货已发出,货款已收到。

法律问题及要求

(1) 如何确定本案中各项增值税纳税义务的发生时间?

(2) 请根据上述资料分析并计算该物资公司当月应纳增值税。

解题思路

该公司的销项税额为:$60 \times 17\% + 40 \times 17\% + 113 \div (1+13\%) \times 13\% + 70 \times 17\% = 41.9$(万元)

进项税额为:$17 - 1 \times 17\% = 16.83$(万元)

应纳增值税额为:$41.9 - 16.83 = 25.07$(万元)

相关法律链接

1.《增值税暂行条例》第十条 下列项目的进项税额不得从销项税额中抵扣:

(一) 用于非增值税应税项目、免征增值税项目、集体福利或者个人消费的购进货物或者应税劳务;

(二) 非正常损失的购进货物及相关的应税劳务;

(三) 非正常损失的在产品、产成品所耗用的购进货物或者应税劳务;

(四) 国务院财政、税务主管部门规定的纳税人自用消费品;

(五) 本条第(一)项至第(四)项规定的货物的运输费用和销售免税货物的运输费用。

第十九条 增值税纳税义务发生时间:

(一) 销售货物或者应税劳务,为收讫销售款或者取得索取销售款凭据的当天。

(二) 进口货物,为报关进口的当天。

2.《增值税暂行条例实施细则》第二十四条 条例第十条第(二)项所称非正常损失,是指因管理不善造成被盗、丢失、霉烂变质的损失。

第三十三条 条例第十九条第(一)项规定的销售货物或者应税劳务的纳税义务发生时间,按销售结算方式的不同,具体为:

(一)采取直接收款方式销售货物,不论货物是否发出,均为收到销售额或取得索取销售额的凭据,并将提货单交给买方的当天;

(二)采取托收承付和委托银行收款方式销售货物,为发出货物并办妥托收手续的当天;

(三)采取赊销和分期收款方式销售货物,为按合同约定的收款日期的当天;

(四)采取预收货款方式销售货物,为货物发出的当天;

(五)委托其他纳税人代销货物,为收到代销单位销售的代销清单的当天;

(六)销售应税劳务,为提供劳务同时收讫销售额或取得索取销售额的凭据的当天;

(七)纳税人发生本细则第四条第(三)项至第(八)项所列视同销售货物行为,为货物移送的当天。

案例21 销售货物价格明显偏低时如何缴纳增值税

案情

某洗衣机厂2014年4月销售某型号洗衣机3批:

第一批洗衣机销售增值税专用发票上注明的单价是每件0.3万元,数量是1000件;

第二批洗衣机销售增值税专用发票上注明的单价是每件0.32万元,数量是2000件;

第三批洗衣机销售增值税专用发票上注明的单价是每件0.08万元,数量是200件;

第三批的价格被税务机关认为是价格明显偏低,又没有正当理由。

法律问题及要求

(1) 当纳税人销售货物或应税劳务的价格明显偏低而无正当理由的,税务机关如何核定其售价和销售额?

(2) 根据以上情况计算该企业的销项税税额是多少?

解题思路

该企业的销项税额 = [0.3 × 1000 + 0.32 × 2000 + (0.3 × 1000 + 0.32 × 2000) ÷ (1000 + 2000) × 200] × 17% = 170.45(万元)

相关法律链接

1.《增值税暂行条例》第七条　纳税人销售货物或者应税劳务的价格明显偏低并无正当理由的,由主管税务机关核定其销售额。

2.《增值税暂行条例实施细则》第十六条　纳税人有条例第七条所称价格明显偏低并无正当理由或者有本细则第四条所列视同销售货物行为而无销售额者,按下列顺序确定销售额:

(一) 按纳税人当月同类货物的平均销售价格确定;

(二) 按纳税人最近时期同类货物的平均销售价格确定;

(三) 按组成计税价格确定。组成计税价格的公式为:

组成计税价格 = 成本 × (1 + 成本利润率)

属于应征消费税的货物,其组成计税价格中应加计消费税额。

公式中的成本是指:销售自产货物的为实际生产成本,销售外购货物的为实际采购成本。公式中的成本利润率由国家税务总局确定。

案例22　李某虚开增值税专用发票案

案情

2005年2月18日至27日,主要犯罪嫌疑人某贸易公司法定代表人李某在利益驱动下,利用增值税防伪税控系统先后多次为他人虚开增值税专用发票97份,涉税金额达8510万余元,税额1447万余元,价税合计9957万余元,虚开发票涉及北京、上海、福建等 18 个省级行政区的 60 余家企业。同时,该贸易公司为抵扣进项税额,又从张某处取得虚假进项税发票(手写万元版)912 份,金额 8330 万余元,税款 1416 万余元,价税合计 9746 万余元。2005 年 11 月 19 日,经检察院批准,对犯罪嫌疑人某贸易公司法定代表人李某以及张某依法逮捕。某市中级人民法院对该贸易公司虚开增值税专用发票案作出一审判决,以虚开增值税专用发票罪,判处主犯李某有期徒刑 10 年。

法律问题及要求

(1) 何为虚开增值税专用发票罪?
(2) 虚开增值税专用发票罪应当承担什么法律责任?
(3) 开增值税专用发票应当注意什么?

解题思路

虚开增值税专用发票是指有为他人虚开、为自己虚开、让他人为自己虚开、介绍他人虚开的行为。虚开税款数额 1 万元以上的或者虚开增值税专用发票致使国家税款被骗取 5000 元以上的,应当依法定罪处罚。

相关法律链接

1. 《增值税专用发票使用规定》第十一条　专用发票应按下列要求开具:
(1) 项目齐全,与实际交易相符;
(2) 字迹清楚,不得压线、错格;
(3) 发票联和抵扣联加盖财务专用章或者发票专用章;
(4) 按照增值税纳税义务的发生时间开具。
对不符合上列要求的专用发票,购买方有权拒收。

2. 《刑法》第二百零五条　虚开增值税专用发票或者虚开用于骗取出口退税、抵扣税款的其他发票的,处 3 年以下有期徒刑或者拘役,并处 2 万元以上 20 万元以下罚金;虚开的税款数额较大或者有其他严重情节的,处 3 年以上 10 年以下有期徒刑,并处 5 万元以上 50 万元以下罚金;虚开的税款数额巨大或者有其他特别严重情节的,处 10 年以上有期徒刑或者无期徒刑,并处 5 万元以上 50 万元以下罚金或者没收财产。

单位犯本条规定之罪的,对单位判处罚金,并对其直接负责的主管人员和其他直接责任人员,处3年以下有期徒刑或者拘役;虚开的税款数额较大或者有其他严重情节的,处3年以上10年以下有期徒刑;虚开的税款数额巨大或者有其他特别严重情节的,处10年以上有期徒刑或者无期徒刑。

虚开增值税专用发票或者虚开用于骗取出口退税、抵扣税款的其他发票,是指有为他人虚开、为自己虚开、让他人为自己虚开、介绍他人虚开行为之一的。

第二百零五条之一 虚开本法第二百零五条规定以外的其他发票,情节严重的,处2年以下有期徒刑、拘役或者管制,并处罚金;情节特别严重的,处2年以上7年以下有期徒刑,并处罚金。

单位犯前款罪的,对单位判处罚金,并对其直接负责的主管人员和其他直接责任人员,依照前款的规定处罚。

第二百零六条 伪造或者出售伪造的增值税专用发票的,处3年以下有期徒刑、拘役或者管制,并处2万元以上20万元以下罚金;数量较大或者有其他严重情节的,处3年以上10年以下有期徒刑,并处5万元以上50万元以下罚金;数量巨大或者有其他特别严重情节的,处10年以上有期徒刑或者无期徒刑,并处5万元以上50万元以下罚金或者没收财产。

伪造并出售伪造的增值税专用发票,数量特别巨大,情节特别严重,严重破坏经济秩序的,处无期徒刑或者死刑,并处没收财产。

单位犯本条规定之罪的,对单位判处罚金,并对其直接负责的主管人员和其他直接责任人员,处3年以下有期徒刑、拘役或者管制;数量较大或者有其他严重情节的,处3年以上10年以下有期徒刑;数量巨大或者有其他特别严重情节的,处10年以上有期徒刑或者无期徒刑。

3. 最高人民法院《关于适用〈全国人民代表大会常务委员会关于惩治虚开、伪造和非法出售增值税专用发票犯罪的决定〉的若干问题的解释》第一点

根据《决定》第一条规定,虚开增值税专用发票的,构成虚开增值税专用发票罪。

具有下列行为之一的,属于"虚开增值税专用发票":(1) 没有货物购销或者没有提供或接受应税劳务而为他人、为自己、让他人为自己、介绍他人开具增值税专用发票;(2) 有货物购销或者提供或接受了应税劳务但为他人、为自己、让他人为自己、介绍他人开具数量或者金额不实的增值税专用发票;(3) 进行了实际经营活动,但让他人为自己代开增值税专用发票。

虚开税款数额 1 万元以上的或者虚开增值税专用发票致使国家税款被骗取 5000 元以上的,应当依法定罪处罚。

虚开税款数额 10 万元以上的,属于"虚开的税款数额较大";具有下列情形之一的,属于"有其他严重情节":(1) 因虚开增值税专用发票致使国家税款被骗取 5 万元以上的;(2) 具有其他严重情节的。

虚开税款数额 50 万元以上的,属于"虚开的税款数额巨大";具有下列情形之一的,属于"有其他特别严重情节":(1) 因虚开增值税专用发票致使国家税款被骗取 30 万元以上的;(2) 虚开的税款数额接近巨大并有其他严重情节的;(3) 具有其他特别严重情节的。

利用虚开的增值税专用发票实际抵扣税款或者骗取出口退税 100 万元以上的,属于"骗取国家税款数额特别巨大";造成国家税款损失 50 万元以上并且在侦查终结前仍无法追回的,属于"给国家利益造成特别重大损失"。利用虚开的增值税专用发票骗取国家税款数额特别巨大、给国家利益造成特别重大损失,为"情节特别严重"的基本内容。

虚开增值税专用发票犯罪分子与骗取税款犯罪分子均应当对虚开的税款数额和实际骗取的国家税款数额承担刑事责任。

利用虚开的增值税专用发票抵扣税款或者骗取出口退税的,应当依照《决定》第一条的规定定罪处罚;以其他手段骗取国家税款的,仍应依照《全国人民代表大会常务委员会关于惩治偷税、抗税犯罪的补充规定》的有关规定定罪处罚。

第三章 消费税法

第一节 消费税法基本问题

消费税是对我国境内从事生产、委托加工和进口应税消费品的单位和个人,就其销售额或销售数量,在特定环节征收的一种税。消费税具有如下特点:(1)征税项目具有选择性;(2)征税环节具有单一性;(3)征收方法具有多样性;(4)税率、税额具有差别性;(5)税负具有转嫁性。

一、纳税主体

按消费税法规定,在中华人民共和国境内生产、委托加工和进口规定的应税消费品的单位和个人,以及国务院确定的销售《消费税暂行条例》规定的消费品的其他单位和个人为消费税的纳税人。

二、征税客体

消费税的征税客体,是税法中所列举的特定消费品。征收消费税的消费品包括:烟、酒及酒精、化妆品、贵重首饰及珠宝玉石、鞭炮焰火、成品油、汽车轮胎、小汽车、摩托车、高尔夫球及球具、高档手表、游艇、木制一次性筷子、实木地板等14个税目。

三、税率

消费税的税率有两种形式:一种是比例税率;一种是定额税率,即单位税额。对一些价格差异不大,计量单位规范的消费品,选择定额税率,如黄酒、汽油;对价格差异较大,计量单位不规范的消费品,选择比例税率,如小汽车、化妆品。

四、计税依据与应纳税额的计算

(一)计税依据

根据消费税法,消费税的计税依据为应税消费品的销售额和销售数量。

1. 销售额

销售额为纳税人销售应税消费品向购买方收取的全部价款和价外费用。销售额不包括应向购货方收取的增值税税款。价外费用是指价外向购买方收取的手续费、补贴、基金、集资费、返还利润、奖励费、违约金、滞纳金、延期付款利息、赔偿金、代收款项、代垫款项、包装费、包装物租金、储备费、优质费、运输装卸费以及其他各种性质的价外收费。但具备以下条件的代垫运费不包括在内:承运部门的运费发票开具给购货方的,且纳税人将该项发票转交给购货方。其他价外费用,无论是否属于纳税人的收入,均应并入销售额计算征税。

2. 销售数量

销售数量是指应税消费品的数量。具体为:

(1) 销售应税消费品的,为应税消费品的销售数量。

(2) 自产自用应税消费品的,为应税消费品的移送使用数量。

(3) 委托加工应税消费品的,为纳税人收回的应税消费品数量。

(4) 进口的应税消费品,为海关核定的应税消费品进口征税数量。

(二) 应纳税额的计算

1. 一般应纳税额的计算公式

从价定率计算方法:应纳税额 = 销售额 × 税率

从量定额计算方法:应纳税额 = 销售数量 × 单位税额

复合计算方法:应纳税额 = 销售额 × 税率 + 销售数量 × 单位税额

2. 用外购已税消费品生产应税消费品应纳税额的计算

用外购已税消费品连续生产应税消费品的,在计算征收消费税时,按当期生产领用数量计算准予扣除外购的应税消费品已纳的消费税税款:

当期准予扣除的外购应税消费品已纳税款 = 当期准予扣除的外购应税消费品的买价或数量 × 外购应税消费品的适用税率或税额

当期准予扣除的外购应税消费品的买价或数量 = 期初库存的外购应税消费品的买价或数量 + 当期购进的应税消费品的买价或数量 – 期末库存的外购应税消费品的买价或数量

外购已税消费品的买价是指购货发票上注明的销售额(不包括增值税税款)。

纳税人用外购的已税珠宝玉石生产的改在零售环节征收消费税的金银首饰,在计税时一律不得扣除外购珠宝玉石的已纳税款。

允许扣除已纳税款的应税消费品只限于从工业企业购进的应税消费品,对从商业企业购进的应税消费品的已纳税款一律不得扣除。

3. 自产自用应税消费品应纳税额的计算

自产自用是指,纳税人生产应税消费品后用于自己连续生产应税消费品,或用于其他方面。纳税人自产自用的应税消费品,用于连续生产应税消费品的不纳税;凡用于其他方面的,于移送使用时纳税。

用于其他方面,是指纳税人用于生产非应税消费品和在建工程,管理部门、非生产机构,提供劳务,以及用于馈赠、赞助、集资、广告、样品、职工福利、奖励等方面的应税消费品。计税价格按照纳税人生产的同类消费品的销售价格计算纳税;没有同类消费品销售价格的,按照组成计税价格计算纳税。公式如下:

实行从价定率方法:组成计税价格 =(成本 + 利润)÷(1 - 比例税率)

实行复合计税方法:组成计税价格 =(成本 + 利润 + 自产自用数量 × 定额税率)÷(1 - 比例税率)

上述公式中所说的成本,是指应税消费品的产品生产成本。利润是指根据应税消费品的全国平均成本利润率计算的利润。应税消费品全国平均成本利润率由国家税务总局确定。

4. 委托加工应税消费品应纳税额的计算

委托加工的应税消费品,是指由委托方提供原料和主要材料,受托方只收取加工费和代垫部分辅助材料加工的应税消费品。

委托加工应税消费品由受托方在向委托方交货时代收代缴消费税,但纳税人委托个体工商户加工应税消费品的,一律于委托方收回后在委托方所在地缴纳消费税。

委托加工的应税消费品,按照受托方同类消费品的销售价格计算纳税,没有同类消费品销售价格的,按照组成计税价格计算纳税。

实行从价定率法计算纳税的组成计税价格公式为:

组成计税价格 =(材料成本 + 加工费)÷(1 - 消费税税率)

实行复合计税法计算纳税的组成计税价格公式为:

组成计税价格 =(材料成本 + 加工费 + 委托加工数量 × 定额税率)÷(1 - 比例税率)

同类消费品的销售价格是指受托方当月销售的同类消费品的销售价格,如果当月同类消费品的各期价格高低不同,应按照销售数量加权平均计算,但价格无正当理由明显偏低和无销售价格的不得列入其中。如果当月无销售或者当月未完结,应按照同类消费品上月或最近月份的销售价格计算纳税。

公式中的材料成本是指委托方所提供加工材料的实际成本。加工费是指受托方价格应税消费品应向委托方收取的全部费用。

5. 进口应税消费品应纳税额的计算

进口的应税消费品,于报关进口时缴纳消费税;进口的应税消费品的消费税由海关代征;进口的应税消费品,由进口人或者其代理人向报关地海关申报纳税。

纳税人进口应税消费品,按照组成计税价格和规定的税率计算应纳税额。公式如下:

实行从价定率方法:

组成计税价格=(关税完税价格+关税)÷(1-消费税比例税率)

实行复合计税方法:

组成计税价格=(关税完税价格+关税+进口数量×消费税定额税率)÷(1-消费税比例税率)

第二节 消费税法律实务

案例1 卷烟批发企业应如何缴纳消费税

案情

绿洲烟草公司是增值税的一般纳税人,并持有烟草批发许可证,2011年5月购进已税烟丝795.6万元(含增值税),而后将该批烟丝委托黑土地卷烟厂加工甲类卷烟420箱,黑土地卷烟厂每箱收取加工费0.12万元。

本月绿洲烟草公司按照约定收回黑土地卷烟厂加工的卷烟130箱,绿洲公司将其中50箱销售给红森烟草零售专卖店,取得销售额210万元;其余80箱作为投资,与其他三个股东合资成立了蓝溪烟草零售经销公司。

法律问题及要求

(1)黑土地卷烟厂应如何代收代缴消费税?

(2)绿洲烟草公司应如何缴纳消费税?

解题思路

(1)黑土地卷烟厂本月应代收代缴的消费税:

$(795.6÷(1+17\%)+420×0.12+420×0.015)÷(1-56\%)×130÷420$

×56% +130×0.015 =290.22+1.95 =292.17(万元)

(2)绿洲烟草公司应缴纳的消费税

210×5% +210÷50×80×5% =27.3(万元)

相关法律链接

1.《消费税暂行条例》第四条第二款　委托加工的应税消费品,除受托方为个人外,由受托方在向委托方交货时代收代缴税款。委托加工的应税消费品,委托方用于连续生产应税消费品的,所纳税款准予按规定抵扣。

第八条　委托加工的应税消费品,按照受托方的同类消费品的销售价格计算纳税;没有同类消费品销售价格的,按照组成计税价格计算纳税。

实行从价定率办法计算纳税的组成计税价格计算公式:

组成计税价格 =(材料成本 +加工费)÷(1 -比例税率)

实行复合计税办法计算纳税的组成计税价格计算公式:

组成计税价格 =(材料成本 +加工费 +委托加工数量×定额税率)÷(1 -比例税率)

2.财政部、国家税务总局《关于调整烟产品消费税政策的通知》(财税[2009]84号)第二点　在卷烟批发环节加征一道从价税。

(1)纳税义务人:在中华人民共和国境内从事卷烟批发业务的单位和个人。

(2)征收范围:纳税人批发销售的所有牌号规格的卷烟。

(3)计税依据:纳税人批发卷烟的销售额(不含增值税)。

(4)纳税人应将卷烟销售额与其他商品销售额分开核算,未分开核算的,一并征收消费税。

(5)适用税率:5%。

(6)纳税人销售给纳税人以外的单位和个人的卷烟于销售时纳税。纳税人之间销售的卷烟不缴纳消费税。

(7)纳税义务发生时间:纳税人收讫销售款或者取得索取销售款凭据的当天。

(8)纳税地点:卷烟批发企业的机构所在地,总机构与分支机构不在同一地区的,由总机构申报纳税。

(9) 卷烟消费税在生产和批发两个环节征收后,批发企业在计算纳税时不得扣除已含的生产环节的消费税税款。

3. 国家税务总局《关于调整烟产品消费税政策的通知》(财税[2009]84号)

第一点 调整烟产品生产环节消费税政策

(1) 调整卷烟生产环节消费税计税价格。新的卷烟生产环节消费税最低计税价格由国家税务总局核定并下达。

(2) 调整卷烟生产环节(含进口)消费税的从价税税率。

① 甲类卷烟,即每标准条(200支,下同)调拨价格在70元(不含增值税)以上(含70元)的卷烟,税率调整为56%。

② 乙类卷烟,即每标准条调拨价格在70元(不含增值税)以下的卷烟,税率调整为36%。

卷烟的从量定额税率不变,即0.003/支。

(3) 调整雪茄烟生产环节(含进口)消费税的从价税税率。将雪茄烟生产环节的税率调整为36%。

案例2 委托加工应税消费品应纳税额的计算

案情

2014年4月,某市A企业委托该市B企业加工一批应税消费品,A企业为B企业提供原材料,原材料成本为5万元,支付B企业加工费4万元,其中包括B企业代垫的辅助材料4000元。已知该应税消费品适用消费税税率为10%。同时查知无同类消费品销售价格。

法律问题及要求

试计算该应税消费品的消费税税款。

解题思路

本案中应缴的消费税税款 = (5 + 4) ÷ (1 − 10%) × 10% = 1(万元)

> **相关法律链接**
>
> 《消费税暂行条例》第八条 委托加工的应税消费品,按照受托方的同类消费品的销售价格计算纳税;没有同类消费品销售价格的,按照组成计税价格计算纳税。实行从价定率办法计算纳税的组成计税价格计算公式:
>
> 组成计税价格 =(材料成本 + 加工费)÷(1 - 比例税率)
>
> 实行复合计税办法计算纳税的组成计税价格计算公式:
>
> 组成计税价格 =(材料成本 + 加工费 + 委托加工数量 × 定额税率)÷(1 - 比例税率)

案例 3　金山卷烟厂应纳消费税案

案情

金山卷烟厂生产销售卷烟和烟丝,2014 年 5 月发生如下经济业务:

(1) 5 月 1 日,期初库存外购烟丝 10 万元,5 月 3 日,购进已税烟丝买价 20 万元,5 月 31 日,期末结存烟丝 5 万元,这批烟丝用于生产卷烟。

(2) 5 月 7 日销售卷烟 50 标准箱,取得不含税收入 80 万元(卷烟消费税税率为 56%,单位税额为每标准箱 150 元)。

(3) 5 月 10 日,发往 B 烟厂烟叶一批,委托 B 烟厂加工烟丝,发出烟叶成本 30 万元,支付加工费 5 万元,B 烟厂没有同类烟丝销售价格。

(4) 5 月 15 日,委托 B 烟厂加工的烟丝收回,出售一半取得收入 35 万元,生产卷烟领用另一半。

(5) 5 月 26 日,没收逾期未收回的卷烟包装物押金 11700 元。

(6) 5 月 28 日,收回委托个体户王某加工的烟丝(发出烟叶成本为 2 万元,支付加工费 6000 元,王某处同类烟丝销售价格为 5 万元),直接出售取得收入 5.5 万元。

(7) 5 月 29 日,该卷烟厂销售烟丝 200 万元,其中包括销售烟丝时向购买方收取的手续费 10 万元、集资费 8 万元、包装押金 5 万元以及运输装卸费 3 万元(由金山卷烟厂将烟丝托运给购货方,运费发票由承运部门开具给购货方,且金山卷烟厂已将该项发票转发给购货方)。

法律问题及要求

请分析并计算该烟厂5月份应纳消费税税额。

解题思路

(1) 在第1笔业务中,当期准予扣除的外购应税消费品已纳税款 = 当期准予扣除的外购应税消费品买价 × 外购应税消费品适用税率 = (10 + 20 - 5) × 30% = 7.5(万元)。

(2) 在第2笔业务中,应纳消费税额 = 销售数量 × 定额税额 + 销售额 × 比例税率 = 50 × 0.015 + 80 × 56% = 45.55(万元)。

(3) 在第3笔业务中,应纳消费税额 = 组成计税价格 × 税率 = (30 + 5) ÷ (1 - 30%) × 30% = 15(万元)。

(4) 在第4笔业务中,可抵扣的消费税税额 = 15 ÷ 2 = 7.5(万元)。

(5) 第5笔业务应纳消费税为:1.17 ÷ (1 + 17%) × 56% = 0.56(万元)。

(6) 第6笔业务应纳消费税为:5.5 × 30% = 1.65(万元)。

(7) 第7笔业务应纳消费税为:(200 - 5 - 3) × 30% = 57.6(万元)。

该卷烟厂当月应纳消费税税额 = 45.55 + 15 + 0.56 + 1.65 + 57.6 - 7.5 - 7.5 = 105.36(万元)。

相关法律链接

1. 《消费税暂行条例》第六条 销售额为纳税人销售应税消费品向购买方收取的全部价款和价外费用。

2. 《消费税暂行条例实施细则》第七条 条例第四条第二款所称委托加工的应税消费品,是指由委托方提供原料和主要材料,受托方只收取加工费和代垫部分辅助材料加工的应税消费品。对于由受托方提供原材料生产的应税消费品,或者受托方先将原材料卖给委托方,然后再接受加工的应税消费品,以及由受托方以委托方名义购进原材料生产的应税消费品,不论纳税人在财务上是否作销售处理,都不得作为委托加工应税消费品,而应当按照销售自制应税消费品缴纳消费税。

委托加工的应税消费品直接出售的,不再征收消费税。

第十三条 应税消费品连同包装物销售的,无论包装物是否单独计价以及在会计上如何核算,均应并入应税消费品的销售额中缴纳消费税。如果包装物不作价随同产品销售,而是收取押金,此项押金则不应并入应税消费品的销售额中征税。但对因逾期未收回的包装物不再退还的或者已收取的时间超过12个月的押金,应并入应税消费品的销售额,按照应税消费品的适用税率缴纳消费税。

对既作价随同应税消费品销售,又另外收取押金的包装物的押金,凡纳税人在规定的期限内没有退还的,均应并入应税消费品的销售额,按照应税消费品的适用税率征收消费税。

第十四条　条例第六条所称价外费用,是指价外向购买方收取的手续费、补贴、基金、集资费、返还利润、奖励费、违约金、滞纳金、延期付款利息、赔偿金、代收款项、代垫款项、包装费、包装物租金、储备费、优质费、运输装卸费以及其他各种性质的价外收费。但下列项目不包括在内:

(1) 同时符合以下条件的代垫运输费用:
① 承运部门的运输费用发票开具给购买方的;
② 纳税人将该项发票转交给购买方的。
(2) 同时符合以下条件代为收取的政府性基金或者行政事业性收费:
① 由国务院或者财政部批准设立的政府性基金,由国务院或者省级人民政府及其财政、价格主管部门批准设立的行政事业性收费;
② 收取时开具省级以上财政部门印制的财政票据;
③ 所收款项全额上缴财政。

3. 国家税务总局《关于消费税若干征税问题的通知》(国税发〔1994〕130号文)第一点　对纳税人委托个体经营者加工的应税消费品,一律于委托方收回后在委托方所在地缴纳消费税。

4. 国家税务总局《关于用外购和委托加工收回的应税消费品连续生产应税消费品征收消费税问题的通知》(国税发〔1995〕94号)第二点　当期准予扣除的外购或委托加工收回的应税消费品的已纳消费税税款,应按当期生产领用数量计算。计算公式如下:

(一) 当期准予扣除的外购应税消费品已纳税款＝当期准予扣除的外购应税消费品买价×外购应税消费品适用税率

当期准予扣除的外购应税消费品买价＝期初库存的外购应税消费品的买价＋当期购进的应税消费品的买价－期末库存的外购应税消费品的买价

5. 财政部、国家税务总局《关于调整烟类产品消费税政策的通知》(财税

[2001]91号)第二条 卷烟消费税计税办法由《消费税暂行条例》规定的实行从价定率计算应纳税额的办法调整为实行从量定额和从价定率相结合计算应纳税额的复合计税办法。应纳税额计算公式:应纳税额＝销售数量×定额税率十销售额×比例税率

凡在中华人民共和国境内生产、委托加工、进口卷烟的单位和个人,都应当依照本通知的规定缴纳从量定额消费税和从价定率消费税。

案例4 视同销售的应税消费品应纳消费税未纳案

案情

某化妆品公司拖欠某原材料生产企业货款23.4万元,后该化妆品公司与原材料生产企业协商,愿以该公司生产的化妆品实物抵偿这笔债务。经原材料生产企业同意,化妆品公司以价值20万元的化妆品及销项税额3.4万元共计23.4万元抵偿这笔债务,原材料生产企业以这批化妆品作为劳动节礼品发给了职工。化妆品公司缴纳了增值税款,却没有申报缴纳消费税款。

法律问题及要求

请问:视同销售的应税消费品是否缴纳消费税?

解题思路

视同销售的消费品也应缴纳消费税,以防止企业间以交换货物的方式偷税。

 相关法律链接

1.《增值税暂行条例实施细则》第四条 单位或者个体工商户的下列行为,视同销售货物:

(一)将货物交付其他单位或者个人代销;

(二)销售代销货物;

(三)设有两个以上机构并实行统一核算的纳税人,将货物从一个机构移送其他机构用于销售,但相关机构设在同一县(市)的除外;

（四）将自产或者委托加工的货物用于非增值税应税项目；

（五）将自产、委托加工的货物用于集体福利或者个人消费；

（六）将自产、委托加工或者购进的货物作为投资,提供给其他单位或者个体工商户；

（七）将自产、委托加工或者购进的货物分配给股东或者投资者；

（八）将自产、委托加工或者购进的货物无偿赠送其他单位或者个人。

2.《消费税暂行条例》第四条　纳税人生产的应税消费品,于纳税人销售时纳税。纳税人自产自用的应税消费品,用于连续生产应税消费品的,不纳税；用于其他方面的,于移送使用时纳税。

委托加工的应税消费品,除受托方为个人外,由受托方在向委托方交货时代收代缴税款。委托加工的应税消费品,委托方用于连续生产应税消费品的,所纳税款准予按规定抵扣。

进口的应税消费品,于报关进口时纳税。

第五条　消费税实行从价定率、从量定额,或者从价定率和从量定额复合计税(以下简称复合计税)的办法计算应纳税额。应纳税额计算公式：

实行从价定率办法计算的应纳税额＝销售额×比例税率

实行从量定额办法计算的应纳税额＝销售数量×定额税率

实行复合计税办法计算的应纳税额＝销售额×比例税率＋销售数量×定额税率

纳税人销售的应税消费品,以人民币计算销售额。纳税人以人民币以外的货币结算销售额的,应当折合成人民币计算。

案例5　某酒厂收到代销清单未纳消费税案

案情

某酒厂为增值税一般纳税人,2014年10月税务部门对该酒厂2014年1—9月流转税纳税情况进行审查。稽查人员查看了企业的会计报表、账簿和增值税、消费税纳税申报表等资料,发现企业"委托代销商品"账户有借方发生额。于是查阅了委托代销合同,发现酒厂5月份委托某商业企业代销粮食白酒,以成本价结转了库存商品,合同规定受托代销企业按不含税销售额的6%收取手续费。9月酒厂收到代销清单,清单资料如下：销售粮食白酒5000公斤,不含税销售额为

60000 元,代收白酒增值税额为 10200 元,按合同规定计扣代销手续费 3600 元。酒厂实际收到货款 66600 元,账务处理如下:

借:银行存款　　　　　　　　　　　　　　　66600
　贷:应付账款　　　　　　　　　　　　　　　66600

经查实,该批粮食白酒成本价为 24000 元,消费税税率为 20%。

依税法规定,该酒厂将产品委托他人代销属视同销售行为,以收到代销清单之日确定为纳税义务发生时间。

法律问题及要求

(1) 该企业申报的流转税额是否正确?
(2) 该企业应补缴多少增值税和消费税?

解题思路

该企业申报的流转税额不正确。该企业应补增值税 = 60000 × 17% = 10200 元,应补消费税 = 60000 × 20% + 5000 × 2 × 0.5 = 17000 元。

相关法律链接

1. 财政部、国家税务总局《关于调整酒类产品消费税政策的通知》第一条　调整粮食白酒、薯类白酒消费税税率。

粮食白酒、薯类白酒消费税税率由《消费税暂行条例》规定的比例税率调整为定额税率和比例税率。

(一) 定额税率:粮食白酒、薯类白酒每斤(500 克)0.5 元。

(二) 比例税率:

粮食白酒(含果木或谷物为原料的蒸馏酒,下同)20%。

下列酒类产品比照粮食白酒适用 20% 比例税率:

——粮食和薯类、糠麸等多种原料混合生产的白酒

——以粮食白酒为酒基的配置酒、泡制酒

——以白酒或酒精为酒基,凡酒基所用原料无法确定的配置酒、泡制酒

薯类白酒 20%。

2.《增值税暂行条例实施细则》第四条　单位或个体经营者的下列行为,视同销售货物:

（一）将货物交付其他单位或者个人代销；

（二）销售代销货物；

（三）设有两个以上机构并实行统一核算的纳税人,将货物从一个机构移送其他机构用于销售,但相关机构设在同一县(市)的除外；

（四）将自产或者委托加工的货物用于非增值税应税项目；

（五）将自产、委托加工的货物用于集体福利或者个人消费；

（六）将自产、委托加工或者购进的货物作为投资,提供给其他单位或者个体工商户；

（七）将自产、委托加工或者购进的货物分配给股东或者投资者；

（八）将自产、委托加工或者购进的货物无偿赠送其他单位或者个人。

案例6　如何计算酒厂的消费税

案情

新兴酒厂2014年6月份发生如下经济业务：

（1）销售粮食白酒10000瓶,每瓶500克,每瓶不含税售价为200元,同时,销售黄酒500吨。

（2）销售薯类白酒5000箱,每箱300元,每箱10瓶,每瓶500克。收取包装物押金3000元(不含税),采取委托收款结算方式,货已发出,托收手续已办妥。

（3）向方圆商场分期收款销售的其他酒的第三批收款期限已到,按照双方签订的合同规定,本期应收货款40000元,但方圆商场由于资金周转困难尚未付款。

法律问题及要求

计算新兴酒厂6月应纳消费税税额(注:白酒定额税率0.5元/500克;比例税率为20%;黄酒定额税率240元/吨)。

解题思路

第(1)笔业务应纳消费税为:10000×200×20% +10000×0.5 +500×240 = 417000(元)

第(2)笔业务应纳消费税为:5000×300×20% +50000×0.5 =325000(元)

第(3)笔业务应纳消费税为:40000×10%=4000(元)

当月合计应纳消费税税额＝417000+325000+4000＝746000(元)

 相关法律链接

1. 财政部、国家税务总局《关于调整酒类产品消费税政策的通知》第一条　调整粮食白酒、薯类白酒消费税税率。

粮食白酒、薯类白酒消费税税率由《消费税暂行条例》规定的比例税率调整为定额税率和比例税率。

（一）定额税率:粮食白酒、薯类白酒每斤(500克)0.5元。

（二）比例税率:

粮食白酒(含果木或谷物为原料的蒸馏酒,下同)　20%。

下列酒类产品比照粮食白酒适用20%比例税率:

——粮食和薯类、糠麸等多种原料混合生产的白酒

——以粮食白酒为酒基的配置酒、泡制酒

——以白酒或酒精为酒基,凡酒基所用原料无法确定的配置酒、泡制酒

薯类白酒　20%

2.《消费税暂行条例实施细则》第八条　消费税纳税义务发生时间,根据条例第四条的规定,分列如下:

（一）纳税人销售应税消费品的,按不同的销售结算方式分别为:

1. 采取赊销和分期收款结算方式的,为书面合同约定的收款日期的当天,书面合同没有约定收款日期或者无书面合同的,为发出应税消费品的当天;

2. 采取预收货款结算方式的,为发出应税消费品的当天;

3. 采取托收承付和委托银行收款方式的,为发出应税消费品并办妥托收手续的当天;

4. 采取其他结算方式的,为收讫销售款或者取得索取销售款凭据的当天。

（二）纳税人自产自用应税消费品的,为移送使用的当天。

（三）纳税人委托加工应税消费品的,为纳税人提货的当天。

（四）纳税人进口应税消费品的,为报关进口的当天。

第四章 营业税法

第一节 营业税法基本问题

营业税是对境内提供应税、劳务、转让无形资产和销售不动产的单位和个人,按其营业额征收的一种流转税。

一、纳税人和扣缴义务人

(一) 纳税人

营业税的纳税人是在我国境内提供应税劳务、转让无形资产或销售不动产的单位和个人。

营业税纳税人有以下特殊规定:(1) 单位以承包、承租、挂靠方式经营的,承包人、承租人、挂靠人(以下统称承包人)发生应税行为,承包人以发包人、出租人、被挂靠人(以下统称发包人)名义对外经营并由发包人承担相关法律责任的,以发包人为纳税人;否则以承包人为纳税人。(2) 在中国境内承包工程作业和提供应税劳务的非居民企业也是营业税纳税人。(3) 负有营业税纳税义务的单位为发生应税行为并收取货币、货物或者其他经济利益的单位,但不包括单位依法不需要办理税务登记的内设机构。

(二) 扣缴义务人

1. 中华人民共和国境外的单位或者个人在境内提供应税劳务、转让无形资产或者销售不动产,在境内未设有经营机构的,以其境内代理人为扣缴义务人;在境内没有代理人的,以受让方或者购买方为扣缴义务人。

2. 国务院财政、税务主管部门规定的其他扣缴义务人。

二、征税范围

1. 有偿提供应税劳务:包括5个税目:建筑业、金融保险业、文化体育业、娱乐业和服务业。"有偿"是指纳税人向对方提供应税劳务,而由对方给付一定的货币、实物或其他经济利益。

2. 转让无形资产:指无形资产的使用权或所有权的转移和让与。包括转让土地使用权、专利权、非专利技术、商标权、著作权以及商誉。

转让土地使用权,仅指土地使用者转让其使用权,不包括土地所有者出让土地使用权的行为和土地使用者将土地使用权归还给土地所有者的行为。

3. 销售不动产:指转让不动产所有权的行为。征税范围包括销售建筑物及其他土地附着物。

纳税人有下列情形之一的,视同发生应税行为:(1)单位或者个人将不动产或者土地使用权无偿赠送其他单位或者个人;(2)单位或者个人自己新建(以下简称自建)建筑物后销售,其所发生的自建行为;(3)财政部、国家税务总局规定的其他情形。

三、税率

营业税适用比例税率,共分3%、5%、5%—20%三种。

——对建筑业和文化体育业等基础产业和鼓励发展的行业适用较低的3%税率。

——对服务业、金融保险业、转让无形资产和销售不动产适用较高的5%的税率。

——娱乐业适用5%—20%的税率。

纳税人兼有不同税目应税行为的,应分别核算不同税目的营业额;未分别核算的,从高适用税率。

四、计税依据与应纳税额的计算

(一)计税依据

营业税的计税依据又是营业额。纳税人的营业额为纳税人提供应税劳务、转让无形资产或者销售不动产收取的全部价款和价外费用。但是,下列情形除外:(1)纳税人从事旅游业务的,以其取得的全部价款和价外费用扣除替旅游者支付给其他单位或者个人的住宿费、餐费、交通费、旅游景点门票和支付给其他接团旅游企业的旅游费后的余额为营业额;(2)纳税人将建筑工程分包给其他单位的,以其取得的全部价款和价外费用扣除其支付给其他单位的分包款后的余额为营业额;(3)外汇、有价证券、期货等金融商品买卖业务,以卖出价减去买入价后的余额为营业额;(4)国务院财政、税务主管部门规定的其他情形。

纳税人提供应税劳务、转让无形资产或销售不动产,或单位、个人自建建筑后销售价格偏低而无正当理由的以及单位将不动产无偿赠与他人的,由主管税务机关按下列顺序核定其营业额:

按纳税人当月提供的同类应税劳务或者销售的同类不动产的平均价格核定；

按纳税人最近时期提供的同类应税劳务或者销售的同类不动产的平均价格核定；

按下列公式核定计税价格：

计税价格＝营业成本或工程成本×（1＋成本利润率）÷（1－营业税税率）

公式中的成本利润率，由省、自治区、直辖市人民政府所属税务机关确定。

应纳税额以人民币计算，纳税人以外汇结算营业额的，应当按外汇市场价格折合成人民币计算。

（二）应纳税额的计算

应纳税额计算公式：应纳税额＝营业额×税率

营业额以人民币计算。纳税人以人民币以外的货币结算营业额的，应当折合成人民币计算。

五、税收优惠

下列项目免征营业税：

1. 托儿所、幼儿园、养老院、残疾人福利机构提供的育养服务，婚姻介绍，殡葬服务；

2. 残疾人员个人提供的劳务；

3. 医院、诊所和其他医疗机构提供的医疗服务；

4. 学校和其他教育机构提供的教育劳务，学生勤工俭学提供的劳务；

5. 农业机耕、排灌、病虫害防治、植物保护、农牧保险以及相关技术培训业务，家禽、牲畜、水生动物的配种和疾病防治；

6. 纪念馆、博物馆、文化馆、文物保护单位管理机构、美术馆、展览馆、书画院、图书馆举办文化活动的门票收入，宗教场所举办文化、宗教活动的门票收入；

7. 境内保险机构为出口货物提供的保险产品。

除以上规定外，营业税的免税、减税项目由国务院规定。任何地区、部门均不得规定免税、减税项目。

六、征收管理

（一）纳税义务发生时间

营业税纳税义务发生时间为纳税人收讫营业收入款项或取得索取营业收入款项凭据的当天。纳税人转让土地使用权或者销售不动产，采取预收款方式的，其纳税义务发生时间为收到预收款的当天。纳税人提供建筑业或者租赁业劳务,采取预收款方式的,其纳税义务发生时间为收到预收款的当天。纳税人将不动产或者土地使用权无偿赠送其他单位或者个人的,其纳税义务发生时间为不动产所有权、土地使用权转移的当天。纳税人发生自建行为的,其纳税义务发生时间为销售自建建筑物的纳税义务发生时间。

营业税扣缴义务发生时间为纳税人营业税纳税义务发生的当天。

(二) 纳税期限

营业税的纳税期限分别为 5 日、10 日、15 日、1 个月或者 1 个季度。纳税人的具体纳税期限,由主管税务机关根据纳税人应纳税额的大小分别核定;不能按照固定期限纳税的,可以按次纳税。

纳税人以 1 个月或者 1 个季度为一个纳税期的,自期满之日起 15 日内申报纳税;以 5 日、10 日或者 15 日为一个纳税期的,自期满之日起 5 日内预缴税款,于次月 1 日起 15 日内申报纳税并结清上月应纳税款。

(三) 纳税地点

1. 纳税人提供应税劳务应当向其机构所在地或者居住地的主管税务机关申报纳税。但是,纳税人提供的建筑业劳务以及国务院财政、税务主管部门规定的其他应税劳务,应当向应税劳务发生地的主管税务机关申报纳税。

2. 纳税人转让无形资产应当向其机构所在地或者居住地的主管税务机关申报纳税。但是,纳税人转让、出租土地使用权,应当向土地所在地的主管税务机关申报纳税。

3. 纳税人销售、出租不动产应当向不动产所在地的主管税务机关申报纳税。

扣缴义务人应当向其机构所在地或者居住地的主管税务机关申报缴纳其扣缴的税款。

第二节 营业税法律实务

案例 1 某商业银行缴纳营业税案

案情

某商业银行 2014 年 11 月发生如下业务:
(1) 吸收存款 150 万元;

(2) 取得自有资金贷款利息收入50万元;
(3) 办理结算业务取得手续费收入40万元;
(4) 销售账单凭证、支票取得收入20万元;
(5) 办理贴现取得收入9万元;
(6) 转让某种债券的收入为80万元,其买入价为60万元;
(7) 代收水、电、煤气费30万元,支付给委托方价款29万元。

法律问题及要求

(1) 如何计算营业税应纳税额?
(2) 如何确认银行各项收入的营业额及其税率?

解题思路

营业税应纳税额的计算公式是:应纳税额=营业额×税率。

本案中,第(1)项收入不纳税,第(2)、(3)、(4)、(5)、(6)、(7)项应交纳营业税;第(6)项与第(7)项的营业额都以其差额计算营业额。所以,该银行的应纳税额=营业额×税率=(50+40+20+9+80-60+30-29)×5%=7(万元)

相关法律链接

1.《营业税暂行条例》第四条 纳税人提供应税劳务、转让无形资产或者销售不动产,按照营业额和规定的税率计算应纳税额。

应纳税额计算公式:应纳税额=营业额×税率

营业额以人民币计算。纳税人以人民币以外的货币结算营业额的,应当折合成人民币计算。

2.《营业税税目注释(试行稿)》(国税发[1993]149号)第三点第(一)项

金融,是指经营货币资金融通活动的业务,包括贷款、融资租赁、金融商品转让、金融经纪业和其他金融业务。

(1) 贷款,是指将资金贷与他人使用的业务,包括自有资金贷款和转贷。自有资金贷款,是指将自有资本金或吸收的单位、个人的存款贷与他人使用。转贷,是指将借来的资金贷与他人使用。典当业的抵押贷款业务,无论其资金来源如何,均按自有资金贷款征税。人民银行的贷款业务,不征税。

(2) 融资租赁,是指具有融资性质和所有权转移特点的设备租赁业务。

即:出租人根据承租人所要求的规格、型号、性能等条件购入设备租赁给承租人,合同期内设备所有权属于出租人,承租人只拥有使用权,合同期满付清租金后,承租人有权按残值购入设备,以拥有设备的所有权。凡融资租赁,无论出租人是否将设备残值销售给承租人,均按本税目征税。

(3) 金融商品转让,是指转让外汇、有价证券或非货物期货的所有权的行为。非货物期货,是指商品期货、贵金属期货以外的期货,如外汇期货等。

(4) 金融经纪业,是指受托代他人经营金融活动的业务。

(5) 其他金融业务,是指上列业务以外的各项金融业务,如银行结算、票据贴现等。存款或购入金融商品行为,不征收营业税。

3. 财政部、国家税务总局《关于营业税若干政策问题的通知》(财税[2003]16号)第三部分关于营业额问题第(八)项 金融企业(包括银行和非银行金融机构)从事股票、债券买卖业务以股票、债券的卖出价减去买入价后的余额为营业额。买入价依照财务会计制度规定,以股票、债券的购入价减去股票、债券持有期间取得的股票、债券红利收入的余额确定。

第(十)项 金融企业从事受托收款业务,如代收电话费、水电煤气费、信息费、学杂费、寻呼费、社保统筹费、交通违章罚款、税款等,以全部收入减去支付给委托方价款后的余额为营业额。

案例2 某旅游公司缴纳营业税案

案情

某旅游公司组织100人的"新马泰三日游",向每人收取旅游费8000元。旅行中,该旅游公司为每人支付交通费1000元,住宿费、餐费700元,门票等费用300元。之后,由于某种原因,新加坡旅游部分承包给国外某一旅行社,支付给该社共400000元。税务机关在对该旅游公司征税时,双方就此笔业务的营业税征收问题发生了争议,该旅游公司认为,根据《营业税暂行条例》第一条的规定,只有在中华人民共和国国境内提供本条例规定的劳务、转让无形资产或者销售不动产的单位和个人,才是营业税的纳税义务人并依照该条例缴纳营业税。因此,组织国外旅游不应缴纳营业税,而税务机关则认为应当缴纳。其所用的计算方法是:

营业税税额 = 营业额 × 税率 = (8000 - 1000 - 700 - 300) × 100 × 5% =

30000(元)

法律问题及要求

(1) 如何计算本案中该旅游公司的营业税税额?
(2) 如何区分境内与境外所得?

解题思路

该旅游公司组织的国外旅游属于境内所得,应该依照我国法律缴纳营业税。但税务机关的错误之处在于:该旅游公司把新加坡业务转由其他旅行社接团时,应该减去支付给该社的旅游费,本案正确的计算方法是:

营业额 = (8000 - 1000 - 700 - 300) × 100 - 400000 = 200000(元)

所以,应纳税额 = 200000 × 5% = 10000(元)

相关法律链接

1.《营业税暂行条例》第一条 在中华人民共和国境内提供本条例规定的劳务、转让无形资产或者销售不动产的单位和个人,为营业税的纳税人,应当依照本条例缴纳营业税。

第五条 纳税人的营业额为纳税人提供应税劳务、转让无形资产或者销售不动产收取的全部价款和价外费用。但是,下列情形除外:

(1) 纳税人将承揽的运输业务分给其他单位或者个人的,以其取得的全部价款和价外费用扣除其支付给其他单位或者个人的运输费用后的余额为营业额;

(2) 纳税人从事旅游业务的,以其取得的全部价款和价外费用扣除替旅游者支付给其他单位或者个人的住宿费、餐费、交通费、旅游景点门票和支付给其他接团旅游企业的旅游费后的余额为营业额;

(3) 纳税人将建筑工程分包给其他单位的,以其取得的全部价款和价外费用扣除其支付给其他单位的分包款后的余额为营业额;

(4) 外汇、有价证券、期货等金融商品买卖业务,以卖出价减去买入价后的余额为营业额;

(5) 国务院财政、税务主管部门规定的其他情形。

2.《营业税暂行条例实施细则》第四条 条例第一条所称在中华人民共和国境内(以下简称境内)提供条例规定的劳务、转让无形资

产或者销售不动产,是指:
(1) 提供或者接受条例规定劳务的单位或者个人在境内;
(2) 所转让的无形资产(不含土地使用权)的接受单位或者个人在境内;
(3) 所转让或者出租土地使用权的土地在境内;
(4) 所销售或者出租的不动产在境内。

案例3 如何确定营业税的纳税地点

案情

北京市某公司某月发生如下业务:

(1) 总承包位于天津市的某商务楼工程,工程总承包额为8000万元,该建筑公司将工程中的装饰工程分包给某装饰公司,分包价款为2000万元,又将工程中的设备安装业务分包给另一设备安装公司,分包价款为1500万元。

(2) 销售给邯郸市某客户坐落在秦皇岛市的一座别墅500万元,已预收款300万元,其余款按协议于移交别墅所有权时结清。

(3) 出租位于北京东城区的自有门市房2000平方米,当月取得租金12万元。

法律问题及要求

(1) 本案中,该公司营业税税额如何确定?
(2) 熟悉有关扣缴义务人的规定。
(3) 在收入涉及多个地点时,如何确认营业税的纳税地点?

解题思路

该公司的第一项收入应纳营业税税额 = (8000 - 2000 - 1500) × 3% = 135(万元),并且扣缴装饰公司营业税税款 = 2000 × 3% = 60(万元),扣缴设备安装公司营业税税款 = 1500 × 3% = 45(万元),向天津市税务机关缴税;

第二笔业务应纳营业税税款 = 300 × 5% = 15(万元),向秦皇岛市税务机关申报缴税;

第三笔业务租金收入应纳营业税税款 = 12 × 5% = 0.6(万元),向北京市东城区税务机关申报缴税。

相关法律链接

1.《营业税暂行条例》第五条 纳税人的营业额为纳税人提供应税劳务、转让无形资产或者销售不动产收取的全部价款和价外费用。但是,下列情形除外:……(三)纳税人将建筑工程分包给其他单位的,以其取得的全部价款和价外费用扣除其支付给其他单位的分包款后的余额为营业额;……

第十一条 营业税扣缴义务人:

(一)中华人民共和国境外的单位或者个人在境内提供应税劳务、转让无形资产或者销售不动产,在境内未设有经营机构的,以其境内代理人为扣缴义务人;在境内没有代理人的,以受让方或者购买方为扣缴义务人。

(二)国务院财政、税务主管部门规定的其他扣缴义务人。

第十四条 营业税纳税地点:

(一)纳税人提供应税劳务应当向其机构所在地或者居住地的主管税务机关申报纳税。但是,纳税人提供的建筑业劳务以及国务院财政、税务主管部门规定的其他应税劳务,应当向应税劳务发生地的主管税务机关申报纳税。

(二)纳税人转让无形资产应当向其机构所在地或者居住地的主管税务机关申报纳税。但是,纳税人转让、出租土地使用权,应当向土地所在地的主管税务机关申报纳税。

(三)纳税人销售、出租不动产应当向不动产所在地的主管税务机关申报纳税。

扣缴义务人应当向其机构所在地或者居住地的主管税务机关申报缴纳其扣缴的税款。

2.《营业税暂行条例实施细则》第二十五条 纳税人转让土地使用权或者销售不动产,采取预收款方式的,其纳税义务发生时间为收到预收款的当天。

纳税人提供建筑业或者租赁业劳务,采取预收款方式的,其纳税义务发生时间为收到预收款的当天。

纳税人发生本细则第五条所称将不动产或者土地使用权无偿赠送其他单位或者个人的,其纳税义务发生时间为不动产所有权、土地使用权转移的当天。

纳税人发生本细则第五条所称自建行为的,其纳税义务发生时间为销售自建建筑物的纳税义务发生时间。

案例4 某农机化学校培训收入纳税案

案情

某县农机化学校是从事该县农民农机职业技术教育培训的民办学校。2013年1—7月,该校开始举办农业机耕技术培训业务。2013年11月14日,该县地税局对该校进行例行税收检查时,发现该校1—7月取得农用车驾驶员培训费收入102810元,但该校未办理纳税申报。地税局依据营业税"服务业—其他服务"税目,对其按5%的税率征收营业税共计5140.5元,同时还征收了城建税257.03元,基础设施附加费257.03元,教育费附加154.22元,总计征收税费5808.78元,并发出书面通知。

但是,该农机化学校坚持认为根据《营业税暂行条例》第八条第一款第(四)项之规定:学校和其他教育机构提供的教育劳务,学生勤工俭学提供的劳务所得的收入应该属于免税的项目。在申请复议被驳回的情况下,于2014年9月5日向该县人民法院起诉。经查,该学校属于该县农业局及教育局联合批准成立的普通民办培训机构,对驾驶员培训费收入没有单独核算。

法律问题及要求

(1) 是不是所有的学校、学校的所有收入都属于免税的范围?
(2) 熟悉有关营业税减免税的规定。
(3) 纳税人未对免税营业额与不免税的营业额作区分的情况下在税法上应作何处理?

解题思路

根据税法的规定,只有普通学校以及经地、市级以上人民政府或者同级政府的教育行政部门批准成立、国家承认其学员学历的各类学校才属于免征营业税的学校,本案中的学校不属于可免营业税的学校。但该学校通过农业机耕、排灌、病虫害防治、植保、农牧保险以及相关技术培训业务所获得收入属于免税的范围。然而由于学校没有单独核算,所以必须与其他收入一起缴税。

相关法律链接

1.《营业税暂行条例》第八条 下列项目免征营业税：

（一）托儿所、幼儿园、养老院、残疾人福利机构提供的育养服务，婚姻介绍，殡葬服务；

（二）残疾人员个人提供的劳务；

（三）医院、诊所和其他医疗机构提供的医疗服务；

（四）学校和其他教育机构提供的教育劳务，学生勤工俭学提供的劳务；

（五）农业机耕、排灌、病虫害防治、植物保护、农牧保险以及相关技术培训业务，家禽、牲畜、水生动物的配种和疾病防治；

（六）纪念馆、博物馆、文化馆、文物保护单位管理机构、美术馆、展览馆、书画院、图书馆举办文化活动的门票收入，宗教场所举办文化、宗教活动的门票收入；

（七）境内保险机构为出口货物提供的保险产品。

除前款规定外，营业税的免税、减税项目由国务院规定。任何地区、部门均不得规定免税、减税项目。

2.《营业税暂行条例实施细则》第二十二条 条例第八条规定的部分免税项目的范围，限定如下：

（一）第一款第（二）项所称残疾人员个人提供的劳务，是指残疾人员本人为社会提供的劳务。

（二）第一款第（四）项所称学校和其他教育机构，是指普通学校以及经地、市级以上人民政府或者同级政府的教育行政部门批准成立、国家承认其学员学历的各类学校。

（三）第一款第（五）项所称农业机耕，是指在农业、林业、牧业中使用农业机械进行耕作(包括耕耘、种植、收割、脱粒、植物保护等)的业务；排灌，是指对农田进行灌溉或排涝的业务；病虫害防治，是指从事农业、林业、牧业、渔业的病虫害测报和防治的业务；农牧保险，是指为种植业、养殖业、牧业种植和饲养的动植物提供保险的业务；相关技术培训，是指与农业机耕、排灌、病虫害防治、植物保护业务相关以及为使农民获得农牧保险知识的技术培训业务；家禽、牲畜、水生动物的配种和疾病防治业务的免税范围，包括与该项劳务有关的提供药品和医疗用具的业务。

（四）第一款第(六)项所称纪念馆、博物馆、文化馆、文物保护单位管理机构、美术馆、展览馆、书画院、图书馆举办文化活动,是指这些单位在自己的场所举办的属于文化体育业税目征税范围的文化活动。其门票收入,是指销售第一道门票的收入。宗教场所举办文化、宗教活动的门票收入,是指寺院、宫观、清真寺和教堂举办文化、宗教活动销售门票的收入。

（五）第一款第(七)项所称为出口货物提供的保险产品,包括出口货物保险和出口信用保险。

案例5 某合作建房项目税务纠纷案

案情

税务机关在对某化工厂进行日常检查时发现,该厂2014年与某房地产开发公司联合建房,合同中规定:由房地产开发公司投资4000万元,化工厂提供自有土地一块。建成后产权归化工厂所有,房地产公司可20年内承租经营该房产,并必须在每年6月底时交纳租金250万元,逾期每月按1‰缴纳违约金。由于该房地产公司资金紧张,该年的租金直到8月底才付清,所以房地产公司向该化工厂付清当年租金的同时还缴纳了5000元的违约金,但是税务机关发现,该化工厂仅就当年所收的租金250万元缴纳了营业税12.5万元,而没有对其他收入作出处理。在处理此案的过程中,税务机关与化工厂发生争议:化工厂认为,本厂已经依据法律规定对租金缴纳营业税,投资款并不是本厂所得,当然不应纳税,而违约金则并不属于营业税的征税范围。但税务机关认为不仅5000元的违约金属于营业税的征税范围,房地产开发公司的4000万元的投资款也应该纳税。

法律问题及要求

（1）4000万元的投资建房款是什么性质,要不要缴纳营业税？
（2）5000元的租金滞纳金是否属于营业税的征税范围？

解题思路

4000万元的"投资建房款"实质为预交租金,而约定的年租金250万元,其实质则是补缴预交租金与正常市价的差额。因此,对该化工厂应该按"服务业—租赁业"项目征收营业税;而因受让方违约而从受让方取得的赔偿金收入,应并入营业额中征收营业税,因此,本案中该违约赔偿金应按"服务业"税目中的"租赁"项目缴纳营业税。

 相关法律链接

1.《营业税暂行条例》第五条 纳税人的营业额为纳税人提供应税劳务、转让无形资产或者销售不动产收取的全部价款和价外费用。但是,下列情形除外:

(一) 纳税人将承揽的运输业务分给其他单位或者个人的,以其取得的全部价款和价外费用扣除其支付给其他单位或者个人的运输费用后的余额为营业额;

(二) 纳税人从事旅游业务的,以其取得的全部价款和价外费用扣除替旅游者支付给其他单位或者个人的住宿费、餐费、交通费、旅游景点门票和支付给其他接团旅游企业的旅游费后的余额为营业额;

(三) 纳税人将建筑工程分包给其他单位的,以其取得的全部价款和价外费用扣除其支付给其他单位的分包款后的余额为营业额;

(四) 外汇、有价证券、期货等金融商品买卖业务,以卖出价减去买入价后的余额为营业额;

(五) 国务院财政、税务主管部门规定的其他情形。

2.《营业税税目注释(试行稿)》(国税发[1993]149号)第七点 服务业,是指利用设备、工具、场所、信息或技能为社会提供服务的业务。本税目的征收范围包括:代理业、旅店业、饮食业、旅游业、仓储业、租赁业、广告业、其他服务业。……(六) 租赁业,是指在约定的时间内将场地、房屋、物品、设备或设施等转让他人使用的业务。……

3. 财政部、国家税务总局《关于营业税若干政策问题的通知》(财税[2003]16号)第三点关于营业额问题第(三)项 单位和个人提供应税劳务、转让无形资产和销售不动产时,因受让方违约而从受让方取得的赔偿金收入,应并入营业额中征收营业税。

案例6 销售自建不动产如何缴纳营业税案

案情

某公司 2012 年 1 月自建职工家属楼一栋,作为本公司职工的住房,建筑成本共花费 900 万元。后来,由于公司资金短缺,于 2014 年 5 月将该职工楼出售,合同约定价款为 700 万元。当月,该公司向税务主管机关申报缴纳了"转让不动产"营业税及其附加税费。2014 年底,税务机关在实施税务稽查时发现该楼属于该公司自建职工家属楼,并且查明该公司在转让该房产时仅仅申报缴纳了转让不动产营业税,而没有申报缴纳其自建行为的营业税。税务机关据此要求某公司就其自建行为补缴"建筑业"营业税。

该公司对此表示不解,认为根据《营业税暂行条例实施细则》第三条的规定:"单位或个体经营者聘用的员工为本单位或雇主提供应税劳务,不包括在有偿提供应税劳务之内",对自建行为,因系由公司内部员工提供应税劳务,不属于营业税暂行条例规定的提供应税劳务的行为,因而不按"建筑业"税目征收营业税。

法律问题及要求

(1) 单位或个人自己新建建筑物后销售是否需要缴税?
(2) 销售自建建筑物如果需要缴税,其营业额如何确定?

解题思路

该公司在建楼自用时不必缴纳营业税,但如果销售,则应当按 3% 的税率补缴"建筑业"税目的营业税;而销售自建房产时,还应当按照"销售不动产"税目依 5% 的税率缴纳营业税。所以,该公司一共要缴纳营业税税额为:900×(1+10%)÷(1-3%)×3%+700×5%=65.62(万元)。

相关法律链接

1.《营业税暂行条例》第一条 在中华人民共和国境内提供本条例规定的劳务、转让无形资产或者销售不动产的单位和个人,为营业税的纳税人,应当依照本条例缴纳营业税。

> **2.**《营业税暂行条例实施细则》第三条 条例第一条所称提供条例规定的劳务、转让无形资产或者销售不动产,是指有偿提供条例规定的劳务、有偿转让无形资产或者有偿转让不动产所有权的行为(以下称应税行为)。但单位或者个体工商户聘用的员工为本单位或者雇主提供条例规定的劳务,不包括在内。
>
> 前款所称有偿,是指取得货币、货物或者其他经济利益。
>
> 第二十条 纳税人有条例第七条所称价格明显偏低并无正当理由或者本细则第五条所列视同发生应税行为而无营业额的,按下列顺序确定其营业额:
>
> (一)按纳税人最近时期发生同类应税行为的平均价格核定;
> (二)按其他纳税人最近时期发生同类应税行为的平均价格核定;
> (三)按下列公式核定:
>
> 营业额 = 营业成本或者工程成本×(1 + 成本利润率)÷(1 − 营业税税率)
>
> 公式中的成本利润率,由省、自治区、直辖市税务局确定。

案例7 某企业未在免租期内申报缴纳营业税案

案情

某企业将其所有的房屋一栋对外出租,租赁合同规定:合同年租金60万元,租赁期限8年,并给予承租方3个月的免租期,租赁期限自3个月免租期结束的次日起开始计算。合同签订后,承租方依约支付了第一年的租金45万元(免去3个月的租金15万元)。该企业将该租金在往来款项上反映,并在3个月免租期结束之后的当月,将该年租金分解为9个月,即以每月5万元申报缴纳营业税。但是,税务局在了解情况后认为,该企业应当自免租期开始的当月即申报缴纳营业税,其不按照规定时间申报纳税的行为构成偷税,并据以作出相应处罚。

法律问题及要求

(1)企业的纳税义务自什么时候开始产生?
(2)出租人在提供免租期的情况下,承租人与出租人应如何进行会计处理?

解题思路

根据会计制度中的权责发生制及收入费用配比原则的要求,虽然出租方提供了免租期,但由于租赁物已实际交付承租方使用,出租方也已经收取了第一年的房产租金,而免租期的约定只是出租方对承租方的一种优惠待遇或者激励措施。从税法上看,其实质是在增加3个月租赁期的基础上,租金保持不变。因此,从免租期开始,租赁就已形成,在出租方已经收取租金的情况下,根据规定,出租方当然应当依法确认收入,并申报缴纳营业税。

相关法律链接

1.《营业税暂行条例》第十二条 营业税纳税义务发生时间为纳税人提供应税劳务、转让无形资产或者销售不动产并收讫营业收入款项或者取得索取营业收入款项凭据的当天。国务院财政、税务主管部门另有规定的,从其规定。

营业税扣缴义务发生时间为纳税人营业税纳税义务发生的当天。

2.财政部关于印发《关于执行〈企业会计制度〉和相关会计准则有关问题解答(二)》的通知(2003-4-14 财会[2003]10号)第十七条 问:在出租人对经营租赁提供激励措施的情况下,如提供免租期、承担承租人的某些费用等,承租人和出租人应如何进行会计处理? 答:在某些情况下,出租人可能对经营租赁提供激励措施,如免租期、承担承租人的某些费用等。在出租人提供了免租期的情况下,承租人应将租金总额在整个租赁期内,而不是在租赁期扣除免租期后的期间内,按直线法或其他合理的方法进行分摊,免租期内应确认租金费用;出租人应将租金总额在整个租赁期内,而不是在租赁期扣除免租期后的期间内,按直线法或其他合理的方法进行分配,免租期内应确认租金收入。

案例8 对内对外业务未分别核算引起的税务纠纷案

案情

某建筑公司为了更好地为客户服务,在公司内部专设了一个安装部门,为客

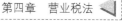

户提供一些安装业务,但在税务部门对该建筑公司营业收入情况进行审核时发现,该公司中的非独立核算的安装部门取得收入10万元,而公司只申报了8万元的收入。税务部门依法责令该建筑公司补缴未申报的税款。该公司称:未申报收入属其安装部门对企业内部提供的劳务取得的收入,不用缴纳税款。但税务部门再次调查表明:安装部门对内对外提供劳务未分开核算,收入混淆不清,因此,维持原来作出的处理决定。

法律问题及要求

(1)应税劳务的范围如何确认?

(2)为单位内部提供的劳务在何种情况下免税,在何种情况下应该缴纳税款?

解题思路

本案中,尽管该安装部门有一部分劳务是为自己所在企业即本单位提供的,但由于安装部门对内对外提供劳务未分开核算,收入混淆不清,所以应该就其所有收入一并纳税。

 相关法律链接

1.《营业税暂行条例》第一条 在中华人民共和国境内提供本条例规定的劳务、转让无形资产或者销售不动产的单位和个人,为营业税的纳税人,应当依照本条例缴纳营业税。

2.《营业税暂行条例实施细则》第三条 条例第一条所称提供条例规定的劳务、转让无形资产或者销售不动产,是指有偿提供条例规定的劳务、有偿转让无形资产或者有偿转让不动产所有权的行为(以下称应税行为)。但单位或者个体工商户聘用的员工为本单位或者雇主提供条例规定的劳务,不包括在内。

前款所称有偿,是指取得货币、货物或者其他经济利益。

3.财政部、国家税务总局《关于明确〈营业税暂行条例实施细则〉第十一条有关问题的通知》(财税[2001]160号)第一条 负有营业税纳税义务的单位发生应税行为,不包括独立核算单位内部非独立核算单位,从本独立核算单位内部收取货币、货物或其他经济利益。

> **第三条** 纳税人必须将本独立核算单位内部提供应税劳务、转让无形资产、销售不动产取得的收入,和为本独立核算单位以外单位和个人提供应税劳务、转让无形资产、销售不动产取得的收入分别记账,分别核算。凡未分别记账,未分别核算的,一律征收营业税。

案例 9 某旅店缴纳营业税争议案

案情

某饭店为了吸引顾客,在每一个就餐的包间内设有卡拉 OK 以供消费者自娱自乐。2014 年 6 月,在该饭店将该月的收入一起按"服务业"申报缴纳营业税时,与税务机关发生争议。经查,该饭店对消费者提供的卡拉 OK 属于额外收费的,但是与其提供的饮食价款是一起收费,没有分别核算。此外,该饭店还提供熟食,供消费者带回家消费,但该饭店没有申报缴纳营业税。

法律问题及要求

(1)内设卡拉 OK 的饭店如何缴纳营业税?
(2)饭店提供外带食品如何缴纳营业税?

解题思路

本案中,饭馆为吸引顾客在包间内所提供的卡拉 OK 应该按"娱乐业"税目征税。但是由于该饭店没有把所收的卡拉 OK 费与餐饮价款分别核算,所以应该把这些收入一起按"娱乐业"税目征收营业税。此外,根据有关规定,对饮食店、餐馆等饮食行业经营烧卤熟制食品的行为,不论消费者是否在现场消费,均应当征收营业税。

相关法律链接

1.《营业税暂行条例》第三条 纳税人兼有不同税目的应当缴纳营业税的劳务(以下简称应税劳务)、转让无形资产或者销售不动产,应当分别核算不同税目的营业额、转让额、销售额(以下统称营业额);未分别核算营业额的,从高适用税率。

2.《营业税税目注释(试行稿)》(国税发〔1993〕149号)第七点第(三)项

饮食业,是指通过同时提供饮食和饮食场所的方式为顾客提供饮食消费服务的业务。

饭馆、餐厅及其他饮食服务场所,为顾客在就餐的同时进行的自娱自乐形式的歌舞活动所提供的服务,按"娱乐业"税目征税。

3. 北京市税务局转发财政部《关于印发〈营业税暂行条例实施细则〉的通知》等两份文件的通知(京税一〔1994〕45号) 饭馆、餐厅及其他饮食服务场所,顾客在就餐同时进行自娱自乐形式的歌舞活动提供服务而在饮食价款之外另行收取费用的,应将这部分另行收取的费用单独记账,并依照娱乐业税目税率缴纳营业税。凡上述单位的上述另行收取费用与饮食价款收入划分不清的,应对其全部收入依照娱乐业税目税率征收营业税。

案例10 某建筑工程确定营业额案

案情

2012年7月,某香港建筑公司承建了某所大学的教学楼建筑工程,该工程概算总造价2000万元。之后,该香港公司与建设单位签订的教学楼建筑工程合同约定:合同总金额2000万元,其中包括由该大学自购进口材料的价款400万元及与其相关的税款。但是,在2013年6月,双方又签订补充合同,对原合同进行修改,其中:合同总金额修改为1500万元,并明确不包括由该大学提供的所有进口材料价款。

双方签署建筑工程合同后,该香港公司在该大学所在地设立了一个项目部,并开始指挥施工作业。2014年1月,教学楼工程竣工待验收和决算。但是,当年6月税务机关在对该香港公司进行日常税收检查中发现:该公司在申报缴纳营业税的时候,没有把建设单位提供的自购进口材料的价款包含在营业额范围之内。

法律问题及要求

(1) 如何确认建筑工程的应纳税营业额?

(2) 当合同的约定与税收法律规定不一致时如何处理?

解题思路

根据规定,纳税人从事建筑、修缮、装饰工程作业,无论与对方如何结算,其营业额均应包括工程所用原材料及其他物资和动力的价款在内。因此,本案中该进口材料的价款是应该包含在营业额之内。而当合同内容有违税收法律法规规定的时候,该合同是无效的,因此合同的规定不影响该公司的纳税义务。

相关法律链接

1.《营业税暂行条例》第一条 在中华人民共和国境内提供本条例规定的劳务、转让无形资产或者销售不动产的单位和个人,为营业税的纳税人,应当依照本条例缴纳营业税。

2.《营业税暂行条例实施细则》第二条 条例第一条所称条例规定的劳务是指属于交通运输业、建筑业、金融保险业、邮电通信业、文化体育业、娱乐业、服务业税目征收范围的劳务(以下称应税劳务)。

加工和修理、修配,不属于条例规定的劳务(以下称非应税劳务)。

第十六条 除本细则第七条规定外,纳税人提供建筑业劳务(不含装饰劳务)的,其营业额应当包括工程所用原材料、设备及其他物资和动力价款在内,但不包括建设方提供的设备的价款。

3.《税收征收管理法实施细则》第三条 任何部门、单位和个人作出的与税收法律、行政法规相抵触的决定一律无效,税务机关不得执行,并应当向上级税务机关报告。

纳税人应当依照税收法律、行政法规的规定履行纳税义务;其签订的合同、协议等与税收法律、行政法规相抵触的,一律无效。

案例11 保险公司应纳营业税案

案情

某保险公司 2014 年 10 月发生如下业务:
(1) 取得车辆保险收入 20 万元,在保单之外发生无偿赔款 1 万元。

(2)初保业务取得保费收入200万元;从分保人处摊回保险收入5万元。
(3)取得保险追偿款100万元。

法律问题及要求

请计算当月该保险公司应纳营业税。

解题思路

(1)车辆保险收入应纳营业税 = 20 × 5% = 1万元
注意不能扣除保单之外的无赔偿奖励支出。
(2)初保业务的保费收入应纳营业税 = 200 × 5% = 10万元
从分保人处摊回保费收入不再缴纳营业税。
(3)保险追偿款不缴纳营业税。

相关法律链接

1.《营业税暂行条例》第四条 纳税人提供应税劳务、转让无形资产或者销售不动产,按照营业额和规定的税率计算应纳税额。应纳税额计算公式:

应纳税额 = 营业额 × 税率

营业额以人民币计算。纳税人以人民币以外的货币结算营业额的,应当折合成人民币计算。

2. 财政部、国家税务总局《关于营业税若干政策问题的通知》(财税[2003]16号)一、关于征收范围问题

(二)保险企业取得的追偿款不征收营业税。

以上所称追偿款,是指发生保险事故后,保险公司按照保险合同的约定向被保险人支付赔款,并从被保险人处取得对保险标的价款进行追偿的权利而追回的价款。

三、关于营业额问题

(五)保险企业已征收过营业税的应收未收保费,凡在财务会计制度规定的核算期限内未收回的,允许从营业额中减除。在会计核算期限以后收回的已冲减的应收未收保费,再并入当期营业额中。

(六) 保险企业开展无赔偿奖励业务的,以向投保人实际收取的保费为营业额。

(七) 中华人民共和国境内的保险人将其承保的以境内标的物为保险标的的保险业务向境外再保险人办理分保的,以全部保费收入减去分保保费后的余额为营业额。

第五章　城市维护建设税法

第一节　城市维护建设税法基本问题

城市维护建设税,是对从事工商经营,缴纳增值税、消费税、营业税(简称"三税")的单位和个人就其实际缴纳的"三税"税额为计税依据而征收的一种税。

城市维护建设税没有自己独立的征税对象,它以纳税人实际缴纳的"三税"的税额为计税依据,随"三税"同时附征。

一、纳税主体

城市维护建设税的纳税人,是缴纳增值税、消费税、营业税的单位和个人。个体商贩及个人在集市上出售商品,对其征收临时经营的增值税,是否同时按其实缴税额征收城市维护建设税,由各省、自治区、直辖市人民政府根据实际情况确定。

自2012年12月1日起,对外商投资企业、外国企业及外籍个人(以下简称外国企业)征收城市维护建设税。

二、税率

城市维护建设税的税率,是指纳税人应缴纳的城市维护建设税税额与纳税人实际缴纳的"三税"税额之间的比率。城市维护建设税按纳税人所在地的不同,实行地区差别比例税率,税率分别规定为7%、5%、1%三个档次。具体适用范围是:

(1)纳税人所在地在城市市区的,税率为7%;
(2)纳税人所在地在县城、建制镇的,税率为5%;
(3)纳税人所在地不在城市市区、县城、建制镇的,税率为1%。

三、应纳税额的计算

城建税的应纳税额的计算公式为:

应纳税额＝纳税人实际缴纳的增值税、消费税、营业税税额×适用税率

四、税收减免

城建税以"三税"税额为计税依据并同时征税,因此税法规定对纳税人减免"三税"时,也就相应减免了城建税。城建税基本没有单独规定减免税,但对一些特殊情况,财政部和国家税务总局作了特案减免税的规定：

(1) 海关对进口产品代征增值税、消费税的,不征收城建税；
(2) 对出口产品退还增值税、消费税的,不退还已缴纳的城建税；
(3) 对于因减免税而需要进行"三税"退库的,城建税也可同时退库；
(4) 对个别缴纳城建税有困难的单位和个人,可由县人民政府审批,酌情给予减免税照顾。

第二节 城市维护建设税法律实务

案例1 如何计算市区企业的城市维护建设税

案情

地处市区的某企业,2009年3月缴纳增值税158万元,缴纳消费税136万元,缴纳营业税59万元,因故被加收滞纳金3万元。

法律问题及要求

(1) 什么是城市维护建设税？其计税依据有何特点？
(2) 请分析并计算该企业应缴纳的城市维护建设税税额。

答案要点

城市维护建设税是对从事工商经营,缴纳增值税、消费税、营业税的单位和个人征收的以纳税人实际缴纳的增值税、消费税、营业税税额为计税依据,分别与增值税、消费税、营业税同时缴纳的一种税。

该企业应纳税额＝(158＋136＋59)×7%＝24.71(万元)

相关法律链接

《城市维护建设税暂行条例》第三条 城市维护建设税,以纳税人实际缴纳的产品税、增值税、营业税税额为计税依据,分别与产品税、增值税、营业税同时缴纳。

第四条 城市维护建设税税率如下:

纳税人所在地在市区的,税率为7%;

纳税人所在地在县城、镇的,税率为5%;

纳税人所在地不在市区、县城或镇的,税率为1%。

案例2 进口环节不征城市维护建设税

案情

某日用化学品厂(位于某市市区)2010年5月份进口一批化妆品,到岸价格30万元,关税税率为50%。

法律问题及要求

日用化学品厂在报关进口时,海关是否代征城市维护建设税?

答案要点

海关对进口产品代征增值税、消费税的,不征收城市维护建设税。

 相关法律链接

财政部、国家税务总局《关于城市维护建设税几个具体问题的规定》(财税字[1985]69号)第三点 海关对进口产品代征的产品税、增值税,不征收城市维护建设税。

案例3　某钢铁厂不服税务机关缴纳城市维护建设税案

案情

2011年5月,位于某市区的钢铁厂实现增值税200万元,但由于资金紧张,只暂交了100万元。然而在税务机关对该厂按7%的税率征收7万元的城市维护建设税时,该厂的负责人却表示不服,认为税务机关征税有错,并举出以下三个例子作为比较:

例一:位于某县城的一个造酒厂,2011年3月接受某个体户(位于某乡村)委托加工粮食白酒,当月将加工好的产品发往该个体户,并按规定代收代缴消费税100万元,但是只缴纳了城市维护建设税税款5万元;

例二:该市区某国有企业从国外进口了一批化妆品及其他物品,海关代征增值税、消费税共100万元,但税务机关没有对其征收城市维护建设税;

例三:邻县某外商投资企业缴纳消费税200万元,税务机关没有对其征收城市维护建设税。

法律问题及要求

(1) 该钢铁厂是否应缴纳城市维护建设税?
(2) 在上述三例中,税务机关的处理是否有误?

答案要点

该钢铁厂应缴纳城市维护建设税。
上例中,税务机关对外商投资企业存在征税处理错误,应当对其征税。

　相关法律链接

1.《城市维护建设税暂行条例》第四条　城市维护建设税税率如下:
纳税人所在地在市区的,税率为7%;
纳税人所在地在县城、镇的,税率为5%;
纳税人所在地不在市区、县城或镇的,税率为1%。
2. 财务部、国家税务总局《关于城市维护建设税几个具体问题的规定》

(财税字[1985]69号)第三点 海关对进口产品代征的产品税、增值税,不征收城市维护建设税。

3. 国务院《关于统一内外资企业和个人城市维护建设税和教育费附加制度的通知》(国发[2010]35号) 自2010年12月1日起,外商投资企业、外国企业及外籍个人适用国务院1985年发布的《城市维护建设税暂行条例》和1986年发布的《征收教育费附加的暂行规定》。1985年及1986年以来国务院及国务院财税主管部门发布的有关城市维护建设税和教育费附加的法规、规章、政策同时适用于外商投资企业、外国企业及外籍个人。

第六章 企业所得税法

第一节 企业所得税法基本问题

企业所得税是指企业和其他取得收入的组织,就其生产、经营所得和其他所得依法缴纳的一种税。

一、纳税主体

根据我国《企业所得税法》的规定,除个人独资企业、合伙企业不适用企业所得税法外,凡在中华人民共和国境内,企业和其他取得收入的组织(以下统称企业)为企业所得税的纳税人。

企业所得税的纳税人分为居民企业和非居民企业。居民企业,是指依法在中国境内成立,或者依照外国(地区)法律成立但实际管理机构在中国境内的企业。非居民企业,是指依照外国(地区)法律成立且实际管理机构不在中国境内,但在中国境内设立机构、场所的,或者在中国境内未设立机构、场所,但有来源于中国境内所得的企业。

二、征税客体

企业所得税的征税客体是指企业的生产经营所得、其他所得和清算所得。

居民企业应当就其来源于中国境内、境外的所得缴纳企业所得税。

非居民企业在中国境内设立机构、场所的,应当就其所设机构、场所取得的来源于中国境内的所得,以及发生在中国境外但与其所设机构、场所有实际联系的所得,缴纳企业所得税。非居民企业在中国境内未设立机构、场所的,或者虽设立机构、场所但取得的所得与其所设机构、场所没有实际联系的,应当就其来源于中国境内的所得缴纳企业所得税。

三、税率

企业所得税的基本税率为25%。但是非居民企业在中国境内未设立机构、场所的,或者虽设立机构、场所但取得的所得与其所设机构、场所没有实际联系的,就其来源于中国境内的所得缴纳企业所得税时,适用税率为20%。

四、应纳税所得额的计算

企业应税所得额的计算以责权发生制为原则,属于当期的收入和费用,不论款项是否收付,均作为当期的收入和费用;不属于当期的收入和费用,即使款项已经在当期收付,均不得作为当期的收入和费用。应税所得额的计算方法分为直接计算法和间接计算法;在直接计算法下,企业每一纳税年度的收入总额减除不征税收入、免税收入、各项扣除以及允许弥补的以前年度亏损后的余额为应纳税所得额,应税所得额=收入总额-不征税收入-免税收入-各项扣除金额-弥补亏损;在间接计算法下,是在企业利润总额的基础上加或减按照税法规定调整的项目金额后,即为应纳税所得额,应税所得额=利润总额+纳税调整增加额-纳税调整减少额。

1. 收入总额

企业以货币形式和非货币形式从各种来源取得的收入,为收入总额。具体包括:(1)销售货物收入;(2)提供劳务收入;(3)转让财产收入;(4)股息、红利等权益性投资收益;(5)利息收入;(6)租金收入;(7)特许权使用费收入;(8)接受捐赠收入;(9)其他收入。

2. 不征税收入

下列收入为不征税收入:(1)财政拨款;(2)依法收取并纳入财政管理的行政事业性收费、政府性基金;(3)国务院规定的其他不征税收入。

3. 免税收入

下列收入为免税收入:(1)国债利息收入;(2)符合条件的居民企业之间的股息、红利等权益性投资收益;(3)在中国境内设立机构、场所的非居民企业从居民企业取得与该机构、场所有实际联系的股息、红利等权益性投资收益;(4)符合条件的非营利组织的收入。

4. 扣除的项目范围及标准

企业实际发生的与取得收入有关的、合理的支出,包括成本、费用、税金、损失和其他支出,准予在计算应纳税所得额时扣除。

成本,是指企业在生产经营活动中发生的销售成本、销货成本、业务支出及其他耗费,即企业销售商品、提供劳务、转让固定资产、无形资产的成本。费用,是指企业每一个纳税年度为生产、经营商品和提供劳务等所发生的销售费用、管理费用和财务费用。已经计入成本的有关费用除外。税金,是企业发生的除企业所得税和允许抵扣的增值税以外的企业缴纳的各项税金及其附加。损失,是指企业在生产经营活动中发生的固定资产和存货的盘亏、毁损、报废损失、转让财产损失、呆账损失、坏账损失、自然灾害等不可抗力因素造成的损失以及其他损失。其他支出,是指除成本、费用、税金、损失外,企业在生产经营活动中发生的与生产经营活动有关的、合理的支出。

具体扣除项目及标准包括:

(1) 企业发生的合理的工资薪金支出,准予扣除。工资薪金,是指企业每一纳税年度支付给在本企业任职或者受雇的员工的所有现金形式或者非现金形式的劳动报酬,包括基本工资、奖金、津贴、补贴、年终加薪、加班工资,以及与员工任职或者受雇有关的其他支出。

(2) 企业依照国务院有关主管部门或者省级人民政府规定的范围和标准为职工缴纳的基本养老保险费、基本医疗保险费、失业保险费、工伤保险费、生育保险费等基本社会保险费和住房公积金,准予扣除。企业为投资者或者职工支付的补充养老保险费、补充医疗保险费,在国务院财政、税务主管部门规定的范围和标准内,准予扣除。

除企业依照国家有关规定为特殊工种职工支付的人身安全保险费和国务院财政、税务主管部门规定可以扣除的其他商业保险费外,企业为投资者或者职工支付的商业保险费,不得扣除。

(3) 企业在生产经营活动中发生的合理的不需要资本化的借款费用,准予扣除。企业为购置、建造固定资产、无形资产和经过 12 个月以上的建造才能达到预定可销售状态的存货发生借款的,在有关资产购置、建造期间发生的合理的借款费用,应当作为资本性支出计入有关资产的成本,并依照《企业所得税法实施条例》的规定扣除。

(4) 企业在生产经营活动中发生的下列利息支出,准予扣除:① 非金融企业向金融企业借款的利息支出、金融企业的各项存款利息支出和同业拆借利息支出、企业经批准发行债券的利息支出;② 非金融企业向非金融企业借款的利息支出,不超过按照金融企业同期同类贷款利率计算的数额的部分。

(5) 企业在货币交易中,以及纳税年度终了时将人民币以外的货币性资产、负债按照期末即期人民币汇率中间价折算为人民币时产生的汇兑损失,除已经计入有关资产成本以及与向所有者进行利润分配相关的部分外,准予扣除。

(6) 企业发生的职工福利费支出,不超过工资薪金总额14%的部分,准予扣除。

(7) 企业拨缴的工会经费,不超过工资薪金总额2%的部分,准予扣除。

(8) 除国务院财政、税务主管部门另有规定外,企业发生的职工教育经费支出,不超过工资薪金总额2.5%的部分,准予扣除;超过部分,准予在以后纳税年度结转扣除。

(9)企业发生的与生产经营活动有关的业务招待费支出,按照发生额的60%扣除,但最高不得超过当年销售(营业)收入的5‰。

(10)企业发生的符合条件的广告费和业务宣传费支出,除国务院财政、税务主管部门另有规定外,不超过当年销售(营业)收入15%的部分,准予扣除;超过部分,准予在以后纳税年度结转扣除。

(11)企业依照法律、行政法规有关规定提取的用于环境保护、生态恢复等方面的专项资金,准予扣除。上述专项资金提取后改变用途的,不得扣除。

(12)企业参加财产保险,按照规定缴纳的保险费,准予扣除。

(13)企业根据生产经营活动的需要租入固定资产支付的租赁费,按照以下方法扣除:① 以经营租赁方式租入固定资产发生的租赁费支出,按照租赁期限均匀扣除;② 以融资租赁方式租入固定资产发生的租赁费支出,按照规定构成融资租入固定资产价值的部分应当提取折旧费用,分期扣除。

(14)企业发生的合理的劳动保护支出,准予扣除。

(15)非居民企业在中国境内设立的机构、场所,就其中国境外总机构发生的与该机构、场所生产经营有关的费用,能够提供总机构出具的费用汇集范围、定额、分配依据和方法等证明文件,并合理分摊的,准予扣除。

(16)企业发生的公益性捐赠支出,在年度利润总额12%以内的部分,准予在计算应纳税所得额时扣除。公益性捐赠,是指企业通过公益性社会团体或者县级以上人民政府及其部门,用于《公益事业捐赠法》规定的公益事业的捐赠。年度利润总额,是指企业依照国家统一会计制度的规定计算的年度会计利润。

(17)在计算应纳税所得额时,企业按照规定计算的固定资产折旧,准予扣除。

(18)企业按照规定计算的无形资产摊销费用,准予扣除。

(19)企业发生的下列支出作为长期待摊费用,按照规定摊销的,准予扣除:已足额提取折旧的固定资产的改建支出;租入固定资产的改建支出;固定资产的大修理支出;其他应当作为长期待摊费用的支出。

(20)企业使用或者销售存货,按照规定计算的存货成本,准予在计算应纳税所得额时扣除。

(21)企业转让资产,该项资产的净值,准予在计算应纳税所得额时扣除。

5. 不得扣除的项目

在计算应纳税所得额时,下列支出不得扣除:(1)向投资者支付的股息、红利等权益性投资收益款项;(2)企业所得税税款;(3)税收滞纳金;(4)罚金、罚款和被没收财物的损失;(5)《企业所得税法》第9条规定以外的捐赠支出;(6)赞助支出,指企业发生的与生产经营活动无关的各种非广告性质支出。(7)未经核定的准备金支出;(8)与取得收入无关的其他支出;(9)企业对外投资期间,投资资产的成本在计算应纳税所得额时不得扣除;(10)企业在汇总计算缴纳企业所得税时,其境外营业机构的亏损不得抵减境内营业机构的盈利。

6. 亏损弥补

企业纳税年度发生的亏损,准予向以后年度结转,用以后年度的所得弥补,但结转年限最长不得超过5年。

五、应纳税额的计算

1. 应纳税额的计算公式

企业的应纳税所得额乘以适用税率,减除依照企业所得税法关于税收优惠的规定减免和抵免的税额后的余额,为应纳税额。其计算公式为:

应纳税额 = 应纳税所得额 × 适用税率 − 减免税额 − 抵免税额

2. 税收抵免

企业取得的下列所得已在境外缴纳的所得税税额,可以从其当期应纳税额中抵免,抵免限额为该项所得依照企业所得税法规定计算的应纳税额;超过抵免限额的部分,可以在以后5个年度内,用每年度抵免限额抵免当年应抵税额后的余额进行抵补:(1)居民企业来源于中国境外的应税所得;(2)非居民企业在中国境内设立机构、场所,取得发生在中国境外但与该机构、场所有实际联系的应税所得。

六、税收优惠

国家对重点扶持和鼓励发展的产业和项目,给予企业所得税优惠。

1. 免税收入

企业的下列收入为免税收入:(1)国债利息收入,是指企业持有国务院财政部门发行的国债取得的利息收入;(2)符合条件的居民企业之间的股息、红利等权益性投资收益;(3)在中国境内设立机构、场所的非居民企业从居民企业取得与该机构、场所有实际联系的股息、红利等权益性投资收益;(4)符合条件的非营利组织的收入。

2. 税款的减免

企业的下列所得,可以免征、减征企业所得税:(1)从事农、林、牧、渔业项目的所得;(2)从事国家重点扶持的公共基础设施项目投资经营的所得;(3)从事符合条件的环境保护、节能节水项目的所得;(4)符合条件的技术转让所得;(5)非居民企业在中国境内未设立机构、场所的,或者虽设立机构、场所但取得的所得与其所设机构、场所没有实际联系的所得。

3. 降低税率

根据我国《企业所得税法》第28条的规定,在下列两种情况下,可以降低税率:(1)符合条件的小型微利企业,减按20%的税率征收企业所得税。小型微利企业是指从事国家非限制和禁止行业,并符合下列条件的企业:① 工业企业,年度应纳税所得额不超过30万元,从业人数不超过100人,资产总额不超过3000万元;② 其他企业,年度应纳税所得额不超过30万元,从业人数不超过80人,资产总额不超过1000万元。(2)国家需要重点扶持的高新技术企业,减按15%的税率征收企业所得税。

为了进一步支持小型微利企业发展,财政部、国家税务总局《关于小型微利企业所得税优惠政策有关问题的通知》(财税[2014]34号)对小型微利企业的优惠政策作出进一步规定:自2014年1月1日至2016年12月31日,对年应纳税所得额低于10万元(含10万元)的小型微利企业,其所得减按50%计入应纳税所得额,按20%的税率缴纳企业所得税。

4. 加计扣除额、减计收入额

企业的下列支出,可以在计算应纳税所得额时加计扣除:(1)开发新技术、新产品、新工艺发生的研究开发费用;(2)安置残疾人员及国家鼓励安置的其他就业人员所支付的工资。

企业综合利用资源,生产符合国家产业政策规定的产品所取得的收入,可以在计算应纳税所得额时减计收入。

5. 抵扣应纳税所得额

创业投资企业从事国家需要重点扶持和鼓励的创业投资,可以按投资额的一定比例抵扣应纳税所得额。

6. 抵免税额

企业购置用于环境保护、节能节水、安全生产等专用设备的投资额,可以按一定比例实行税额抵免。

7. 加速折旧

企业的固定资产由于技术进步等原因,确需加速折旧的,可以缩短折旧年限或者采取加速折旧的方法。

8. 过渡期优惠

《企业所得税法》公布前已经批准设立的企业,依照当时的税收法律、行政法规规定,享受低税率优惠的,可以在该法施行后5年内,逐步过渡到该法规定的税率;享受定期减免税优惠的,可以在该法施行后继续享受到期满为止,但因未获利而尚未享受优惠的,优惠期限从该法施行年度起计算。

七、特别纳税调整

1. 企业与其关联方之间的业务往来,不符合独立交易原则而减少企业或者其关联方应纳税收入或者所得额的,税务机关有权按照合理方法调整。

企业与其关联方共同开发、受让无形资产,或者共同提供、接受劳务发生的成本,在计算应纳税所得额时应当按照独立交易原则进行分摊。

2. 企业可以向税务机关提出与其关联方之间业务往来的定价原则和计算方法,税务机关与企业协商、确认后,达成预约定价安排。

3. 企业向税务机关报送年度企业所得税纳税申报表时,应当就其与关联方之间的业务往来,附送年度关联业务往来报告表。

税务机关在进行关联业务调查时,企业及其关联方,以及与关联业务调查有关的其他企业,应当按照规定提供相关资料。

4. 企业不提供与其关联方之间业务往来资料,或者提供虚假、不完整资料,未能真实反映其关联业务往来情况的,税务机关有权依法核定其应纳税所得额。

5. 由居民企业,或者由居民企业和中国居民控制的设立在实际税负明显低于25%税率水平的国家(地区)的企业,并非由于合理的经营需要而对利润不作分配或者减少分配的,上述利润中应归属于该居民企业的部分,应当计入该居民企业的当期收入。

6. 企业从其关联方接受的债权性投资与权益性投资的比例超过规定标准而发生的利息支出,不得在计算应纳税所得额时扣除。

7. 企业实施其他不具有合理商业目的的安排而减少其应纳税收入或者所得额的,税务机关有权按照合理方法调整。

8. 税务机关依照本章规定作出纳税调整,需要补征税款的,应当补征税款,并按照国务院规定加收利息。

八、征收管理

1. 除税收法律、行政法规另有规定外,居民企业以企业登记注册地为纳税地点;但登记注册地在境外的,以实际管理机构所在地为纳税地点。

居民企业在中国境内设立不具有法人资格的营业机构的,应当汇总计算并缴纳企业所得税。

2. 非居民企业取得的所得,以机构、场所所在地为纳税地点。非居民企业在中国境内设立两个或者两个以上机构、场所的,经税务机关审核批准,可以选择由其主要机构、场所汇总缴纳企业所得税。

非居民企业在中国境内未设立机构、场所的,或者虽设立机构、场所但取得的所得与其所设机构、场所没有实际联系的,以扣缴义务人所在地为纳税地点。

3. 除国务院另有规定外,企业之间不得合并缴纳企业所得税。

4. 企业所得税按纳税年度计算。纳税年度自公历1月1日起至12月31日止。企业在一个纳税年度中间开业,或者终止经营活动,使该纳税年度的实际经营期不足12个月的,应当以其实际经营期为一个纳税年度。企业依法清算时,应当以清算期间作为一个纳税年度。

5. 企业所得税分月或者分季预缴。企业应当自月份或者季度终了之日起15日内,向税务机关报送预缴企业所得税纳税申报表,预缴税款。企业应当自年度终了之日起5个月内,向税务机关报送年度企业所得税纳税申报表,并汇算清缴,结清应缴应退税款。企业在报送企业所得税纳税申报表时,应当按照规定附送财务会计报告和其他有关资料。

6. 企业在年度中间终止经营活动的,应当自实际经营终止之日起60日内,向税务机关办理当期企业所得税汇算清缴。企业应当在办理注销登记前,就其清算所得向税务机关申报并依法缴纳企业所得税。

第二节 企业所得税法律实务

案例1 合伙企业是企业所得税的纳税主体吗

案情

G企业是国内一家大型家电连锁企业,从事家电销售业务,2013年全年企业应纳税所得额为247万元。H公司是一家以从事特种光源生产为主的美国企业,其实际管理机关也设在美国,2013年在上海举办了一次产品展销会,取得应纳税所得额50万元。J家政中心成立于2010年,成立时的经济性质为合伙企业,由于服务周到、信誉良好,到2012年发展成为拥有60名从业人员的有限责任公司,并在工商行政管理部门办理了变更登记,2013年应纳税所得额为12万元。W公司成立于2011年,主要从事电子信息技术开发业务,并被认定为高新技术企业,2013年应税收入为800万元。

法律问题及要求

请分析并计算以上四家企业2008年应纳的企业所得税。

解题思路

(1) G企业是居民企业,适用25%的税率,应纳税额为:$247 \times 25\% = 61.75$(万元)

(2) H公司属于非居民企业,适用20%的税率,应纳税额为:$50 \times 20\% = 10$(万元)

(3) J家政中心前身是合伙企业,是个人所得税的纳税主体,不缴纳企业所得税;但是变更为有限责任公司后即成为企业所得税的纳税人,并属于符合条件的小型微利企业,适用20%的税率,其应纳税额为:$12 \times 20\% = 2.4$(万元)

(4) W公司属于国家重点扶植的高新技术企业,减按15%的税率征税,应纳税额为:$800 \times 15\% = 120$(万元)

  相关法律链接

1.《企业所得税法》第一条 在中华人民共和国境内,企业和其他取得收入的组织(以下统称企业)为企业所得税的纳税人,依照本法的规定缴纳企业所得税。

个人独资企业、合伙企业不适用本法。

第三条 居民企业应当就其来源于中国境内、境外的所得缴纳企业所得税。

非居民企业在中国境内设立机构、场所的,应当就其所设机构、场所取得的来源于中国境内的所得,以及发生在中国境外但与其所设机构、场所有实际联系的所得,缴纳企业所得税。

非居民企业在中国境内未设立机构、场所的,或者虽设立机构、场所但取得的所得与其所设机构、场所没有实际联系的,应当就其来源于中国境内的所得缴纳企业所得税。

第四条 企业所得税的税率为25%。

非居民企业取得本法第三条第三款规定的所得,适用税率为20%。

第二十八条 符合条件的小型微利企业,减按20%的税率征收企业所得税。

国家需要重点扶持的高新技术企业,减按15%的税率征收企业所得税。

2.《企业所得税法实施条例》第五条第二款 非居民企业委托营业代理人在中国境内从事生产经营活动的,包括委托单位或者个人经常代其签订合同,或者储存、交付货物等,该营业代理人视为非居民企业在中国境内设立的机构、场所。

第六条 企业所得税法第三条所称所得,包括销售货物所得、提供劳务所得、转让财产所得、股息红利等权益性投资所得、利息所得、租金所得、特许权使用费所得、接受捐赠所得和其他所得。

第九十二条 企业所得税法第二十八条第一款所称符合条件的小型微利企业,是指从事国家非限制和禁止行业,并符合下列条件的企业:

(一) 工业企业,年度应纳税所得额不超过30万元,从业人数不超过100人,资产总额不超过3000万元;

(二) 其他企业,年度应纳税所得额不超过30万元,从业人数不超过80人,资产总额不超过1000万元。

第九十三条 企业所得税法第二十八条第二款所称国家需要重点扶持的高新技术企业,是指拥有核心自主知识产权,并同时符合下列条件的企业:

(一) 产品(服务)属于《国家重点支持的高新技术领域》规定的范围;

(二) 研究开发费用占销售收入的比例不低于规定比例;

(三) 高新技术产品(服务)收入占企业总收入的比例不低于规定比例;

(四) 科技人员占企业职工总数的比例不低于规定比例;

(五) 高新技术企业认定管理办法规定的其他条件。

《国家重点支持的高新技术领域》和高新技术企业认定管理办法由国务院科技、财政、税务主管部门商国务院有关部门制订,报国务院批准后公布施行。

案例2　怎样辨别居民企业和非居民企业

案情

三味公司是依据我国公司法设立的企业,其实际经营管理机构设在天津;四美公司是依据我国香港特别行政区的法律设立的企业,其实际经营管理机构也设在香港;五德公司是依据我国澳门特别行政区的法律设立的企业,其实际经营管理机构设在武汉。

法律问题及要求

请问:三味公司、四美公司和五德公司都是居民企业吗?

解题思路

根据《企业所得税法》第2条及《企业所得税法实施条例》第132条的规定,居民企业,是指依法在中国境内成立,或者依照外国(地区)法律成立但实际管理机构在中国境内的企业。非居民企业则是指依照外国(地区)法律成立且实际管理机构不在中国境内,但在中国境内设立机构、场所的,或者在中国境内未设立机构、场所,但有来源于中国境内所得的企业。

三味公司依据我国公司法设立,其实际经营管理机构设在我国境内,当然属于我国的居民企业。

四美公司依据香港特别行政区的法律设立,且实际经营管理机构也设在香港,相当于"依照外国(地区)法律成立且实际管理机构不在中国境内"的企业,属于非居民企业。

五德公司虽然依据澳门特别行政区的法律设立,但因其实际经营管理机构设在武汉,也属于居民企业。

　相关法律链接

1.《企业所得税法》第二条　企业分为居民企业和非居民企业。

本法所称居民企业,是指依法在中国境内成立,或者依照外国(地区)法律成立但实际管理机构在中国境内的企业。

第六章 企业所得税法

本法所称非居民企业,是指依照外国(地区)法律成立且实际管理机构不在中国境内,但在中国境内设立机构、场所的,或者在中国境内未设立机构、场所,但有来源于中国境内所得的企业。

2.《企业所得税法实施条例》第一百三十二条 在香港特别行政区、澳门特别行政区和台湾地区成立的企业,参照适用企业所得税法第二条第二款、第三款的有关规定。

案例3 企业如何弥补以前年度的亏损

案情

假设甲企业2008—2017年间境内应纳税所得额如下所示(单位:万元):

年份	2008	2009	2010	2011	2012	2013	2014	2015	2016	2017
应纳税所得额	-450	-150	65	50	75	55	200	-22	78	110

其中2014年境内应纳税所得额200万元,境外营业机构亏损88万元。

法律问题及要求

根据上表资料计算该企业2008年—2017年间共应缴纳的所得税税额。

解题思路

(1) 2008年亏损,不纳所得税。

(2) 2009年亏损,不纳所得税。

(3) 2010年盈利65万元,但在2008年-450万元的亏损补亏期内,补亏后(65-450=-385),不纳所得税。

(4) 2011年盈利50万元,仍在2008年-450万元的亏损补亏期内,补亏后(50-385=-335),不纳所得税。

(5) 2012年盈利75万元,仍在2008年-450万元的亏损补亏期内,补亏后(75-335=-260),不纳所得税。

(6) 2013年盈利55万元,仍在2008年-450万元的亏损补亏期内,补亏后(55-260=-205),不纳所得税。

(7) 2014年盈利200万元,不在2008年-450万元的亏损补亏期内,但是在2009年-150万元的亏损补亏期内,应纳税所得额是200-150=50(万元),

境外营业机构的亏损不得抵减境内营业机构的盈利。适用税率25%,企业2014年应纳税额是 50×25% =12.5(万元)。

(8) 2015年亏损,不纳所得税。

(9) 2016年盈利78万元,但在2015年-22万元的亏损补亏期内,补亏后(78-22=56),适用税率25%,企业2016年应纳税额是 56×25% =14(万元)。

(10) 2017年企业盈利110万元,应纳税额是 110×25% =27.5(万元)。

(11) 甲企业2008年至2017年间共应缴纳的所得税税额是 12.5+14+27.5=54(万元)。

 相关法律链接

1.《企业所得税法》第四条　企业所得税的税率为25%。

第五条　企业每一纳税年度的收入总额,减除不征税收入、免税收入、各项扣除以及允许弥补的以前年度亏损后的余额,为应纳税所得额。

第十七条　企业在汇总计算缴纳企业所得税时,其境外营业机构的亏损不得抵减境内营业机构的盈利。

第十八条　企业纳税年度发生的亏损,准予向以后年度结转,用以后年度的所得弥补,但结转年限最长不得超过五年。

第二十二条　企业的应纳税所得额乘以适用税率,减除依照本法关于税收优惠的规定减免和抵免的税额后的余额,为应纳税额。

2.《企业所得税法实施条例》第十条　企业所得税法第五条所称亏损,是指企业依照企业所得税法和本条例的规定将每一纳税年度的收入总额减除不征税收入、免税收入和各项扣除后小于零的数额。

第七十六条　企业所得税法第二十二条规定的应纳税额的计算公式为:

应纳税额=应纳税所得额×适用税率-减免税额-抵免税额

案例4　高等院校创收应纳企业所得税

案情

北京某高校开办自学考试辅导班,2013年获得纯收益89万元。该学校财务处认为,对于其开办自学考试辅导班所获得的收益,不应征收企业所得税,故未进行纳税申报。而当地税务机关则坚持认为,该学校开办自考班的收益必须缴纳企业所得税。

法律问题及要求

请问该高校应就该项收益缴纳企业所得税吗?

解题思路

该高校开办自学考试辅导班所得的收益应当缴纳企业所得税,进行纳税申报。该高校属于我国企业所得税法中规定纳税人中的"其他取得收入的组织";其开办自学考试辅导班的收入为"提供劳务收入"中的"教育培训收入",是高校在完成国家教育事业计划之外从事有偿活动所获得的营利性活动收入。所以本案中该高校对其开办自学考试辅导班的所得,应当缴纳企业所得税。

相关法律链接

1.《企业所得税法》第一条 在中华人民共和国境内,企业和其他取得收入的组织(以下统称企业)为企业所得税的纳税人,依照本法的规定缴纳企业所得税。

第二条第一款 企业分为居民企业和非居民企业。

本法所称居民企业,是指依法在中国境内成立,或者依照外国(地区)法律成立但实际管理机构在中国境内的企业。

第三条第一款 居民企业应当就其来源于中国境内、境外的所得缴纳企业所得税。

第六条 企业以货币形式和非货币形式从各种来源取得的收入,为收入总额。包括:

(一)销售货物收入;

(二)提供劳务收入;

(三)转让财产收入;

(四)股息、红利等权益性投资收益;

(五)利息收入;

(六)租金收入;

(七)特许权使用费收入;

（八）接受捐赠收入；

（九）其他收入。

第二十六条　企业的下列收入为免税收入：

（一）国债利息收入；

（二）符合条件的居民企业之间的股息、红利等权益性投资收益；

（三）在中国境内设立机构、场所的非居民企业从居民企业取得与该机构、场所有实际联系的股息、红利等权益性投资收益；

（四）符合条件的非营利组织的收入。

2.《企业所得税法实施条例》第一条　企业所得税法第二条所称依法在中国境内成立的企业，包括依照中国法律、行政法规在中国境内成立的企业、事业单位、社会团体以及其他取得收入的组织。

第十五条　企业所得税法第六条第(二)项所称提供劳务收入，是指企业从事建筑安装、修理修配、交通运输、仓储租赁、金融保险、邮电通信、咨询经纪、文化体育、科学研究、技术服务、教育培训、餐饮住宿、中介代理、卫生保健、社区服务、旅游、娱乐、加工以及其他劳务服务活动取得的收入。

第八十四条　企业所得税法第二十六条第(四)项所称符合条件的非营利组织，是指同时符合下列条件的组织：

（一）依法履行非营利组织登记手续；

（二）从事公益性或者非营利性活动；

（三）取得的收入除用于与该组织有关的、合理的支出外，全部用于登记核定或者章程规定的公益性或者非营利性事业；

（四）财产及其孳息不用于分配；

（五）按照登记核定或者章程规定，该组织注销后的剩余财产用于公益性或者非营利性目的，或者由登记管理机关转赠给与该组织性质、宗旨相同的组织，并向社会公告；

（六）投入人对投入该组织的财产不保留或者享有任何财产权利；

（七）工作人员工资福利开支控制在规定的比例内，不变相分配该组织的财产。

前款规定的非营利组织的认定管理办法由国务院财政、税务主管部门会同国务院有关部门制定。

第八十五条　企业所得税法第二十六条第(四)项所称符合条件的非营利组织的收入，不包括非营利组织从事营利性活动取得的收入，但国务院财政、税务主管部门另有规定的除外。

案例 5 如何确认应税收入

案情

瑞林公司 2014 年度获得了以下收入:
(1) 销售商品收入 2000 万元;
(2) 转让固定资产收入 500 万元;
(3) 运费收入 30 万元;
(4) 获得股息 600 万元;
(5) A 企业使用瑞林公司的商标支付其 300 万元;
(6) B 公司将一台大型机器设备无偿赠送给瑞林公司,该机器设备的市场价值为 200 万元;
(7) 获得财政拨款 800 万元;
(8) 获得国库券利息收入 100 万元;
(9) C 公司因违反合同,向瑞林公司支付违约金 80 万元;
(10) D 公司租用瑞林公司的固定资产向其支付 150 万元。

法律问题及要求

请问:如何确认计算瑞林公司 2014 年度的收入总额?

解题思路

第(1)项收入是"销售货物收入",计入收入总额;
第(2)项收入是"转让财产收入",计入收入总额;
第(3)项收入是"提供劳务收入",计入收入总额;
第(4)项收入属于"股息、红利等权益性投资收益",计入收入总额;
第(5)项收入是"特许权使用费收入",计入收入总额;
第(6)项收入是"接受捐赠收入",计入收入总额;
第(7)项收入是"财政拨款",属于"不征税收入",不计入收入总额;
第(8)项收入是"国债利息收入",属于"免税收入",不计入收入总额;
第(9)项收入是"其他收入",计入收入总额;
第(10)项收入是"租金收入",计入收入总额。
因此,瑞林公司 2014 年度的收入总额是:2000 + 500 + 30 + 600 + 300 + 200

+80+150=3860(万元)

相关法律链接

1. 《企业所得税法》第六条 企业以货币形式和非货币形式从各种来源取得的收入,为收入总额。包括:

(一) 销售货物收入;

(二) 提供劳务收入;

(三) 转让财产收入;

(四) 股息、红利等权益性投资收益;

(五) 利息收入;

(六) 租金收入;

(七) 特许权使用费收入;

(八) 接受捐赠收入;

(九) 其他收入。

第七条 收入总额中的下列收入为不征税收入:

(一) 财政拨款;

(二) 依法收取并纳入财政管理的行政事业性收费、政府性基金;

(三) 国务院规定的其他不征税收入。

第二十六条 企业的下列收入为免税收入:

(一) 国债利息收入;

(二) 符合条件的居民企业之间的股息、红利等权益性投资收益;

(三) 在中国境内设立机构、场所的非居民企业从居民企业取得与该机构、场所有实际联系的股息、红利等权益性投资收益;

(四) 符合条件的非营利组织的收入。

2. 《企业所得税法实施条例》第十四条 企业所得税法第六条第(一)项所称销售货物收入,是指企业销售商品、产品、原材料、包装物、低值易耗品以及其他存货取得的收入。

第十五条 企业所得税法第六条第(二)项所称提供劳务收入,是指企业从事建筑安装、修理修配、交通运输、仓储租赁、金融保险、邮电通信、咨询经纪、文化体育、科学研究、技术服务、教育培训、餐饮住宿、中介代理、卫生保健、社区服务、旅游、娱乐、加工以及其他劳务服务活动取得的收入。

第十六条　企业所得税法第六条第(三)项所称转让财产收入,是指企业转让固定资产、生物资产、无形资产、股权、债权等财产取得的收入。

第十七条　企业所得税法第六条第(四)项所称股息、红利等权益性投资收益,是指企业因权益性投资从被投资方取得的收入。

股息、红利等权益性投资收益,除国务院财政、税务主管部门另有规定外,按照被投资方作出利润分配决定的日期确认收入的实现。

第十八条　企业所得税法第六条第(五)项所称利息收入,是指企业将资金提供他人使用但不构成权益性投资,或者因他人占用本企业资金取得的收入,包括存款利息、贷款利息、债券利息、欠款利息等收入。

利息收入,按照合同约定的债务人应付利息的日期确认收入的实现。

第十九条　企业所得税法第六条第(六)项所称租金收入,是指企业提供固定资产、包装物或者其他有形资产的使用权取得的收入。

租金收入,按照合同约定的承租人应付租金的日期确认收入的实现。

第二十条　企业所得税法第六条第(七)项所称特许权使用费收入,是指企业提供专利权、非专利技术、商标权、著作权以及其他特许权的使用权取得的收入。

特许权使用费收入,按照合同约定的特许权使用人应付特许权使用费的日期确认收入的实现。

第二十一条　企业所得税法第六条第(八)项所称接受捐赠收入,是指企业接受的来自其他企业、组织或者个人无偿给予的货币性资产、非货币性资产。

接受捐赠收入,按照实际收到捐赠资产的日期确认收入的实现。

第二十二条　企业所得税法第六条第(九)项所称其他收入,是指企业取得的除企业所得税法第六条第(一)项至第(八)项规定的收入外的其他收入,包括企业资产溢余收入、逾期未退包装物押金收入、确实无法偿付的应付款项、已作坏账损失处理后又收回的应收款项、债务重组收入、补贴收入、违约金收入、汇兑收益等。

第二十六条第一款　企业所得税法第七条第(一)项所称财政拨款,是指各级人民政府对纳入预算管理的事业单位、社会团体等组织拨付的财政资金,但国务院和国务院财政、税务主管部门另有规定的除外。

第八十二条　企业所得税法第二十六条第(一)项所称国债利息收入,是指企业持有国务院财政部门发行的国债取得的利息收入。

案例 6　如何确认合理支出

案情

扬光公司 2014 年度发生了以下支出：
(1) 购买原材料支出 1000 万元；
(2) 职工工资 500 万元；
(3) 营业税、消费税及其附加共 300 万元；
(4) 增值税 200 万元；
(5) 固定资产盘亏 50 万元；
(6) 因违反合同,向甲企业支付违约金 80 万元；
(7) 缴纳基本医疗保险费、养老保险费、失业保险费、工伤保险费、生育保险费等基本社会保险费和住房公积金 100 万元；
(8) 为员工向商业保险公司投保人寿保险支出 60 万元；
(9) 向乙银行贷款 1000 万元,支付贷款利息 80 万元；
(10) 为建造固定资产发生借款费用 100 万元,其中在建造期间发生的借款费用 70 万元,竣工结算交付使用后发生的借款费用 30 万元。

法律问题及要求

请问:扬光公司 2014 年度的上述支出中允许在当期直接扣除的数额是多少？

解题思路

第(1)项支出是合理的成本支出,准予扣除；
第(2)项支出是合理的费用支出,准予扣除；
第(3)项支出是合理的税金支出,准予扣除；
第(4)项是增值税,不得扣除；
第(5)项支出是合理的损失支出,准予扣除；
第(6)项支出是合理的其他支出,准予扣除；
根据《企业所得税法实施条例》第 35 条的规定,第(7)项支出准予扣除；
根据《企业所得税法实施条例》第 36 条的规定,第(8)项支出不得扣除；
根据《企业所得税法实施条例》第 38 条的规定,第(9)项支出准予扣除；

根据《企业所得税法实施条例》第37条的规定,第(10)项支出中固定资产建造期间发生的费用应计入固定资产成本,不得直接扣除,竣工结算交付使用后发生的借款费用准予扣除。

因此,扬光公司2014年度的上述支出中允许在当期直接扣除的数额是:1000＋500＋300＋50＋80＋100＋80＋30＝2140(万元)

相关法律链接

1.《企业所得税法》第八条　企业实际发生的与取得收入有关的、合理的支出,包括成本、费用、税金、损失和其他支出,准予在计算应纳税所得额时扣除。

第十条　在计算应纳税所得额时,下列支出不得扣除:

(一)向投资者支付的股息、红利等权益性投资收益款项;

(二)企业所得税税款;

(三)税收滞纳金;

(四)罚金、罚款和被没收财物的损失;

(五)本法第九条规定以外的捐赠支出;

(六)赞助支出;

(七)未经核定的准备金支出;

(八)与取得收入无关的其他支出。

2.《企业所得税法实施条例》第二十七条　企业所得税法第八条所称有关的支出,是指与取得收入直接相关的支出。

企业所得税法第八条所称合理的支出,是指符合生产经营活动常规,应当计入当期损益或者有关资产成本的必要和正常的支出。

第二十八条　企业发生的支出应当区分收益性支出和资本性支出。收益性支出在发生当期直接扣除;资本性支出应当分期扣除或者计入有关资产成本,不得在发生当期直接扣除。

企业的不征税收入用于支出所形成的费用或者财产,不得扣除或者计算对应的折旧、摊销扣除。

除企业所得税法和本条例另有规定外,企业实际发生的成本、费用、税金、损失和其他支出,不得重复扣除。

第二十九条　企业所得税法第八条所称成本,是指企业在生产经营活动中发生的销售成本、销货成本、业务支出以及其他耗费。

第三十条　企业所得税法第八条所称费用,是指企业在生产经营活动中发生的销售费用、管理费用和财务费用,已经计入成本的有关费用除外。

第三十一条　企业所得税法第八条所称税金,是指企业发生的除企业所得税和允许抵扣的增值税以外的各项税金及其附加。

第三十二条　企业所得税法第八条所称损失,是指企业在生产经营活动中发生的固定资产和存货的盘亏、毁损、报废损失,转让财产损失,呆账损失,坏账损失,自然灾害等不可抗力因素造成的损失以及其他损失。

企业发生的损失,减除责任人赔偿和保险赔款后的余额,依照国务院财政、税务主管部门的规定扣除。

企业已经作为损失处理的资产,在以后纳税年度又全部收回或者部分收回时,应当计入当期收入。

第三十三条　企业所得税法第八条所称其他支出,是指除成本、费用、税金、损失外,企业在生产经营活动中发生的与生产经营活动有关的、合理的支出。

第三十四条　企业发生的合理的工资薪金支出,准予扣除。

前款所称工资薪金,是指企业每一纳税年度支付给在本企业任职或者受雇的员工的所有现金形式或者非现金形式的劳动报酬,包括基本工资、奖金、津贴、补贴、年终加薪、加班工资,以及与员工任职或者受雇有关的其他支出。

第三十五条　企业依照国务院有关主管部门或省级人民政府规定的范围和标准为职工缴纳的基本养老保险费、基本医疗保险费、失业保险费、工伤保险费、生育保险费等基本社会保险费和住房公积金,准予扣除。

企业为投资者或者职工支付的补充养老保险费、补充医疗保险费,在国务院财政、税务主管部门规定的范围和标准内,准予扣除。

第三十六条　除企业依照国家有关规定为特殊工种职工支付的人身安全保险费和国务院财政、税务主管部门规定可以扣除的其他商业保险费外,企业为投资者或者职工支付的商业保险费,不得扣除。

第三十七条　企业在生产经营活动中发生的合理的不需要资本化的借款费用,准予扣除。

企业为购置、建造固定资产、无形资产和经过12个月以上的建造才能达到预定可销售状态的存货发生借款的,在有关资产购置、建造期间发生的合理的借款费用,应当作为资本性支出计入有关资产的成本,并依照本条例的规定扣除。

第三十八条 企业在生产经营活动中发生的下列利息支出,准予扣除:

(一)非金融企业向金融企业借款的利息支出、金融企业的各项存款利息支出和同业拆借利息支出、企业经批准发行债券的利息支出;

(二)非金融企业向非金融企业借款的利息支出,不超过按照金融企业同期同类贷款利率计算的数额的部分。

案例7 支出大于收入要缴纳企业所得税吗

案情

某国有企业是一家生产大型机床设备的国有企业,2008年会计资料登记的收入状况如下:接受财政拨款200万元;销售企业生产的机床20台,取得收入3400万元;修理机床收入750万元;转让房产收入400万元;许可他人使用专利获得特许权使用费收入72万元;利息收入100万元,其中包括贷款利息60万元,国债利息40万元。会计资料登记的支出状况如下:生产成本1650元;销售费用450万元;管理费用90万元;财务费用220万元;年底购买新的机器设备花费5000万元。在申报企业所得税时,该企业以年支出大于年收入为由拒绝缴纳企业所得税。

法律问题及要求

企业全年的支出大于收入也要缴纳企业所得税吗?

解题思路

即使企业没有取得会计利润,也可能要缴纳企业所得税。企业所得税是针对纳税人在一定时期内取得的净收益征收的一种税。但这里的净收益并非指纳税人的经营收入减去经营成本后的余额(即会计利润),而是指纳税人在一定的时期内所取得的"税法规定范围内的支出后的余额"。即使纳税人在一定时期内没有实现会计利润,但只要有应纳税所得额,就得缴纳企业所得税。由于接受财政拨款为不征税收入、国债利息为免税收入,所以该企业的计税收入为:3400 + 750 + 400 + 72 + 60 = 4694(万元)。企业发生的支出应当区分收益性支出和资本性支出。收益性支出在发生当期直接扣除;资本性支出应当分期扣除或者计入有关资产成本,不得在发生当期直接扣除。购买新的机器设备花费5000万元属于资本性支出,所以应当分期扣除或者计入有关资产成本,不得在发生当期直接扣除,那么该企业依法可扣除的支出为:1650＋450＋90＋220＝2410(万元)。因此,企业的应纳税所得额为:4694－2410＝2284(万元),应该缴纳企业所得税。

相关法律链接

1.《企业所得税法》第五条 企业每一纳税年度的收入总额,减除不征税收入、免税收入、各项扣除以及允许弥补的以前年度亏损后的余额,为应纳税所得额。

第六条 企业以货币形式和非货币形式从各种来源取得的收入,为收入总额。包括:

(一) 销售货物收入;

(二) 提供劳务收入;

(三) 转让财产收入;

(四) 股息、红利等权益性投资收益;

(五) 利息收入;

(六) 租金收入;

(七) 特许权使用费收入;

(八) 接受捐赠收入;

(九) 其他收入。

第七条 收入总额中的下列收入为不征税收入:

(一) 财政拨款;

(二) 依法收取并纳入财政管理的行政事业性收费、政府性基金;

(三) 国务院规定的其他不征税收入。

第八条 企业实际发生的与取得收入有关的、合理的支出,包括成本、费用、税金、损失和其他支出,准予在计算应纳税所得额时扣除。

第二十六条第一项 企业的下列收入为免税收入:

(一) 国债利息收入;

……

第六章 企业所得税法

2.《企业所得税法实施条例》第六条 企业所得税法第三条所称所得,包括销售货物所得、提供劳务所得、转让财产所得、股息红利等权益性投资所得、利息所得、租金所得、特许权使用费所得、接受捐赠所得和其他所得。

3.《企业会计制度》第一百零六条 利润,是指企业在一定会计期间的经营成果,包括营业利润、利润总额和净利润。

(一)营业利润,是指主营业务收入减去主营业务成本和主营业务税金及附加,加上其他业务利润,减去营业费用、管理费用和财务费用后的金额。

(二)利润总额,是指营业利润加上投资收益、补贴收入、营业外收入,减去营业外支出后的金额。

(三)投资收益,是指企业对外投资所取得的收益,减去发生的投资损失和计提的投资减值准备后的净额。

(四)补贴收入,是指企业按规定实际收到退还的增值税,或按销量或工作量等依据国家规定的补助定额计算并按期给予的定额补贴,以及属于国家财政扶持的领域而给予的其他形式的补贴。

(五)营业外收入和营业外支出,是指企业发生的与其生产经营活动无直接关系的各项收入和各项支出。营业外收入包括固定资产盘盈、处置固定资产净收益、处置无形资产净收益、罚款净收入等。营业外支出包括固定资产盘亏、处置固定资产净损失、处置无形资产净损失、债务重组损失、计提的无形资产减值准备、计提的固定资产减值准备、计提的在建工程减值准备、罚款支出、捐赠支出、非常损失等。

营业外收入和营业外支出应当分别核算,并在利润表中分列项目反映。营业外收入和营业外支出还应当按照具体收入和支出设置明细项目,进行明细核算。

(六)所得税,是指企业应计入当期损益的所得税费用。

(七)净利润,是指利润总额减去所得税后的金额。

案例8 处理固定资产相关账务应谨慎

案情

2014年4月,某市税务稽查分局对该市一家大型生产企业2013年所得税缴纳情况进行税务稽查,发现以下情况:(1)该企业2013年6月报废机器设备一批,价值 500 万元,通过对"累计折旧"与"固定资产明细账"的审查发现该企业 2013 年 7 月至 12 月继续对该批报废的设备计提折旧,共计 34.452 万元。(2) 另外通过对上述两个账户的审查还发现该企业将 2013 年经营性租赁的一台机器计提折旧共计 5.548 万元。(3) 在对该企业 2013 年"财务费用"的检查中发现比 2012 年有很大增长。通过对财务费用明细账审查,发现费用增长过大主要是由于利息支出过大。税务人员在检查每笔利息支出与"长期负债"、"短期负债"之间对应关系时,了解到该企业 2012 年将此项贷款利息 30 万元记入了"在建工程",而 2013 年却将贷款利息 30 万元记入了"财务费用"。该项设备在 2013 年底才正式安装完毕并投入生产。税务机关对上述情况进行了立案查处,并追缴了税款,同时对偷逃税加收滞纳金和罚款。

法律问题及要求

(1) 该企业哪些行为违反了法律的规定?

(2) 企业上述行为是否构成了偷税行为?税务机关应如何处罚企业的上述行为?

解题思路

(1) 该企业违反税法规定的行为有:对 2013 年 6 月报废的固定资产和经营性租赁的固定资产计提折旧,增大当期的"制造费用",减少了当期利润,进而减少了应纳税所得额,达到少缴企业所得税的目的。对记入"在建工程"的利息支出,只能在转为"固定资产"后通过折旧进行摊销,而不能一次性地通过"财务费用"从税前扣除。

(2) 该企业的多列资本支出,违规增大当期费用,少缴应纳税款的行为构成了偷税行为。可以要求其调增利润,补缴所得款,并处不缴或少缴的税款 50% 以上 5 倍以下的罚款;构成犯罪的,依法追究刑事责任。

相关法律链接

1.《企业所得税法》第八条　企业实际发生的与取得收入有关的、合理的支出,包括成本、费用、税金、损失和其他支出,准予在计算应纳税所得额时扣除。

第十一条　在计算应纳税所得额时,企业按照规定计算的固定资产折旧,准予扣除。

下列固定资产不得计算折旧扣除:

(一)房屋、建筑物以外未投入使用的固定资产;

(二)以经营租赁方式租入的固定资产;

(三)以融资租赁方式租出的固定资产;

(四)已足额提取折旧仍继续使用的固定资产;

(五)与经营活动无关的固定资产;

(六)单独估价作为固定资产入账的土地;

(七)其他不得计算折旧扣除的固定资产。

2.《企业所得税法实施条例》第十八条　企业所得税法第六条第(五)项所称利息收入,是指企业将资金提供他人使用但不构成权益性投资,或者因他人占用本企业资金取得的收入,包括存款利息、贷款利息、债券利息、欠款利息等收入。

利息收入,按照合同约定的债务人应付利息的日期确认收入的实现。

第二十七条　企业所得税法第八条所称有关的支出,是指与取得收入直接相关的支出。

企业所得税法第八条所称合理的支出,是指符合生产经营活动常规,应当计入当期损益或者有关资产成本的必要和正常的支出。

第二十八条　企业发生的支出应当区分收益性支出和资本性支出。收益性支出在发生当期直接扣除;资本性支出应当分期扣除或者计入有关资产成本,不得在发生当期直接扣除。

企业的不征税收入用于支出所形成的费用或者财产,不得扣除或者计算对应的折旧、摊销扣除。

除企业所得税法和本条例另有规定外,企业实际发生的成本、费用、税金、损失和其他支出,不得重复扣除。

第二十九条　企业所得税法第八条所称成本,是指企业在生产经营活动中发生的销售成本、销货成本、业务支出以及其他耗费。

第三十条　企业所得税法第八条所称费用,是指企业在生产经营活动中发生的销售费用、管理费用和财务费用,已经计入成本的有关费用除外。

第三十八条　企业在生产经营活动中发生的下列利息支出,准予扣除:

(一)非金融企业向金融企业借款的利息支出、金融企业的各项存款利息支出和同业拆借利息支出、企业经批准发行债券的利息支出;

（二）非金融企业向非金融企业借款的利息支出，不超过按照金融企业同期同类贷款利率计算的数额的部分。

3.《税收征收管理法》第六十三条　纳税人伪造、变造、隐匿、擅自销毁账簿、记账凭证，或者在账簿上多列支出或者不列、少列收入，或者经税务机关通知申报而拒不申报或者进行虚假的纳税申报，不缴或者少缴应纳税款的，是偷税。对纳税人偷税的，由税务机关追缴其不缴或者少缴的税款、滞纳金，并处不缴或者少缴的税款百分之五十以上五倍以下的罚款；构成犯罪的，依法追究刑事责任。

案例9　固定资产折旧费的提取中发生的漏税问题

案情

某食品加工公司于2013年5月以经营租赁方式租得一台原价值16万元的食品加工设备，并且从5月到11月共提取了折旧费0.6万元，将此记入管理费用；该公司于2002年1月购置的一台设备在2013年一年内共提取折旧费0.85万元(该设备已于2012年底停用)；2013年11月公司又新购进了一台价值为22万元的烘焙设备并在当月投入使用，11月计提折旧费0.12万元列入了制造费用中。

法律问题及要求

该公司固定资产的折旧费提取有何不当？

解题思路

(1) 以经营租赁方式租入的固定资产不得计提折旧费，该公司从2013年5月到11月所提的折旧费0.6万元是不当的；

(2) 停止使用的固定资产，应当自停止使用月份的次月起停止计算折旧，所以该公司2002年购置并在2012年底停用的生产设备不得在2013年提取折旧费，这里的0.85万元折旧费提取不当；

(3) 企业的固定资产折旧按月计提，月份内开始使用的，当月不计提折旧，从下月起计提，故该公司2013年11月对新投入的生产线计提折旧费0.12万元是不当的。

相关法律链接

1.《企业所得税法》第十一条　在计算应纳税所得额时,企业按照规定计算的固定资产折旧,准予扣除。

下列固定资产不得计算折旧扣除:

（一）房屋、建筑物以外未投入使用的固定资产;

（二）以经营租赁方式租入的固定资产;

（三）以融资租赁方式租出的固定资产;

（四）已足额提取折旧仍继续使用的固定资产;

（五）与经营活动无关的固定资产;

（六）单独估价作为固定资产入账的土地;

（七）其他不得计算折旧扣除的固定资产。

第四十七条　企业根据生产经营活动的需要租入固定资产支付的租赁费,按照以下方法扣除:

（一）以经营租赁方式租入固定资产发生的租赁费支出,按照租赁期限均匀扣除;

（二）以融资租赁方式租入固定资产发生的租赁费支出,按照规定构成融资租入固定资产价值的部分应当提取折旧费用,分期扣除。

2.《企业所得税法实施条例》第五十七条　企业所得税法第十一条所称固定资产,是指企业为生产产品、提供劳务、出租或者经营管理而持有的、使用时间超过12个月的非货币性资产,包括房屋、建筑物、机器、机械、运输工具以及其他与生产经营活动有关的设备、器具、工具等。

第五十九条　固定资产按照直线法计算的折旧,准予扣除。

企业应当自固定资产投入使用月份的次月起计算折旧;停止使用的固定资产,应当自停止使用月份的次月起停止计算折旧。

第六十条　除国务院财政、税务主管部门另有规定外,固定资产计算折旧的最低年限如下:

（一）房屋、建筑物,为20年;

（二）飞机、火车、轮船、机器、机械和其他生产设备,为10年;

（三）与生产经营活动有关的器具、工具、家具等,为5年;

（四）飞机、火车、轮船以外的运输工具,为4年;

（五）电子设备,为3年。

案例 10　无形资产摊销不当将对所得税产生影响

案情

2013年初,某市税务机关在一次例行的税务大检查中发现该市某企业上年度无形资产摊销不当。该企业"管理费用—无形资产摊销"账户的借方1月至4月每月摊销7500元,而5月至12月每月摊销30000元。经审核其原始凭证以及有关合同发现该企业1月份分别以240000元和300000元购入甲、乙两项专利技术,合同中注明甲项专利的有效期是4年,每月应分摊5000元(240000/4/12),乙项专利技术未注明有效期,每月应分摊2500元(300000/10/12)。2013年下半年,该企业负责人为控制企业利润,以本年经营状况较好为理由,指使该企业会计人员将甲专利每月的无形资产摊销提高到10000元、乙专利每月的无形资产摊销提高到20000元。税务机关对该企业的违法行为进行了处罚。

法律问题及要求

(1) 按照相关法律规定,该企业应该如何摊销无形资产?
(2) 该企业变更无形资产摊销额后当年少纳多少所得税?
(3) 税务机关对此应如何处理?

解题思路

(1) 根据我国《企业所得税法实施条例》的规定,无形资产按照直线法计算的摊销费用,准予扣除。作为投资或者受让的无形资产,有关法律规定或者合同约定了使用年限的,可以按照规定或者约定的使用年限分期摊销;无形资产的摊销年限不得低于10年。所以甲项专利技术应该在4年内均摊,其中每月应分摊5000元(240000/4/12);乙项专利技术应该在10年内均摊,其中每月应分摊2500元(300000/10/12)。

(2) 该企业违反了会计制度的一贯性原则,变更了无形资产的摊销额,造成当年少计所得180000元〔(10000-5000)×8+(20000-2500)×8〕,应当限期补缴所得税45000元(180000×25%)。

(3) 根据税收征管法的规定,该企业的行为已构成了偷税,应依法更正无形资产摊销计提方法,税务机关可追缴其偷税款、滞纳金,并对其处以少缴的税款50%以上5倍以下的罚款。

相关法律链接

1.《企业所得税法》第十二条 在计算应纳税所得额时,企业按照规定计算的无形资产摊销费用,准予扣除。

下列无形资产不得计算摊销费用扣除:

(一)自行开发的支出已在计算应纳税所得额时扣除的无形资产;

(二)自创商誉;

(三)与经营活动无关的无形资产;

(四)其他不得计算摊销费用扣除的无形资产。

2.《企业所得税法实施条例》第二十三条 企业的下列生产经营业务可以分期确认收入的实现:

(一)以分期收款方式销售货物的,按照合同约定的收款日期确认收入的实现;

(二)企业受托加工制造大型机械设备、船舶、飞机,以及从事建筑、安装、装配工程业务或者提供其他劳务等,持续时间超过12个月的,按照纳税年度内完工进度或者完成的工作量确认收入的实现。

第六十六条 无形资产按照以下方法确定计税基础:

(一)外购的无形资产,以购买价款和支付的相关税费以及直接归属于使该资产达到预定用途发生的其他支出为计税基础;

(二)自行开发的无形资产,以开发过程中该资产符合资本化条件后至达到预定用途前发生的支出为计税基础;

(三)通过捐赠、投资、非货币性资产交换、债务重组等方式取得的无形资产,以该资产的公允价值和支付的相关税费为计税基础。

第六十七条 无形资产按照直线法计算的摊销费用,准予扣除。

无形资产的摊销年限不得低于10年。

作为投资或者受让的无形资产,有关法律规定或者合同约定了使用年限的,可以按照规定或者约定的使用年限分期摊销。

外购商誉的支出,在企业整体转让或者清算时,准予扣除。

3.《税收征收管理法》第六十三条 纳税人伪造、变造、隐匿、擅自销毁账簿、记账凭证,或者在账簿上多列支出或者不列、少列收入,或者经税务机关通知申报而拒不申报或者进行虚假的纳税申报,不缴或者少缴应纳税款的,是偷税。对纳税人偷税的,由税务机关追缴其不缴或者少缴的税款、滞纳金,并处不缴或者少缴的税款百分之五十以上五倍以下的罚款;构成犯罪的,依法追究刑事责任。

扣缴义务人采取前款所列手段,不缴或者少缴已扣、已收税款,由税务机关追缴其不缴或者少缴的税款、滞纳金,并处不缴或者少缴的税款百分之五十以上五倍以下的罚款;构成犯罪的,依法追究刑事责任。

案例11　费用当期未扣以后不得补扣

案情

某市税务稽查分局对某企业2013年度企业所得税的缴纳情况进行检查,发现该企业2013年度多结转各项费用、折旧共27万元,包括管理费用18万元和折旧费9万元。据调查得知:这些费用都是2012年发生并应计入2012年度损益的,但企业2012年度严重亏损,为减少账面亏损额,企业在年终做账时少计了27万元的成本费用。稽查人员对其2012年度财务情况进行检查,确认了应弥补的亏损50万元。对该企业将2012年度应计而未计的成本、费用27万元计入2013年度成本费用这一做法,税务机关责令其改正,调整2013年应纳税所得额,补缴税款,并对其违法行为进行处罚。

法律问题及要求

企业当年未扣除的费用能否转移到下一年扣除?

解题思路

企业当年未扣除的费用不能转移到下一年扣除。企业应纳税所得额的计算,以权责发生制为原则,当期收入与当期成本费用相配比原则。该公司将2012年应计而未计的成本与费用27万元结转到2013年,违反了企业所得税法和企业会计制度的规定。

第六章　企业所得税法

 相关法律链接

1.《企业所得税法》第五条　企业每一纳税年度的收入总额,减除不征税收入、免税收入、各项扣除以及允许弥补的以前年度亏损后的余额,为应纳税所得额。

2.《企业所得税法实施条例》第九条　企业应纳税所得额的计算,以权责发生制为原则,属于当期的收入和费用,不论款项是否收付,均作为当期的收入和费用;不属于当期的收入和费用,即使款项已经在当期收付,均不作为当期的收入和费用。本条例和国务院财政、税务主管部门另有规定的除外。

3. 财政部、国家税务总局《关于企业所得税几个具体问题的通知》(财税字〔1996〕79号)第一条　企业纳税年度内应计未计扣除项目,包括各类应计未计费用、应提未提折旧等,不得移转以后年度补扣。

4.《国家税务总局关于企业所得税若干业务问题的通知》(国税发〔1997〕191号)第五条　财政部、国家税务总局《关于企业所得税几个具体问题的通知》(财税字〔1996〕79号)规定的"企业纳税年度内应计未计扣除项目,包括各类应计未计费用、应提未提折旧等,不得移转以后年度补扣"是指年度终了,纳税人在规定的申报期申报后,发现的应计未计、应提未提的税前扣除项目。

案例12　企业的境外所得应如何抵免

案情

凤华公司是中国的居民企业,并在法国和德国设立了机构。2013年,该公司来源于法国的所得为800万元(人民币,下同),来源于德国的所得为1200万元。该公司已在法国和德国分别缴纳了180万元和400万元的企业所得税,此外,该公司2013年度境内应纳税所得额为3000万元。

法律问题及要求

请问:凤华公司2013年度的境外所得应如何抵免?

解题思路

凤华公司2013年度来源于境外的所得应可以在境内抵免。

其来源于法国的所得的税收抵免限额为：(800+1200+3000)×25%×800÷(800+1200+3000)=200(万元)

其来源于德国的所得的税收抵免限额为：(800+1200+3000)×25%×1200÷(800+1200+3000)=300(万元)

因此，凤华公司在法国已纳所得税180万元可以全额抵免，而在德国已纳所得税400万元则只能抵免300万元，超过抵免限额的100万元可以在以后五个年度内，用每年度抵免限额抵免当年应抵税额后的余额进行抵补。

相关法律链接

1.《企业所得税法》第二十三条　企业取得的下列所得已在境外缴纳的所得税税额，可以从其当期应纳税额中抵免，抵免限额为该项所得依照本法规定计算的应纳税额；超过抵免限额的部分，可以在以后五个年度内，用每年度抵免限额抵免当年应抵税额后的余额进行抵补：

（一）居民企业来源于中国境外的应税所得；

（二）非居民企业在中国境内设立机构、场所，取得发生在中国境外但与该机构、场所有实际联系的应税所得。

第二十四条　居民企业从其直接或者间接控制的外国企业分得的来源于中国境外的股息、红利等权益性投资收益，外国企业在境外实际缴纳的所得税税额中属于该项所得负担的部分，可以作为该居民企业的可抵免境外所得税税额，在本法第二十三条规定的抵免限额内抵免。

2.《企业所得税法实施条例》第七十七条　企业所得税法第二十三条所称已在境外缴纳的所得税税额，是指企业来源于中国境外的所得依照中国境外税收法律以及相关规定应当缴纳并已经实际缴纳的企业所得税性质的税款。

第七十八条　企业所得税法第二十三条所称抵免限额，是指企业来源于中国境外的所得，依照企业所得税法和本条例的规定计算的应纳税额。除国务院财政、税务主管部门另有规定外，该抵免限额应当分国（地区）不分项计算，计算公式如下：

抵免限额＝中国境内、境外所得依照企业所得税法和本条例的规定计算的应纳税总额×来源于某国(地区)的应纳税所得额÷中国境内、境外应纳税所得总额

第七十九条　企业所得税法第二十三条所称5个年度,是指从企业取得的来源于中国境外的所得,已经在中国境外缴纳的企业所得税性质的税额超过抵免限额的当年的次年起连续5个纳税年度。

第八十条　企业所得税法第二十四条所称直接控制,是指居民企业直接持有外国企业20%以上股份。

企业所得税法第二十四条所称间接控制,是指居民企业以间接持股方式持有外国企业20%以上股份,具体认定办法由国务院财政、税务主管部门另行制定。

第八十一条　企业依照企业所得税法第二十三条、第二十四条的规定抵免企业所得税税额时,应当提供中国境外税务机关出具的税款所属年度的有关纳税凭证。

案例13　符合条件的环保企业可享受税收优惠

案情

天地水处理股份有限公司于2008年设立并致力于开发公共污水处理系统方案的研究,2009年6月这一污水处理系统项目开始投产使用,并取得生产经营收入。2013年1月天地水处理股份有限公司将这一项目转让给海洁股份有限公司。由于技术优越,海洁公司在这一项目上的经营状况良好,当年就取得应纳税所得额86万元。

法律问题及要求

海洁股份有限公司2013年在这一项目上如何纳税?

解题思路

根据《企业所得税法实施条例》的规定,该项公共污水处理项目,取得第一笔生产经营收入所属纳税年度2009年起,2009年至2011年免征企业所得税,2012年至2014年减半征收企业所得税;在减免税期限内转让的,受让方自受让之日起,可以在剩余期限内享受规定的减免税优惠。

所以海洁公司2013年在这一项目上的应纳所得税税款为:$86×25\%×50\%=10.75$(万元)。

  相关法律链接

1. 《企业所得税法》第二十七条 企业的下列所得,可以免征、减征企业所得税:

(一)从事农、林、牧、渔业项目的所得;

(二)从事国家重点扶持的公共基础设施项目投资经营的所得;

(三)从事符合条件的环境保护、节能节水项目的所得;

(四)符合条件的技术转让所得;

(五)本法第三条第三款规定的所得。

2. 《企业所得税法实施条例》第八十七条 企业所得税法第二十七条第(二)项所称国家重点扶持的公共基础设施项目,是指《公共基础设施项目企业所得税优惠目录》规定的港口码头、机场、铁路、公路、城市公共交通、电力、水利等项目。

企业从事前款规定的国家重点扶持的公共基础设施项目的投资经营的所得,自项目取得第一笔生产经营收入所属纳税年度起,第一年至第三年免征企业所得税,第四年至第六年减半征收企业所得税。

企业承包经营、承包建设和内部自建自用本条规定的项目,不得享受本条规定的企业所得税优惠。

第八十八条 企业所得税法第二十七条第(三)项所称符合条件的环境保护、节能节水项目,包括公共污水处理、公共垃圾处理、沼气综合开发利用、节能减排技术改造、海水淡化等。项目的具体条件和范围由国务院财政、税务主管部门商国务院有关部门制订,报国务院批准后公布施行。

企业从事前款规定的符合条件的环境保护、节能节水项目的所得,自项目取得第一笔生产经营收入所属纳税年度起,第一年至第三年免征企业所得税,第四年至第六年减半征收企业所得税。

第八十九条 依照本条例第八十七条和第八十八条规定享受减免税优惠的项目,在减免税期限内转让的,受让方自受让之日起,可以在剩余期限内享受规定的减免税优惠;减免税期限届满后转让的,受让方不得就该项目重复享受减免税优惠。

案例14　企业所得税应源泉扣缴

案情

大和医药公司是依照日本法律在日本设立的企业,在中国境内未设机构、场所。2013年3月,大和公司与中国玉潭制药厂签订了一份技术合同。合同约定,大和公司将其生产某药品的方法发明专利授权玉潭制药厂使用,由玉潭制药厂支付许可使用费500万元,同时支付技术咨询以及人员培训费共100万元。

法律问题及要求

请计算大和医药公司应向我国缴纳的企业所得税。

解题思路

由于大和医药公司是依照日本法律在日本设立的企业,且在中国境内未设机构、场所,所以该公司属于非居民企业。该公司因授权玉潭制药厂使用专利而获得的收入属于特许权使用费收入,根据税法规定,非居民企业取得特许权使用费所得,以收入全额为应纳税所得额。

大和医药公司应向我国缴纳的企业所得税为:(500+100)×20%=120(万元)。

相关法律链接

1.《企业所得税法》第三条　居民企业应当就其来源于中国境内、境外的所得缴纳企业所得税。

非居民企业在中国境内设立机构、场所的,应当就其所设机构、场所取得的来源于中国境内的所得,以及发生在中国境外但与其所设机构、场所有实际联系的所得,缴纳企业所得税。

非居民企业在中国境内未设立机构、场所的,或者虽设立机构、场所但取得的所得与其所设机构、场所没有实际联系的,应当就其来源于中国境内的所得缴纳企业所得税。

第四条　企业所得税的税率为25%。

非居民企业取得本法第三条第三款规定的所得,适用税率为20%。

第十九条 非居民企业取得本法第三条第三款规定的所得,按照下列方法计算其应纳税所得额:

(一)股息、红利等权益性投资收益和利息、租金、特许权使用费所得,以收入全额为应纳税所得额;

(二)转让财产所得,以收入全额减除财产净值后的余额为应纳税所得额;

(三)其他所得,参照前两项规定的方法计算应纳税所得额。

第三十七条 对非居民企业取得本法第三条第三款规定的所得应缴纳的所得税,实行源泉扣缴,以支付人为扣缴义务人。税款由扣缴义务人在每次支付或者到期应支付时,从支付或者到期应支付的款项中扣缴。

第三十八条 对非居民企业在中国境内取得工程作业和劳务所得应缴纳的所得税,税务机关可以指定工程价款或者劳务费的支付人为扣缴义务人。

第三十九条 依照本法第三十七条、第三十八条规定应当扣缴的所得税,扣缴义务人未依法扣缴或者无法履行扣缴义务的,由纳税人在所得发生地缴纳。纳税人未依法缴纳的,税务机关可以从该纳税人在中国境内其他收入项目的支付人应付的款项中,追缴该纳税人的应纳税款。

2.《企业所得税法实施条例》第一百零三条 依照企业所得税法对非居民企业应当缴纳的企业所得税实行源泉扣缴的,应当依照企业所得税法第十九条的规定计算应纳税所得额。

企业所得税法第十九条所称收入全额,是指非居民企业向支付人收取的全部价款和价外费用。

第一百零四条 企业所得税法第三十七条所称支付人,是指依照有关法律规定或者合同约定对非居民企业直接负有支付相关款项义务的单位或者个人。

案例15 特别纳税调整后如何补缴税款和利息

案情

2014年8月,某市税务局在对某公司进行关联交易的检查中发现该公司

2013年度发生的某些业务不符合独立交易原则,有转让定价行为,但该公司未能按照规定提供与关联业务相关的资料。后经税务局核定,调增该公司的应纳税所得额300万元。2014年11月30日,该公司依法补缴了税款(已知:2014年度中国人民银行公布的人民币贷款基准利率为6%)。

法律问题及要求

请问,该公司在进行了特别纳税调整后,应如何补缴税款并支付利息?

解题思路

该公司在进行了特别纳税调整后,应补缴税款数额:300×25% =75(万元)

根据《企业所得税法实施条例》第121条的规定,税务机关根据税收法律、行政法规的规定,对企业作出特别纳税调整的,应当对补征的税款,自税款所属纳税年度的次年6月1日起至补缴税款之日止的期间,按日加收利息。所以加收利息的期间是2014年6月1日起至2014年11月30日止,且计算加收利息的利率应为11%。

因此,税务机构对该公司加收利息额为75×11%×183÷365 =4.14(万元)

相关法律链接

1.《企业所得税法》第四十一条 企业与其关联方之间的业务往来,不符合独立交易原则而减少企业或者其关联方应纳税收入或者所得额的,税务机关有权按照合理方法调整。

企业与其关联方共同开发、受让无形资产,或者共同提供、接受劳务发生的成本,在计算应纳税所得额时应当按照独立交易原则进行分摊。

第四十三条 企业向税务机关报送年度企业所得税纳税申报表时,应当就其与关联方之间的业务往来,附送年度关联业务往来报告表。

税务机关在进行关联业务调查时,企业及其关联方,以及与关联业务调查有关的其他企业,应当按照规定提供相关资料。

第四十八条 税务机关依照本章规定作出纳税调整,需要补征税款的,应当补征税款,并按照国务院规定加收利息。

2.《企业所得税法实施条例》第一百二十一条 税务机关根据税收法律、行政法规的规定,对企业作出特别纳税调整的,应当对补征的税款,自税款所属纳税年度的次年6月1日起至补缴税款之日止的期间,按日加收利息。

前款规定加收的利息,不得在计算应纳税所得额时扣除。

第一百二十二条　企业所得税法第四十八条所称利息,应当按照税款所属纳税年度中国人民银行公布的与补税期间同期的人民币贷款基准利率加5个百分点计算。

企业依照企业所得税法第四十三条和本条例的规定提供有关资料的,可以只按前款规定的人民币贷款基准利率计算利息。

第一百二十三条　企业与其关联方之间的业务往来,不符合独立交易原则,或者企业实施其他不具有合理商业目的安排的,税务机关有权在该业务发生的纳税年度起10年内,进行纳税调整。

案例16　企业清算处理中的所得税

案情

某公司因经营不善严重亏损,于2013年6月30日宣布破产,实施解散清算。清算结果如下:

(1) 企业存货变现价值4700万元;
(2) 清算资产盘盈87万元;
(3) 应付未付职工工资230万元;
(4) 在清算时期限届满应偿未偿债务18万元;
(5) 企业的注册资本金3000万元,累计未分配利润85万元;
(6) 清算中所发生的费用是300万元。

法律问题及要求

计算该公司在清算时应缴纳的企业所得税。

解题思路

清算所得是企业的全部资产可变现价值或者交易价格减除资产净值、清算费用以及相关税费等后的余额。因此该企业的清算所得为:$4700+87-230-18-3000-85-300=1154$(万元),其应纳税额:$1154 \times 25\% = 288.5$(万元)

相关法律链接

1.《企业所得税法》第五十五条 企业在年度中间终止经营活动的,应当自实际经营终止之日起60日内,向税务机关办理当期企业所得税汇算清缴。

企业应当在办理注销登记前,就其清算所得向税务机关申报并依法缴纳企业所得税。

2.《企业所得税法实施条例》第十一条 企业所得税法第五十五条所称清算所得,是指企业的全部资产可变现价值或者交易价格减除资产净值、清算费用以及相关税费等后的余额。

投资方企业从被清算企业分得的剩余资产,其中相当于从被清算企业累计未分配利润和累计盈余公积中应当分得的部分,应当确认为股息所得;剩余资产减除上述股息所得后的余额,超过或者低于投资成本的部分,应当确认为投资资产转让所得或者损失。

案例17 怎样预缴企业所得税

案情

某企业2013年全年应纳税所得额240万元。2014年企业经税务机关同意,每月按2013年应纳税所得额的1/12预缴企业所得税。2014年全年实现利润经调整后的应纳税所得额为300万元。

法律问题及要求

请计算该企业2014年每月应预缴的企业所得税,年终汇算清缴时应补缴的企业所得税。

解题思路

由于该企业2014年每月按2013年应纳税所得额的1/12预缴企业所得税,因此其每月应预缴的企业所得税为:240÷12×25% =5(万元)

2014年1—12月实际预缴所得税额为:5×12 =60(万元)

2014年全年应纳所得税税额为：300×25% = 75(万元)

年终汇算清缴时应补缴所得税额为：75 - 60 = 15(万元)

相关法律链接

1.《企业所得税法》第五十四条　企业所得税分月或者分季预缴。

企业应当自月份或者季度终了之日起15日内，向税务机关报送预缴企业所得税纳税申报表，预缴税款。

企业应当自年度终了之日起5个月内，向税务机关报送年度企业所得税纳税申报表，并汇算清缴，结清应缴应退税款。

企业在报送企业所得税纳税申报表时，应当按照规定附送财务会计报告和其他有关资料。

2.《企业所得税法实施条例》第一百二十八条　企业所得税分月或者分季预缴，由税务机关具体核定。

企业根据企业所得税法第五十四条规定分月或者分季预缴企业所得税时，应当按照月度或者季度的实际利润额预缴；按照月度或者季度的实际利润额预缴有困难的，可以按照上一纳税年度应纳税所得额的月度或者季度平均额预缴，或者按照经税务机关认可的其他方法预缴。预缴方法一经确定，该纳税年度内不得随意变更。

案例18　分公司、子公司应如何缴纳所得税

案情

京云公司是我国的居民企业，其总公司设在广州，并在北京、上海、西安设立了三家分公司，同时还在厦门设立了一家全资子公司。2013年度，三家分公司按税法规定计算出的应纳税所得额分别为300万元、600万元和800万元；子公司按税法规定计算出的应纳税所得额为2000万元。

法律问题及要求

京云公司的分公司和子公司应怎样缴纳企业所得税？

第六章　企业所得税法

解题思路

根据《企业所得税法》第50条的规定,居民企业以企业登记注册地为纳税地点。居民企业在中国境内设立不具有法人资格的营业机构的,应当汇总计算并缴纳企业所得税。由于分公司不具有法人资格,因此,京云公司设在北京、上海、西安的三家分公司应与广州总公司汇总缴纳企业所得税,并应在广州申报纳税。

此外,京云公司设在厦门的全资子公司因具有独立的法人资格,应独立核算所得额并向厦门的税务机关申报缴纳所得税。

 相关法律链接

1.《企业所得税法》第五十条　除税收法律、行政法规另有规定外,居民企业以企业登记注册地为纳税地点;但登记注册地在境外的,以实际管理机构所在地为纳税地点。

居民企业在中国境内设立不具有法人资格的营业机构的,应当汇总计算并缴纳企业所得税。

2.《企业所得税法实施条例》第一百二十四条　企业所得税法第五十条所称企业登记注册地,是指企业依照国家有关规定登记注册的住所地。

第一百二十五条　企业汇总计算并缴纳企业所得税时,应当统一核算应纳税所得额,具体办法由国务院财政、税务主管部门另行制定。

案例19　企业所得税应纳税额的计算(一)

案情

某企业2013年度实现会计利润26万元,自行向税务机关申报的应纳税所得额是26万元,适用企业所得税税率20%,应缴纳的企业所得税是5.2万元。

经某注册会计师进行年终核查,发现与应纳税所得额有关的业务内容如下:

(1)应纳税所得额中含2013年的国库券利息收入2万元,购买其他企业的债券取得利息收入4万元。

(2)2013年5月销售产品取得价外收入46.8万元,并开具了普通发票。企业将这笔收入直接计入"应付福利费"中。经核定该产品的增值税税率是17%、消费税税率30%、城市维护建设税税率7%、教育费附加征收率为3%。

(3) 应纳税所得额中含从M公司(居民企业)分回的税后权益性投资收益5万元,经核定M公司适用的企业所得税税率是25%。

(4) "营业外支出"账户中,含有上缴的税收罚款6万元。

(5) "管理费用"账户中,列支了2008年度的新产品开发费用8万元,尚未形成无形资产。

(6) 实际列支了全年的与生产有关的业务招待费用12万元,经核定企业全年的营业收入为1000万元。

(7) 为庆祝某商场成立赞助3万元。

法律问题及要求

(1) 根据企业上述资料,分析2013年度自行申报的应纳税所得额是否正确;

(2) 计算企业2013年度共计应缴纳的企业所得税税额;

(3) 应补缴多少企业所得税?

解题思路

(1) 该企业自行申报的应纳税所得额是错误的。

(2) 该企业2013年的应纳税所得额及所得税税率应作如下调整:

① 国库券利息收入2万元为免税收入,应调减应纳税所得额。

② 销售产品取得的价外收入46.8万元应当在补缴纳各项税费后计入应纳税所得额。该企业补缴的增值税、消费税、城市维护建设税及教育费附加共计:$46.8 \div (1+17\%) \times (17\%+30\%) \times (1+7\%+3\%) = 20.7$(万元),应调增的所得额是:$46.8 - 20.7 = 26.1$(万元)。

③ 从M公司分回的税后权益性投资收益5万元,属于免税收入,不应计入所得额。

④ 税收罚款6万元不得在税前扣除,应调增应纳税所得额。

⑤ 新产品的研究开发费用可加计扣除50%,应调减应纳税所得额 $8 \times 50\% = 4$(万元)。

⑥ 该企业业务招待费的扣除限额是:$1000 \times 5‰ = 5$(万元),超标准扣除额为 $12 - 5 = 7$(万元),应调增应纳所得额。

⑦ 赞助支出3万元不得税前扣除。

⑧ 该企业2013年的应纳税所得额为:$26-2+26.1-5+6-4+7+3=57.1$(万元)

⑨ 该企业2013年的应纳税额为:$57.1 \times 25\% = 14.28$(万元)

(3) 该企业应补缴的企业所得税税额为:$14.28-5.2=9.08$(万元)

相关法律链接

1.《企业所得税法》第六条 企业以货币形式和非货币形式从各种来源取得的收入,为收入总额。包括:

(一)销售货物收入;

(二)提供劳务收入;

(三)转让财产收入;

(四)股息、红利等权益性投资收益;

(五)利息收入;

(六)租金收入;

(七)特许权使用费收入;

(八)接受捐赠收入;

(九)其他收入。

第十条 在计算应纳税所得额时,下列支出不得扣除:

(一)向投资者支付的股息、红利等权益性投资收益款项;

(二)企业所得税税款;

(三)税收滞纳金;

(四)罚金、罚款和被没收财物的损失;

(五)本法第九条规定以外的捐赠支出;

(六)赞助支出;

(七)未经核定的准备金支出;

(八)与取得收入无关的其他支出。

第二十六条 企业的下列收入为免税收入:

(一)国债利息收入;

(二)符合条件的居民企业之间的股息、红利等权益性投资收益;

(三)在中国境内设立机构、场所的非居民企业从居民企业取得与该机构、场所有实际联系的股息、红利等权益性投资收益；

（四）符合条件的非营利组织的收入。

第三十条 企业的下列支出，可以在计算应纳税所得额时加计扣除：

（一）开发新技术、新产品、新工艺发生的研究开发费用；

（二）安置残疾人员及国家鼓励安置的其他就业人员所支付的工资。

2.《企业所得税法实施条例》第四十三条 企业发生的与生产经营活动有关的业务招待费支出，按照发生额的60%扣除，但最高不得超过当年销售（营业）收入的5‰。

第八十二条 企业所得税法第二十六条第（一）项所称国债利息收入，是指企业持有国务院财政部门发行的国债取得的利息收入。

第九十五条 企业所得税法第三十条第（一）项所称研究开发费用的加计扣除，是指企业为开发新技术、新产品、新工艺发生的研究开发费用，未形成无形资产计入当期损益的，在按照规定据实扣除的基础上，按照研究开发费用的50%加计扣除；形成无形资产的，按照无形资产成本的150%摊销。

案例20 企业所得税应纳税额的计算（二）

案情

某企业为居民企业，2013年发生经营业务如下：

(1) 取得产品销售收入4000万元。

(2) 发生产品销售成本2600万元。

(3) 发生销售费用770万元（其中广告费650万元）；管理费用480万元（其中业务招待费25万元）；财务费用60万元。

(4) 销售税金160万元（含增值税120万元）。

(5) 营业外收入80万元，营业外支出50万元（其中通过公益性社会团体向贫困山区捐款30万元，支付税收滞纳金6万元）。

(6) 计入成本、费用中的实发工资总额200万元、拨缴职工工会经费5万元、发生职工福利费31万元、发生职工教育经费7万元（其中支付残疾职工工资5万元）。

(7) 计入制造费用中的已足额提取折旧的生产车间所使用的固定资产提取折旧1万元。

法律问题及要求

计算该企业2013年度应缴纳的企业所得税。

解题思路

(1) 该企业2013年度实现的会计利润：
会计利润总额 = 4000 - 2600 - 770 - 480 - 60 - 40 + 80 - 50 = 80(万元)

(2) 该企业的广告费、业务宣传费扣除限额是 4000×15% = 600，应调增应税所得额：650 - 600 = 50(万元)

(3) 该企业的招待费用的扣除限额是 25×60% = 15(万元) < 4000×5‰ = 20(万元)，应调增应税所得额：25 - 15 = 10(万元)

(4) 该企业捐赠支出扣除限额是 80×12% = 9.6(万元)，应调增应税所得额：30 - 9.6 = 20.4(万元)

(5) 该企业的税收滞纳金不得扣除，应调增应税所得额6万元。

(6) 该企业的职工工会经费的扣除限额是 200×2% = 4(万元)，应调增应税所得额：5 - 4 = 1(万元)

(7) 该企业的职工福利费的扣除限额是 200×14% = 28(万元)，应调增应税所得额：31 - 28 = 3(万元)

(8) 该企业的职工教育经费的扣除限额是 200×2.5% = 5万元，应调增应税所得额：7 - 5 = 2(万元)

(9) 支付给残疾职工的工资可加计100%扣除，应调减应税所得额：5×100% = 5(万元)

(10) 该企业的已足额提取折旧的固定资产计提的折旧不得扣除，应调增应税所得额1万元。

(11) 该企业2013年度的应税所得额 = 80 + 50 + 10 + 20.4 + 6 + 1 + 3 + 2 + 1 - 5 = 168.4(万元)

该企业2013年度应缴纳企业所得税为：168.4×25% = 42.1(万元)

  相关法律链接

1.《企业所得税法》第六条 企业以货币形式和非货币形式从各种来源取得的收入，为收入总额。包括：

(一) 销售货物收入；

(二) 提供劳务收入；

(三) 转让财产收入；

(四) 股息、红利等权益性投资收益；

(五) 利息收入；

(六) 租金收入；

(七) 特许权使用费收入；

(八) 接受捐赠收入；

(九) 其他收入。

第九条 企业发生的公益性捐赠支出，在年度利润总额12%以内的部门，准予在计算应税所得额时扣除。

第十条 在计算应纳税所得额时，下列支出不得扣除：

(一) 向投资者支付的股息、红利等权益性投资收益款项；

(二) 企业所得税税款；

(三) 税收滞纳金；

(四) 罚金、罚款和被没收财物的损失；

(五) 本法第九条规定以外的捐赠支出；

(六) 赞助支出；

(七) 未经核定的准备金支出；

(八) 与取得收入无关的其他支出。

第十一条 在计算应纳税所得额时，企业按照规定计算的固定资产折旧，准予扣除。

下列固定资产不得计算折旧扣除：

(一) 房屋、建筑物以外未投入使用的固定资产；

(二) 以经营租赁方式租入的固定资产；

(三) 以融资租出方式租出的固定资产；

(四) 以足额提取折旧仍继续使用的固定资产；

(五) 与经营活动无关的固定资产；

(六) 单独估价作为固定资产入账的土地；

(七) 其他不得计算折旧扣除的固定资产。

第三十条 企业的下列支出，可以在计算应纳税所得额时加计扣除：

(一) 开发新技术、新产品、新工艺发生的研究开发费用；

(二) 安置残疾人员及国家鼓励安置的其他就业人员所支付的工资。

2.《企业所得税法实施条例》第四十条 企业发生的职工福利费支出,不超过工资薪金总额14%的部门,准予扣除。

第四十一条 企业拨缴的工会经费,不超过工资薪金总额2%的部分,准予扣除。

第四十二条 除国务院财政、税务主管部门另有规定外,企业发生的职工教育经费支出,不超过工资薪金总额2.5%的部分,准予扣除;超过部分,准予在以后纳税年度结转扣除。

第四十三条 企业发生的与生产经营活动有关的业务招待费支出,按照发生额的60%扣除,但最高不得超过当年销售(营业)收入的5‰。

第九十五条 企业所得税法第三十条第(二)项所称企业安置残疾职人员所支付的工资的加计扣除,是指企业安置残疾人员的,在按照支付给残疾职工工资据实扣除的基础上,按照支付给残疾职工工资的100%加计扣除。残疾人员的范围适用《残疾人保障法》的有关规定。

企业所得税法第三十条第(二)项所称企业安置国家鼓励的其他就业人员所支付的工资的加计扣除办法,由国务院另行规定。

案例21 某企业偷逃所得税案

案情

某企业为增值税一般纳税人,2013年度损益表中填报的产品销售收入1500万元,减除成本、费用、税金后,利润总额为40万元,应纳税所得额也是40万元,并如期缴纳全年所得税。后经税务机关的核查证实该企业有以下几项支出:

(1) 企业在册职工人数120人(不含由福利费开支工资的职工),全年工资总额215.2万元,已列支;

(2) 企业按工资总额提取的职工福利费、教育经费、工会经费共50.6万元,已列支;

(3) 逾期未返还的包装物押金4万元,挂账未做处理;

(4) 企业通过市残联向残疾人捐赠35万元,已列支;

(5) 企业全年发生的与业务有关的业务招待费15万元,已列支;

(6) 已知该企业通过"应交税金"已缴纳的税金为65万元。

法律问题及要求

请问:该企业计算的应纳税所得额是否正确?如有错误,请予以纠正。

解题思路

(1) 根据税法规定,允许扣除的职工福利费、教育经费、工会经费为:$215.2 \times (2\% + 14\% + 2.5\%) = 39.81$(万元),该企业超标准列支额为$50 - 39.81 = 10.19$(万元),应调增应纳税所得额。

(2) 逾期未返还的包装物押金4万元应确认为当期收入缴纳所得税,并应按规定缴纳增值税。企业应补缴的增值税、城市维护建设税和教育费附加为:$4/(1+17\%) \times 17\% \times (1+7\%+3\%) = 0.64$(万元),所以在逾期未返还的包装物押金项上应调增的所得额为:$4 - 0.64 = 3.36$(万元)。

(3) 该企业公益性捐赠支出的限额是$40 \times 12\% = 4.8$(万元),那么因实际捐赠额超过捐赠限额而调增的应纳税所得额是:$35 - 4.8 = 30.2$(万元)。

(4) 业务招待费支出,按照发生额的60%扣除,但最高不得超过当年销售(营业)收入的5‰。该企业业务招待费超标准扣除额为$15 - 1500 \times 5‰ = 7.5$(万元),应调增应纳所得额。

(5) 经上述调整后,该企业的应纳税所得额为:$10.19 + 3.36 + 30.2 + 7.3 + 40 = 91.05$(万元)

(6) 该企业适用25%的税率,应纳所得税为:$91.05 \times 25\% = 22.76$(万元)

相关法律链接

1. 《企业所得税法》第九条 企业发生的公益性捐赠支出,在年度利润总额12%以内的部分,准予在计算应纳税所得额时扣除。

2. 《企业所得税法实施条例》第三十四条 企业发生的合理的工资薪金支出,准予扣除。

前款所称工资薪金,是指企业每一纳税年度支付给在本企业任职或者受雇的员工的所有现金形式或者非现金形式的劳动报酬,包括基本工资、奖金、津贴、补贴、年终加薪、加班工资,以及与员工任职或者受雇有关的其他支出。

第四十条 企业发生的职工福利费支出,不超过工资薪金总额14%的部分,准予扣除。

第四十一条　企业拨缴的工会经费,不超过工资薪金总额2%的部分,准予扣除。

第四十二条　除国务院财政、税务主管部门另有规定外,企业发生的职工教育经费支出,不超过工资薪金总额2.5%的部分,准予扣除;超过部分,准予在以后纳税年度结转扣除。

第四十三条　企业发生的与生产经营活动有关的业务招待费支出,按照发生额的60%扣除,但最高不得超过当年销售(营业)收入的5‰。

第五十一条　企业所得税法第九条所称公益性捐赠,是指企业通过公益性社会团体或者县级以上人民政府及其部门,用于《公益事业捐赠法》规定的公益事业的捐赠。

第五十二条　本条例第五十一条所称公益性社会团体,是指同时符合下列条件的基金会、慈善组织等社会团体:

(一)依法登记,具有法人资格;

(二)以发展公益事业为宗旨,且不以营利为目的;

(三)全部资产及其增值为该法人所有;

(四)收益和营运结余主要用于符合该法人设立目的的事业;

(五)终止后的剩余财产不归属任何个人或者营利组织;

(六)不经营与其设立目的无关的业务;

(七)有健全的财务会计制度;

(八)捐赠者不以任何形式参与社会团体财产的分配;

(九)国务院财政、税务主管部门会同国务院民政部门等登记管理部门规定的其他条件。

第五十三条　企业发生的公益性捐赠支出,不超过年度利润总额12%的部分,准予扣除。

年度利润总额,是指企业依照国家统一会计制度的规定计算的年度会计利润。

3. 国家税务总局《关于企业取得的逾期包装物押金收入征收企业所得税问题的通知》(国税发[1998]228号)第一条　根据《企业所得税暂行条例实施细则》第七条的规定,企业收取的包装物押金,凡逾期未返还买方的,应确认为收入,依法计征企业所得税。所谓"逾期未返还",是指在买卖双方合同或书面约定的收回包装物、返还押金的期限内,不返还的押金。考虑到包装物属于流动性较强的存货资产,为了加强应税收入的管理,企业收取的包装物押金,从收取之日起计算,已超过一年(指12个月)仍未返还的,原则上要确认为期满之日所属年度的收入。

4.《公益事业捐赠法》第三条 本法所称公益事业是指非营利的下列事项:

(一)救助灾害、救济贫困、扶助残疾人等困难的社会群体和个人的活动;

(二)教育、科学、文化、卫生、体育事业;

(三)环境保护、社会公共设施建设;

(四)促进社会发展和进步的其他社会公共和福利事业。

案例22 企业合并业务如何进行税务处理

案情

2012年底中大公司有150万元尚未弥补完的亏损,且未过5年的亏损弥补期。后中大公司被立方公司合并,合并时中大公司净资产公允价值为1000万元,立方公司合并中大公司后净资产公允价值6000万元。2013年立方公司实现应纳税所得额500万元。

法律问题及要求

请问:2013年立方公司应纳多少企业所得税?

解题思路

(1) 2013年度立方公司可弥补中大公司的亏损额为:500×1000÷6000 = 83.33(万元)

(2) 2013年度立方公司应纳企业所得税为:(500 - 83.33)×25% = 104.17(万元)

相关法律链接

国家税务总局《关于企业合并分立业务有关所得税问题的通知》(国税发[2000]119号)

一、企业合并业务的所得税处理

企业合并包括被合并企业(指一家或多家不需要经过法律清算程序而解

散的企业)将其全部资产和负债转让给另一家现存或新设企业(以下简称合并企业),为其股东换取合并企业的股权或其他财产,实现两个或两个以上企业的依法合并。企业合并业务的所得税应根据合并的具体方式处理。

(一)企业合并,通常情况下,被合并企业应视为按公允价值转让、处置全部资产,计算资产的转让所得,依法缴纳所得税。被合并企业以前年度的亏损,不得结转到合并企业弥补。合并企业接受被合并企业的有关资产,计税时可以按经评估确认的价值确定成本。被合并企业的股东取得合并企业的股权视为清算分配。

(二)合并企业支付给被合并企业或其股东的收购价款中,除合并企业股权以外的现金、有价证券和其他资产(以下简称非股权支付额),不高于所支付的股权票面价值(或支付的股本的账面价值)20%的,经税务机关审核确认,当事各方可选择按下列规定进行所得税处理:

1. 被合并企业不确认全部资产的转让所得或损失,不计算缴纳所得税。被合并企业合并以前的全部企业所得税纳税事项由合并企业承担,以前年度的亏损,如果未超过法定弥补期限,可由合并企业继续按规定用以后年度实现的与被合并企业资产相关的所得弥补。具体按下列公式计算:某一纳税年度可弥补被合并企业亏损的所得额 = 合并企业某一纳税年度未弥补亏损前的所得额×(被合并企业净资产公允价值÷合并后合并企业全部净资产公允价值)。

2. 被合并企业的股东以其持有的原被合并企业的股权(以下简称旧股)交换合并企业的股权(以下简称新股),不视为出售旧股,购买新股处理。被合并企业的股东换得新股的成本,须以其所持旧股的成本为基础确定。

但未交换新股的被合并企业的股东取得的全部非股权支付额,应视为其持有的旧股的转让收入,按规定计算确认财产转让所得或损失,依法缴纳所得税。

案例23 企业债务重组业务如何进行税务处理

案情

A公司2013年12月与B公司达成债务重组协议,A公司以一批库存商品抵偿所欠B公司一年前发生的债务40万元,这批库存商品的账面成本为25万元,市场销售价格为 30 万元(不含税),该商品的增值税税率为 17%。假设 A 公司适用的企业所得税税率为 25%。

法律问题及要求

请问:

(1) A 公司该项债务重组业务的收益是多少(城市维护建设税和教育费附加忽略不计)?应缴纳多少企业所得税?

(2) B 公司有多少债务重组损失?

解题思路

(1) A 公司作为债务人应按公允价值转让非现金财产计算财产转让所得的所得税。在计算财产转让所得时,应先扣除该财产的成本和应缴纳的增值税。

A 公司该项债务重组业务的收益是:$40 - 30 \times 17\% - 25 = 9.9$(万元)

A 公司应缴纳的所得税为:$9.9 \times 25\% = 2.48$(万元)

(2) B 公司的债务重组损失额为:$40 - 30 \times (1 + 17\%) = 4.9$(万元)

相关法律链接

《企业债务重组业务所得税处理办法》(国家税务总局令第 6 号)第二条

本办法所称债务重组是指债权人(企业)与债务人(企业)之间发生的涉及债务条件修改的所有事项。

第三条 债务重组包括以下方式:

(一) 以低于债务计税成本的现金清偿债务;

(二) 以非现金资产清偿债务;

(三) 债务转换为资本,包括国有企业债转股;

(四) 修改其他债务条件,如延长债务偿还期限、延长债务偿还期限并加收利息、延长债务偿还期限并减少债务本金或债务利息等;

(五) 以上述两种或者两种以上方式组合进行的混合重组。

第四条 债务人(企业)以非现金资产清偿债务,除企业改组或者清算另有规定外,应当分解为按公允价值转让非现金资产,再以与非现金资产公允价值相当的金额偿还债务两项经济业务进行所得税处理,债务人(企业)应当确认有关资产的转让所得(或损失);债权人(企业)取得的非现金资产,应当按照该有关资产的公允价值(包括与转让资产有关的税费)确定其计税成本,据以计算可以在企业所得税前扣除的固定资产折旧费用、无形资产摊销费用或者结转商品销售成本等。

第六条 债务重组业务中债权人对债务人的让步,包括以低于债务计税成本的现金、非现金资产偿还债务等,债务人应当将重组债务的计税成本与支付的现金金额或者非现金资产的公允价值(包括与转让非现金资产相关的税费)的差额,确认为债务重组所得,计入企业当期的应纳税所得额中;债权人应当将重组债权的计税成本与收到的现金或者非现金资产的公允价值之间的差额,确认为当期的债务重组损失,冲减应纳税所得。

第十一条 本办法所称公允价值是指独立企业之间业务往来的公平成交价值。

案例 24 企业应如何计算多项税金

案情

传奇针织厂是一家注册资本 5000 万元的生产企业,是增值税一般纳税人。2014 年度相关生产经营业务如下:

(1) 企业厂区坐落在某县城,实际占地 10000 平方米,其中,厂房占地 8000 平方米,办公楼占地 1200 平方米,厂区内部道路及绿化占地 800 平方米。

(2) 该厂拥有货车 10 辆(每辆净吨位 10 吨),大型商用客车 3 辆(每辆乘 50 人),5 座小型客车 15 辆,每辆车的排气量均为 2.0 升。

(3) 当年销售自产针织衫、内衣等共计 8000 万元(不含税价格);购进原材料,取得增值税专用发票,注明购货金额 3000 万元、进项税额 510 万元,原材料全部验收入库;支付购货的运输费用 300 万元,装卸费和保险费 60 万元,取得运输公司及其他单位开具的普通发票;收购农民种植的良种棉花,在经主管税务机关批准使用的收购凭证上注明的买价累计为 1000 万元。

(4) 全年应扣除的销售产品成本 5000 万元,发生财务费用 200 万元、销售费用 1200 万元、管理费用 600 万元(不含应计入管理费用中的税金)。

(5) 全年实发工资总额为 900 万元,并按照实发工资和税法规定的比例计算提取了职工工会经费、职工福利费和职工教育经费,取得了缴纳工会会费的相关票据。

(6) 2 月份,该厂接受 A 公司赠与的机器设备一台并于当月投入使用,发票所列金额为 400 万元,企业自己负担的运输费、保险费和安装调试费 50 万元;全年计入成本、费用的固定资产折旧为60万元,企业采用直线折旧法,期限为10年,残值率为5%。

(7) 所发生的财务费用中包括支付银行贷款的利息120万元和向关联企业支付借款1000万元的本年利息80万元(同期银行贷款年利率为6%)。

(8) 所发生的销售费用中含有实际支出的广告费1500万元。

(9) 所发生的管理费用中包含业务招待费58万元。

(说明:城镇土地使用税每平方米税额3元,商用货车纳税额每吨40元,商用客车纳税额为每辆600元,排气量2.0升乘用车的年纳税额为每辆400元)

法律问题及要求

根据上述资料,请分析并计算:

(1) 该企业应缴纳的城镇土地使用税。
(2) 该企业应缴纳的车船税。
(3) 该企业应缴纳的增值税、城市维护建设税和教育费附加。
(4) 该企业超过扣除标准的机器设备的折旧费用。
(5) 该企业超过扣除标准的财务费用。
(6) 该企业超过扣除标准的广告费用。
(7) 该企业超过扣除标准的业务招待费用。
(8) 该企业2014年度应纳税所得额。
(9) 该企业2014年度应缴纳的企业所得税(印花税等忽略不计)。

解题思路

(1) 该企业应缴纳的城镇土地使用税:$10000 \times 3 = 3$(万元)

(2) 该企业应缴纳的车船税:$10 \times 40 \times 10 + 3 \times 600 + 15 \times 400 = 1.18$(万元)

(3) 该企业应缴纳的增值税:$8000 \times 17\% - (510 + 300 \times 7\% + 1000 \times 13\%) = 699$(万元)

该企业应缴纳的城市维护建设税、教育费附加:$699 \times (5\% + 3\%) = 55.92$(万元)

(4) 该企业超标折旧费:$60 - (400 + 50) \times (1 - 5\%) \div 10 \div 12 \times 10 = 24.38$(万元)

(5) 该企业超标列支的财务费用:$80 - 1000 \times 6\% = 20$(万元)

(6) 该企业超标列支的广告费用:$1500 - 8000 \times 15\% = 300$(万元)

(7) 该企业超标列支的业务招待费:$58 - 58 \times 12\% = 23.2$(万元)

(8) 该企业应税所得额:$8000 + 400 - 5000 - 200 - 1200 - 600 - 900 - 900 \times$

$18.5\% - 3 - 1.18 - 55.92 + 24.38 + 20 + 300 + 23.2 = 640.98$(万元)

(9) 该企业应纳企业所得税：$640.98 \times 25\% = 160.25$(万元)

 相关法律链接

1.《城镇土地使用税暂行条例》(国务院令[1988]17号)第二条 在城市、县城、建制镇、工矿区范围内使用土地的单位和个人,为城镇土地使用税(以下简称土地使用税)的纳税义务人(以下简称纳税人),应当依照本条例的规定缴纳土地使用税。

第三条 土地使用税以纳税人实际占用的土地面积为计税依据,依照规定税额计算征收。

前款土地占用面积的组织测量工作,由省、自治区、直辖市人民政府根据实际情况确定。

第四条 土地使用税每平方米年税额如下：

一、大城市 0.5 元至 10 元；

二、中等城市 0.4 元至 8 元；

三、小城市 0.3 元至 6 元；

四、县城、建制镇、工矿区 0.2 元至 4 元。

第五条 省、自治区、直辖市人民政府,应当在前条所列税额幅度内,根据市政建设状况、经济繁荣程度等条件,确定所辖地区的适用税额幅度。

市、县人民政府应当根据实际情况,将本地区土地划分为若干等级,在省、自治区、直辖市人民政府确定的税额幅度内,制定相应的适用税额标准,报省、自治区、直辖市人民政府批准执行。

经省、自治区、直辖市人民政府批准,经济落后地区土地使用税的适用税额标准可以适当降低,但降低额不得超过本条例第四条规定最低税额的30%。经济发达地区土地使用税的适用税额标准可以适当提高,但须报经财政部批准。

第八条 土地使用税按年计算,分期缴纳。缴纳期限由省、自治区、直辖市人民政府确定。

2.《车船税法》第一条 在中华人民共和国境内属于本法所附《车船税税目税额表》规定的车辆、船舶(以下简称车船)的所有人或者管理人,为车船税的纳税人,应当依照本法缴纳车船税。

第二条 车船的适用税额依照本法所附《车船税税目税额表》执行。车辆的具体适用税额由省、自治区、直辖市人民政府依照本法所附《车船税税目税额表》规定的税额幅度和国务院的规定确定。船舶的具体适用税额由国务院在本法所附《车船税税目税额表》规定的税额幅度内确定。

3. 《企业所得税法》第十条 在计算应纳税所得额时,下列支出不得扣除:

(一) 向投资者支付的股息、红利等权益性投资收益款项;

(二) 企业所得税税款;

(三) 税收滞纳金;

(四) 罚金、罚款和被没收财物的损失;

(五) 本法第九条规定以外的捐赠支出;

(六) 赞助支出;

(七) 未经核定的准备金支出;

(八) 与取得收入无关的其他支出。

4. 《企业所得税法实施条例》第三十八条 企业在生产经营活动中发生的下列利息支出,准予扣除:

(一) 非金融企业向金融企业借款的利息支出、金融企业的各项存款利息支出和同业拆借利息支出、企业经批准发行债券的利息支出;

(二) 非金融企业向非金融企业借款的利息支出,不超过按照金融企业同期同类贷款利率计算的数额的部分。

第四十条 企业发生的职工福利费支出,不超过工资薪金总额14%的部分,准予扣除。

第四十一条 企业拨缴的工会经费,不超过工资薪金总额2%的部分,准予扣除。

第四十二条 除国务院财政、税务主管部门另有规定外,企业发生的职工教育经费支出,不超过工资薪金总额2.5%的部分,准予扣除;超过部分,准予在以后纳税年度结转扣除。

第四十三条 企业发生的与生产经营活动有关的业务招待费支出,按照发生额的60%扣除,但最高不得超过当年销售(营业)收入的5‰。

第四十四条 企业发生的符合条件的广告费和业务宣传费支出,除国务院财政、税务主管部门另有规定外,不超过当年销售(营业)收入15%的部分,准予扣除;超过部分,准予在以后纳税年度结转扣除。

第五十九条 固定资产按照直线法计算的折旧,准予扣除。

企业应当自固定资产投入使用月份的次月起计算折旧;停止使用的固定

资产,应当自停止使用月份的次月起停止计算折旧。

企业应当根据固定资产的性质和使用情况,合理确定固定资产的预计净残值。固定资产的预计净残值一经确定,不得变更。

附:

车船税税目税额表

税目		计税单位	年基准税额	备注
乘用车〔按发动机汽缸容量（排气量）分档〕	1.0升(含)以下的	每辆	60元至360元	核定载客人数9人(含)以下
	1.0升以上至1.6升(含)的		300元至540元	
	1.6升以上至2.0升(含)的		360元至660元	
	2.0升以上至2.5升(含)的		660元至1200元	
	2.5升以上至3.0升(含)的		1200元至2400元	
	3.0升以上至4.0升(含)的		2400元至3600元	
	4.0升以上的		3600元至5400元	
商用车	客车	每辆	480元至1440元	核定载客人数9人以上,包括电车
	货车	整备质量每吨	16元至120元	包括半挂牵引车、三轮汽车和低速载货汽车等
挂车		整备质量每吨	按照货车税额的50%计算	
其他车辆	专用作业车	整备质量每吨	16元至120元	不包括拖拉机
	轮式专用机械车		16元至120元	
摩托车		每辆	36元至180元	
船舶	机动船舶	净吨位每吨	3元至6元	拖船、非机动驳船分别按照机动船舶税额的50%计算
	游艇	艇身长度每米	600元至2000元	

案例 25　小微企业的税收优惠

案情

A 为一家小型社区便利店,主要经营日杂百货,欲进行纳税申报。2014 年期间,该便利店月经营所得为 8000 元。

法律问题及要求

(1) 掌握国家关于小微企业的新政策。
(2) 可以享受企业所得税优惠的小微企业需要符合哪些条件?
(3) 结合国家关于小微企业的新政策计算该便利应如何缴纳企业所得税。如果月收入为 10000 元呢?

解题思路

(1) 根据《企业所得税法》及其《实施条例》以及有关税收政策规定,符合条件的小型微利企业,包括查账征收和定率征收(核定征收方式的其中一种)企业,年所得在 10 万元(含 10 万元)以下的,可按 20% 的税率减半征收,即可适用 10% 的税率计算缴纳企业所得税,较 25% 的法定税率减免 60%;年所得在 10 万元到 30 万元(含 30 万元)的,减按 20% 的税率计算缴纳企业所得税,较 25% 的法定税率减免 20%。符合条件的小型微利企业,在预缴和年度汇算清缴企业所得税时,都可以自行享受小型微利企业所得税优惠。

(2) 根据《企业所得税法实施条例》第 92 条规定,《企业所得税法》第 28 条第 1 款所称符合条件的小型微利企业,是指从事国家非限制和禁止行业,并符合下列条件的企业:① 工业企业,年度应纳税所得额不超过 30 万元,从业人数不超过 100 人,资产总额不超过 3000 万元;② 其他企业,年度应纳税所得额不超过 30 万元,从业人数不超过 80 人,资产总额不超过 1000 万元。

根据上述规定,可以享受企业所得税优惠的小型微利企业是指符合《企业所得税法》及其《实施条例》规定条件的企业,与其他的企业规模划型标准有所不同。

(3) 月所得为 8000 元时,A 便利店 2014 年累计的应纳税所得额 = 8000 × 12 = 96000(元),在 10 万元以下,适用的税率为 10%,则 A 全年应缴纳企业所得

税 = 96000 × 10% = 9600(元)。

月所得为 10000 元时，A 便利店 2014 年累计的应纳税所得额 = 10000 × 12 = 120000(元)，年所得 12 万元在 10 万元到 30 万元之间，应减按 20% 缴纳企业所得税，故 A 全年应缴纳企业所得税 = 120000 × 20% = 24000(元)。

第七章 个人所得税法

第一节 个人所得税法基本问题

个人所得税,是对在中国境内居住的个人所得和不在中国境内居住的个人而在中国取得的所得征收的一种税。

一、纳税主体

1. 纳税人

我国个人所得税的纳税人是在中国境内居住有所得的个人,以及不在中国境内居住而从中国境内取得所得的个人,包括中国公民、个体工商户、在华取得所得的外籍人员、港、澳、台同胞和合伙企业、个人独资企业的出资者等。

2. 扣缴义务人

我国的个人所得税,除个体工商户、合伙企业、个人独资企业的出资者等,应就其生产、经营所得自行申报纳税以外,其余纳税人的所得实行代扣代缴与个人自行申报纳税相结合的征收管理制度。《个人所得税法》第8条规定:"个人所得税,以所得人为纳税义务人,以支付所得的单位或者个人为扣缴义务人。个人所得超过国务院规定数额的,在两处以上取得工资、薪金所得或者没有扣缴义务人的,以及具有国务院规定的其他情形,纳税义务人应当按照国家规定办理纳税申报。扣缴义务人应当按照国家规定办理全员全额扣缴申报。"

二、征税对象

个人所得税的征税对象是个人取得的应税所得。我国《个人所得税法》采用分类所得税制,明确列举了11项应纳税个人所得:

1. 工资、薪金所得。
2. 个体工商户的生产、经营所得。
3. 对企事业单位的承包经营、承租经营所得。
4. 劳务报酬所得。
5. 稿酬所得。

6. 特许权使用费所得。
7. 利息、股息、红利所得。
8. 财产租赁所得。
9. 财产转让所得。
10. 偶然所得。
11. 经国务院财政部门确定征税的其他所得。

三、税率

个人所得税法中的税率形式主要有比例税率和超额累进税率。具体包括：

1. 工资、薪金所得，适用7级超额累进税率。该税率按个人月工资、薪金应税所得额划分为7个级距，最低一级为3%，最高一级为45%，其税率如表1所示。

表1　工资、薪金所得适用的税率表

级数	所得额级距	税率(%)
1	不超过1500元的	3
2	超过1500元至4500元的部分	10
3	超过4500元至9000元的部分	20
4	超过9000元至35000元的部分	25
5	超过35000元至55000元的部分	30
6	超过55000元至80000元的部分	35
7	超过80000元的部分	45

注：本表所称全月应纳税所得额是指依照税法的规定，以每月收入额减除费用3500元后的余额或者减除附加减除费用后的余额。

2. 个体工商户的生产、经营所得和对企事业单位的承包经营、承租经营所得适用5级超额累进税率。该税率按全年应纳税所得额划分为5个级距，最低一级为5%，最高一级为35%，其税率如表2所示。

表2　个体工商户的生产、经营所得和对企事业单位的承包、承租经营所得适用税率表

级数	全年应纳税所得额	税率(%)
1	不超过15000元的	5
2	超过15000元至30000元的部分	10
3	超过30000元至60000元的部分	20
4	超过60000元至100000元的部分	30
5	超过100000元的部分	35

注：本表所称全年应纳税所得额，对个体工商户的生产、经营所得来源，是指以每一纳税年度的收入总额，减除成本、费用以及损失后的余额；对企事业单位的承包经营、承租经营所得来源，是指以每一纳税年度的收入总额，减除必要费用后的余额。

3. 个人的稿酬所得、劳务报酬所得、特许权使用费所得、利息、股息、红利所得、财产租赁所得、财产转让所得、偶然所得和其他的所得，按次计算征收个人所得税，适用20%的比例税率。其中，对稿酬所得适用20%的比例税率，并按应纳税额减征30%；对劳务报酬所得一次收入畸高的，除按20%征税外，还可以实行加成征收，以保护合理的收入和限制不合理的收入。

四、应纳税额的计算

我国个人所得税法采用的是分类制的税制模式，本着有利于防止税款流失和便于征管的原则，实行分项扣除、分项定率、分项征收的计征办法。

1. 工资、薪金所得应纳税额的计算。工资、薪金所得，以每月收入额减除费用3500元后的余额，为应纳税所得额。其应纳税额的计算公式为：

应纳税额=（全月工资、薪金收入-3500元）×适用税率-速算扣除数

2. 个体工商户的生产、经营所得和对企事业单位的承包经营、承租经营所得应纳税额的计算。个体工商户的生产、经营所得，以每一纳税年度的收入总额，减除成本、费用以及损失后的余额，为应纳税所得额。对企事业单位的承包经营、承租经营所得，以每一纳税年度的收入总额，减除必要费用后的余额，为应纳税所得额。

个体工商户的生产、经营所得应纳税额的计算公式为：

个体工商户的生产、经营所得应纳税额=〔全年收入总额-（成本+费用+损失）〕×适用税率

对企事业单位的承包经营、承租经营所得应纳税额的计算公式为：

应纳税额=应纳税所得额×适用税率-速算扣除数=（纳税年度收入总额-必要费用）×适用税率-速算扣除数

3. 劳务报酬所得、稿酬所得、特许权使用费所得、财产租赁所得应纳税额的计算。劳务报酬所得、稿酬所得、特许权使用费所得、财产租赁所得，每次收入不超过4000元的，减除费用800元；4000元以上的，减除20%的费用，其余额为应纳税所得额。

（1）劳务报酬所得应纳税额的计算公式如下：

应纳税额=应纳税所得额×适用税率

劳务报酬所得每次超过20000元的计算方法。根据《个人所得税法》的规定，对劳务报酬所得一次收入畸高的，可以实行加成征收。具体办法是：个人一次取得劳务报酬，其应纳税所得额超过20000—50000元的部分，依照税法规定计算出应纳税额后再按照应纳税额加征五成；超过50000元的部分，加征十成。

(2) 稿酬所得应纳税额的计算公式如下：

应纳税额 = 应纳税所得额 × 适用税率

实际缴纳税额 = 应纳税额 × (1 - 30%)

(3) 特许权使用费所得、财产租赁所得应纳税额的计算公式如下：

应纳税额 = 应纳税所得额 × 适用税率

4. 财产转让所得应纳税额的计算。财产转让所得，以转让财产的收入额减除财产原值和合理费用后的余额，为应纳税所得额。其计算公式为：

应纳税额 = 应纳税所得额 × 适用税率 = (收入总额 - 财产原值 - 合理税费) × 20%

5. 利息、股息、红利所得，偶然所得和其他所得应纳税额的计算。利息、股息、红利所得，偶然所得和其他所得，以每次收入额为应纳税所得额。其应纳税额的计算公式为：

应纳税额 = 应纳税所得额 × 适用税率 = 每次收入额 × 20%

五、税收优惠

个人所得税法中的税收优惠措施主要有减税、免税和税收抵免。

1. 个人所得税的减免

(1) 个人所得税的免征。《个人所得税法》第4条规定了10项免征项目。分别是：省级人民政府、国务院部委和中国人民解放军军以上单位，以及外国组织、国际组织颁发的科学、教育、技术、文化、卫生、体育、环境保护等方面的奖金；国债和国家发行的金融债券利息；按照国家统一规定发给的补贴、津贴；福利费、抚恤金、救济金；保险赔款；军人的转业费、复员费；按照国家统一规定发给干部、职工的安家费、退职费、退休工资、离休工资、离休生活补助费；依照我国有关法律规定应予免税的各国驻华使馆、领事馆的外交代表、领事官员和其他人员的所得；中国政府参加的国际公约、签订的协议中规定免税的所得；经国务院财政部门批准免税的所得。

(2) 个人所得税的减征。我国《个人所得税法》第5条明确规定以下情况应予减税：残疾、孤老人员和烈属的所得；因严重自然灾害造成重大损失的；其他经国务院财政部门批准减税的。

2. 个人所得税的抵免

个人所得税的抵免，是避免对同一所得双重征税的措施。我国个人所得税法规定，纳税义务人从中国境外取得的所得，准予其在应纳税额中，扣除依照该所得来源国家或者地区的法律当缴纳并且已实际缴纳的税额。在计算时,应区别不同国家或者地区和不同应税项目,依照税法规定的费用减除标准和适用税率计算;同一国家或者地区内不同应税项目的应纳税额之和,为该国家或者地区的扣除限额。纳税人在中国境外一个国家或者地区实际已经缴纳的个人所得税税额,低于依照我国所得税法规定计算出的该国家或者地区扣除限额的,应当在中国缴纳差额部分的税款;超过该国家或者地区扣除限额的,其超过部分不得在本纳税年度的应纳税额中扣除,但是可以在以后纳税年度的该国家或者地区扣除限额的余额中补扣,补扣期限最长不得超过 5 年。纳税义务人申请扣除已在境外缴纳的个人所得税税额时,应当提供境外税务机关填发的完税凭证原件。

六、征收管理

(一) 纳税期限

《个人所得税法》第 9 条规定了的个人所得税的征收期限,分以下不同情况确定:扣缴义务人每月所扣的税款,自行申报纳税人每月应纳的税款,都应当在次月 15 日内缴入国库,并向税务机关报送纳税申报表。工资、薪金所得应纳的税款,按月计征,由扣缴义务人或者纳税义务人在次月 15 日内缴入国库,并向税务机关报送纳税申报表。特定行业的工资、薪金所得应纳的税款,可以实行按年计算、分月预缴的方式计征,具体办法由国务院规定。个体工商户的生产、经营所得应纳的税款,按年计算,分月预缴,由纳税义务人在次月 15 日内预缴,年度终了后 3 个月内汇算清缴,多退少补。对企事业单位的承包经营、承租经营所得应纳的税款,按年计算,由纳税义务人在年度终了后 30 日内缴入国库,并向税务机关报送纳税申报表。纳税义务人在 1 年内分次取得承包经营、承租经营所得的,应当在取得每次所得后的 15 日内预缴,年度终了后 3 个月内汇算清缴,多退少补。从中国境外取得所得的纳税义务人,应当在年度终了后 30 日内,将应纳的税款缴入国库,并向税务机关报送纳税申报表。

(二) 纳税地点

自行申报缴纳个人所得税的纳税义务人,其纳税地点为所得取得地。在中国境内两处或两处以上取得所得的,可以由纳税人选择其中一处所得取得地作为其纳税地点。纳税地点一经选定,若需变更,应经主管税务机关批准。从中国境外取得所得,其申报纳税地点由纳税人选定,一经选定,若需变更,应经原主管税务机关批准。源泉扣缴纳税的,扣缴义务人所在地为税收征收地点。

第七章 个人所得税法

第二节 个人所得税法律实务

案例1 如何区分居民纳税人与非居民纳税人

案情

2014年1月,中国公民王先生受总公司委派前往该公司驻加拿大常设机构工作,任职时间为2年。但是由于受到各方面条件的限制,王先生的妻子和女儿仍留在中国。王先生在加拿大工作期间,公司驻加拿大常设机构每年支付其工资收入折合人民币20万元,而且,中国境内总公司仍按月支付其工资收入7000元;王先生在驻加拿大期间,还完成了一部关于市场营销策略的学术著作,并由加拿大一家出版公司出版,取得稿酬收入折合人民币10万元。

当年,王先生仅就中国境内总公司支付的每月7000元工资缴纳了个人所得税,而对加拿大常设机构支付的工资和从加拿大获得的稿酬收入并未申报纳税。

法律问题及要求

(1) 根据税法的有关规定,王先生属于我国个人所得税法上的居民纳税人还是非居民纳税人?

(2) 王先生应就其取得的哪些收入在中国境内申报纳税?

解题思路

根据税法的规定,凡在中国境内有住所,或者无住所而在境内居住满一年的个人,是我国个人所得税法上的居民纳税人,其从中国境内和境外取得的所得,均应缴纳个人所得税。本案中的王先生虽被派往国外工作,但其主要经济关系和家庭仍在国内,所以应确认其在中国境内有住所,属于居民纳税人。

王先生应负无限纳税义务,即就其从中国境内和境外取得的所得,均应缴纳个人所得税。具体包括加拿大常设机构支付的年薪20万元,中国境内总公司支付的每月工资7000元,以及在加拿大取得的稿酬10万元。

相关法律链接

1. 《个人所得税法》第一条 在中国境内有住所,或者无住所而在境内居住满一年的个人,从中国境内和境外取得的所得,依照本法规定缴纳个人所得税。在中国境内无住所又不居住或者无住所而在境内居住不满一年的个人,从中国境内取得的所得,依照本法规定缴纳个人所得税。

2. 《个人所得税法实施条例》第二条 税法第一条第一款所说的在中国境内有住所的个人,是指因户籍、家庭、经济利益关系而在中国境内习惯性居住的个人。

第三条 税法第一条第一款所说的在境内居住满一年,是指在一个纳税年度中在中国境内居住三百六十五日。临时离境的,不扣减日数。前款所说的临时离境,是指在一个纳税年度中一次不超过三十日或者多次累计不超过九十日的离境。

第四条 税法第一条第一款、第二款所说的从中国境内取得的所得,是指来源于中国境内的所得;所说的从中国境外取得的所得,是指来源于中国境外的所得。

第五条 下列所得,不论支付地点是否在中国境内,均为来源于中国境内的所得:

（一）因任职、受雇、履约等而在中国境内提供劳务取得的所得;

（二）将财产出租给承租人在中国境内使用而取得的所得;

（三）转让中国境内的建筑物、土地使用权等财产或者在中国境内转让其他财产取得的所得;

（四）许可各种特许权在中国境内使用而取得的所得;

（五）从中国境内的公司、企业以及其他经济组织或者个人取得利息、股息、红利所得。

第六条 在中国境内无住所,但是居住一年以上五年以下的个人,其来源于中国境外的所得,经主管税务机关批准,可以只就由中国境内公司、企业以及其他经济组织或者个人支付的部分缴纳个人所得税;居住超过五年的个人,从第六年起,应当就其来源于中国境外的全部所得缴纳个人所得税。

第七章 个人所得税法

> 第七条 在中国境内无住所,但是在一个纳税年度中在中国境内连续或者累计居住不超过九十日的个人,其来源于中国境内的所得,由境外雇主支付并且不由该雇主在中国境内的机构、场所负担的部分,免予缴纳个人所得税。

案例2 某企业发放年终奖金所引起的纳税争议案

案情

2014年12月,某企业由于该年经营效益不错,所以为了进一步鼓励员工的积极性,给每个员工发了1200元的过年费以作为一次性年终奖金,同时声明:该年终奖金由企业来缴纳个人所得税。但不久后,员工们就收到税务机关就年终奖金补缴税款的通知书,员工们表示不解,认为该年终奖金的税款已经由企业承诺缴纳税款,为什么税务机关还要向自己征税,并拿出了企业承诺代替缴纳个人所得税的有关证明。经查,该企业确实有过这样的承诺,但是没有实际代缴。倘若员工王某该月的工资是3600元,企业已经就该工资代扣代缴了3元的个人所得税税额,也就是说,12月份王某实际获得的收入是4797元。

法律问题及要求

(1)案例中该企业的声明有何法律效力?
(2)王某等员工获得的年终奖金如何缴纳个人所得税?

解题思路

根据税法的有关规定,个人从企业获得工资和奖金时,纳税义务人是个人而不是企业,企业只是代扣代缴,双方的约定不能对抗税收法律的强制性规定。因此,本案中该企业的员工应该就其全部所得(包括当月的工资和1200元的奖金)缴税,至于其与企业之间的约定,只是个人与企业之间的一种债权债务关系,可以依据其他法律请求企业予以返还其所缴纳的税款。

相关法律链接

1.《税收征收管理法实施细则》第三条 任何部门、单位和个人作出的与税收法律、行政法规相抵触的决定一律无效,税务机关不得执行,并应当向上级税务机关报告。纳税人应当依照税收法律、行政法规的规定履行纳税义务;其签订的合同、协议等与税收法律、行政法规相抵触的,一律无效。

2.国家税务总局《关于调整个人取得全年一次性奖金等计算征收个人所得税方法问题的通知》(国税发[2005]9号)第一条 全年一次性奖金是指行政机关、企事业单位等扣缴义务人根据其全年经济效益和对雇员全年工作业绩的综合考核情况,向雇员发放的一次性奖金。

上述一次性奖金也包括年终加薪、实行年薪制和绩效工资办法的单位根据考核情况兑现的年薪和绩效工资。

第二条 纳税人取得全年一次性奖金,单独作为一个月工资、薪金所得计算纳税,并按以下计税办法,由扣缴义务人发放时代扣代缴:

(一)先将雇员当月内取得的全年一次性奖金,除以十二个月,按其商数确定适用税率和速算扣除数。

如果在发放年终一次性奖金的当月,雇员当月工资薪金所得低于税法规定的费用扣除额,应将全年一次性奖金减除"雇员当月工资薪金所得与费用扣除额的差额"后的余额,按上述办法确定全年一次性奖金的适用税率和速算扣除数。

(二)将雇员个人当月内取得的全年一次性奖金,按本条第(一)项确定的适用税率和速算扣除数计算征税,计算公式如下:

(1)如果雇员当月工资薪金所得高于(或等于)税法规定的费用扣除额的,适用公式为:

应纳税额=雇员当月取得全年一次性奖金×适用税率-速算扣除数

(2)如果雇员当月工资薪金所得低于税法规定的费用扣除额的,适用公式为:应纳税额=(雇员当月取得全年一次性奖金-雇员当月工资薪金所得与费用扣除额的差额)×适用税率-速算扣除数。

第三条 在一个纳税年度内,对每一个纳税人,该计税办法只允许采用一次。

第七章 个人所得税法

> 第五条 雇员取得除全年一次性奖金以外的其他各种名目奖金,如半年奖、季度奖、加班奖、先进奖、考勤奖等,一律与当月工资、薪金收入合并,按税法规定缴纳个人所得税。

案例3 李某取得公司股权被征税案

案情

李某是某有限责任公司的职工,由于2014年10月表现优秀,公司依据规定对其进行表彰,奖励的内容是允许其以2000元的价款购买公司价值6000元的股票,11月份李某以2000元的价款购买了该公司价值6000元的股票,并于同月以6500元的价格转让了该股票,不久后,李某被告知需要去税务机关就该购买股票及转让股票所获得的收入缴纳个人所得税,李某表示不解:购买公司股票怎么可能要缴纳个人所得税呢?如果要缴的话也只是就其转让股票所得500元(6500元-6000元)按"财产转让所得"项目缴纳个人所得税,但该所得是免税的。同时还查明,李某还在外面兼任某公司的董事,该月获得"董事费"4200元,被该公司按"工资、薪金"项目代扣代缴了个人所得税共21元。

法律问题及要求

(1) 本案中,李某购买并转让股票是否需要纳税,如何纳税?
(2) "董事费"如何纳税?

解题思路

本案中,该职工李某购买股票的行为其实质是公司通过低价转让股票的方式对其优秀业绩的一种鼓励,其差价就是李某的"所得",应该按"工资、薪金"税目纳税。而个人由于担任董事职务所取得的董事费收入,属于劳务报酬所得性质,按照"劳务报酬所得"项目征收个人所得税。

相关法律链接

1.《个人所得税法》第三条第四项 劳务报酬所得,适用比例税率,税率为20%。对劳务报酬所得一次收入畸高的,可以实行加成征收,具体办法由国务院规定。

第六条第四项 劳务报酬所得、稿酬所得、特许权使用费所得、财产租赁所得,每次收入不超过4000元的,减除费用800元;4000元以上的,减除20%的费用,其余额为应纳税所得额。

2. 国家税务总局《征收个人所得税若干问题的规定》(国税发[1994]089号)第八点 关于董事费的征税问题:个人由于担任董事职务所取得的董事费收入,属于劳务报酬所得性质,按照劳务报酬所得项目征收个人所得税。

3. 国家税务总局《关于个人认购股票等有价证券而从雇主取得折扣或补贴收入有关征收个人所得税问题的通知》(国税发[1998]009号)第二条 关于计税方法问题:上述个人认购股票等有价证券而从雇主取得的折扣或补贴,在计算缴纳个人所得税时,因一次收入较多,全部计入当月工资、薪金所得计算缴纳个人所得税有困难的,可在报经当地主管税务机关批准后,自其实际认购股票等有价证券的当月起,在不超过6个月的期限内平均分月计入工资、薪金所得计算缴纳个人所得税。

4. 财政部、国家税务总局《关于个人股票期权所得征收个人所得税问题的通知》(财税[2005]35号)第二条 关于股票期权所得性质的确认及其具体征税规定:

(一)员工接受实施股票期权计划企业授予的股票期权时,除另有规定外,一般不作为应税所得征税。

(二)员工行权时,其从企业取得股票的实际购买价(施权价)低于购买日公平市场价(指该股票当日的收盘价,下同)的差额,是因员工在企业的表现和业绩情况而取得的与任职、受雇有关的所得,应按"工资、薪金所得"适用的规定计算缴纳个人所得税。

对因特殊情况,员工在行权日之前将股票期权转让的,以股票期权的转让净收入,作为工资薪金所得征收个人所得税。

员工行权日所在期间的工资薪金所得,应按下列公式计算工资薪金应纳税所得额:

第七章 个人所得税法

> 股票期权形式的工资薪金应纳税所得额=(行权股票的每股市场价-员工取得该股票期权支付的每股施权价)×股票数量
>
> (三)员工将行权后的股票再转让时获得的高于购买日公平市场价的差额,是因个人在证券二级市场上转让股票等有价证券而获得的所得,应按照"财产转让所得"适用的征免规定计算缴纳个人所得税。
>
> (四)员工因拥有股权而参与企业税后利润分配取得的所得,应按照"利息、股息、红利所得"适用的规定计算缴纳个人所得税。

案例4 张某是否应缴纳"月饼税"

案情

2014年中秋节那天,张某所在单位为了让员工们过一个愉快的节日并鼓励员工的积极性,给每一个员工发了价值400元的月饼,并放假三天。张某领到月饼后特别高兴,便带着一家老小上街买东西,路过一家商店时,恰逢该商店有奖销售。张某发现其中销售的一件东西正是自己所需要的,虽然价格稍微贵了点,但心想碰碰运气也不错,于是张某就购买了该物品。买完物品之后张某按照售货员的要求去一个抽奖台抽奖,结果张某获得了一个二等奖,奖金是一台价值2000元的电视机。当张某兴致勃勃地去领奖时却被告知:领奖之前得先缴纳个人所得税。张某表示不解,认为获得实物是不应该缴纳个人所得税的,只有现金才应该纳税,理由是单位发月饼就没有缴纳个人所得税。

于是张某就此问题咨询税务律师,假如你是该税务律师,你该如何向你的客户张某解释此问题?如果张某该月还获得了单位工资5200元,独生子女补贴100元,那么张某该月一共要缴纳多少税款?

法律问题及要求

(1)单位发放的实物以及获得的实物奖项要不要缴纳个人所得税,如何缴纳?
(2)了解有关个人所得税的免税规定。

解题思路

本案中张某400元的月饼应该并入"工资、薪金"项目缴纳个人所得税,而100元的独生子女补贴不缴税。因此,张某的工资、薪金收入应纳个人所得税为

1500×3% +(5200+400-3500-1500)×10% =105元。张某所获得的电视机属于偶然所得,需要缴纳个人所得税,应纳税额是2000×20% =400元。

1. 《个人所得税法》第三条 个人所得税的税率:
(一)工资、薪金所得,适用超额累进税率,税率为3%至45%。
(二)个体工商户的生产、经营所得和对企事业单位的承包经营、承租经营所得,适用5%至35%的超额累进税率。
(三)稿酬所得,适用比例税率,税率为20%,并按应纳税额减征30%。
(四)劳务报酬所得,适用比例税率,税率为20%。对劳务报酬所得一次收入畸高的,可以实行加成征收,具体办法由国务院规定。
(五)特许权使用费所得,利息、股息、红利所得,财产租赁所得,财产转让所得,偶然所得和其他所得,适用比例税率,税率为20%。

2. 《个人所得税法实施条例》第八条第(十)项 偶然所得,是指个人得奖、中奖、中彩以及其他偶然性质的所得。
第十条 个人取得的应纳税所得,包括现金、实物和有价证券。所得为实物的,应当按照取得的凭证上所注明的价格计算应纳税所得额;无凭证的实物或者凭证上所注明的价格明显偏低的,由主管税务机关参照当地的市场价格核定应纳税所得额。所得为有价证券的,由主管税务机关根据票面价格和市场价格核定应纳税所得额。

3. 国家税务总局《关于个人所得税有关问题的批复》(国税函[2000]57号)(节选) 部分单位和部门在年终总结、各种庆典、业务往来及其他活动中,为其他单位和部门的有关人员发放现金、实物、有价证券,对个人取得该项所得,应按照个人所得税"其他所得"项目计算缴纳个人所得税,税款由支付所得的单位代扣代缴。

4. 国家税务总局《征收个人所得税若干问题的规定》(国税发[1994]089号)第二条 关于工资、薪金所得的征税问题:条例第八条第一款第一项对工资、薪金所得的具体内容和征税范围作了明确规定,应严格按照规定进行征税。对于补贴、津贴等一些具体收入项目应否计入工资、薪金所得的征税范围

问题,按下述情况掌握执行:

(一)条例第十三条规定,对按照国务院规定发给的政府特殊津贴和国务院规定免纳个人所得税的补贴、津贴,免予征收个人所得税。其他各种补贴、津贴均应计入工资、薪金所得项目征税。

(二)下列不属于工资、薪金性质的补贴、津贴或者不属于纳税人本人工资、薪金所得项目的收入,不征税:1.独生子女补贴;2.执行公务员工资制度未纳入基本工资总额的补贴、津贴差额和家属成员的副食品补贴;3.托儿补助费;4.差旅费津贴、误餐补助。

案例5 收回已转让股权应如何计税

案情

某集团公司总经理吴某持有本公司80万股权,占公司股份4.5%,是公司成立时以每股1元的价格买入的。2013年4月9日,因公司工作需要吴某被派往加拿大另行任职,吴某提出把股权转让给副总经理郑某。经股东会议同意转让,吴、郑二人签订转让协议,郑某支付90万元购买吴某80万股权,并于4月底由公司进行了股权变更登记,吴某缴纳个人所得税2万元。

2014年5月吴某完成任务回国,又回到原公司任职,遂要求以原价买回已售出的股权。吴、郑双方又一次签订收回股权协议书,吴某支付转让费90万元,并在公司和相关部门进行了股权变更登记手续。于是吴某向税务机关提出退回原缴纳的个人所得税的申请。

法律问题及要求

请问:税务机关应该退回吴某已缴纳的税款吗?

解题思路

税务机关不能退回吴某缴纳的税款。因为收回原股权,并签订收回股权协议是又一次股权转让行为,先后两次股权转让行为都符合法律规定的程序,是两次各自独立的转让行为,所以税务机关不应退回吴某原缴纳的税款。

相关法律链接

1.《个人所得税法》第二条　下列各项个人所得,应纳个人所得税:
（一）工资、薪金所得;
（二）个体工商户的生产、经营所得;
（三）对企事业单位的承包经营、承租经营所得;
（四）劳务报酬所得;
（五）稿酬所得;
（六）特许权使用费所得;
（七）利息、股息、红利所得;
（八）财产租赁所得;
（九）财产转让所得;
（十）偶然所得;
（十一）经国务院财政部门确定征税的其他所得。

2.《个人所得税法实施条例》第八条第一款第九项
（九）财产转让所得,是指个人转让有价证券、股权、建筑物、土地使用权、机器设备、车船以及其他财产取得的所得。

3.国家税务总局《关于纳税人收回转让的股权征收个人所得税问题的批复》(国税函[2005]130号)第一点　根据《个人所得税法》及其实施条例和《税收征收管理法》(以下简称征管法)的有关规定,股权转让合同履行完毕、股权已作变更登记,且所得已经实现的,转让人取得的股权转让收入应当依法缴纳个人所得税。转让行为结束后,当事人双方签订并执行解除原股权转让合同、退回股权的协议,是另一次股权转让行为,对前次转让行为征收的个人所得税款不予退回。

案例6　某记者就"稿酬"纳税案

案情

某记者在报纸上连载出版了《社会面面观》长篇纪实文学作品,每星期一在报纸上登出一章,并且每次发表后由报社支付稿酬300元,共出版了10期,获得稿酬3000元。该记者认为,根据《个人所得税法》第六条的规定,稿酬所得,每次收入不超过4000元的,减除费用800元;4000元以上的,减除20%的费用,其余额为应纳税所得额。因此,他每次所得都没有超过800元,所以不必缴纳个人所得税。

后来,由于该作品引起了社会的轰动,于是该记者又决定出书,经多次协商,某一出版社愿意出版并支付其稿酬4万元,同时,该记者把自己的手稿原件公开拍卖,被一台商以3万元的价格买走。该记者获得7万元之后,按"稿酬所得"项目向税务机关申报纳税,该税务机关根据《个人所得税法》第三条第三款及第六条之规定对其征了税,征税时的计算方法是:(40000 + 30000) × (1 - 20%) × 20% × (1 - 30%) = 7840(元)。

法律问题及要求

(1) 了解在各种情况下稿酬如何缴纳个人所得税。
(2) 拍卖手稿原件如何缴纳个人所得税?

解题思路

本案中,该记者连载出版时应该将因连载而取得的所有稿酬合计缴纳"稿酬所得"个人所得税,而连载之后又出书取得稿酬所得视同再版稿酬分次计征个人所得税。此外,作者将自己的文字作品手稿原件或复印件公开拍卖(竞价)取得的所得按"特许权使用费所得"项目征收个人所得税,所以,本案中该记者应分三部分缴纳个人所得税税款:

第一部分——连载所得:(300 × 10 - 800) × 20% × (1 - 30%) = 308(元);
第二部分——出书所得:40000 × (1 - 20%) × 20% × (1 - 30%) = 4480(元);
第三部分——拍卖所得:30000 × (1 - 20%) × 20% = 4800(元)。

相关法律链接

1.《个人所得税法》第三条 个人所得税的税率:
(一) 工资、薪金所得,适用超额累进税率,税率为3%至45%。

（二）个体工商户的生产、经营所得和对企事业单位的承包经营、承租经营所得，适用5%至35%的超额累进税率。

（三）稿酬所得，适用比例税率，税率为20%，并按应纳税额减征30%。

（四）劳务报酬所得，适用比例税率，税率为20%。对劳务报酬所得一次收入畸高的，可以实行加成征收，具体办法由国务院规定。

（五）特许权使用费所得，利息、股息、红利所得，财产租赁所得，财产转让所得，偶然所得和其他所得，适用比例税率，税率为20%。

2. 国家税务总局《征收个人所得税若干问题的规定》（国税发［1994］089号）第四条关于稿酬所得的征税问题：

（一）个人每次以图书、报刊方式出版、发表同一作品（文字作品、书画作品、摄影作品以及其他作品），不论出版单位是预付还是分笔支付稿酬，或者加印该作品后再付稿酬，均应合并其稿酬所得按一次计征个人所得税。在两处或两处以上出版、发表或再版同一作品而取得稿酬所得，则可分别各处取得的所得或再版所得按分次所得计征个人所得税。

（二）个人的同一作品在报刊上连载，应合并其因连载而取得的所有稿酬所得为一次，按税法规定计征个人所得税。在其连载之后又出书取得稿酬所得，或先出书后连载取得稿酬所得，应视同再版稿酬分次计征个人所得税。

（三）作者去世后，对取得其遗作稿酬的个人，按稿酬所得征收个人所得税。

第五条　关于拍卖文稿所得的征税问题：作者将自己的文字作品手稿原件或复印件公开拍卖（竞价）取得的所得，应按特许权使用费所得项目征收个人所得税。

案例7　王某转让继承房屋纳税案

案情

王某的父亲于2013年1月初将家中闲置的一套面积为130平方米的店面房出租给李某，双方约定租金为每月3000元，租期为1年，由李某先支付租金1.8万元，余下的1.8万元于年底结清。2013年12月，王某的父亲不幸去世，恰好此时李某的租期亦结束，遂将余下的租金1.8万元支付给了王某。王某悲痛之余，为了避免睹物思人，于2014年2月将其父亲遗留的房屋全部卖掉，得价款共计80万元(已扣除售出房屋时缴纳的相关税费)。

已知:王某之父系房屋产权所有人,其房屋为1994年所购,当时的价款是30万元,并且在购买时支付相关税费1万元。此外,王某之父已经就首先取得的租金1.8万元缴纳了个人所得税。

法律问题及要求

请问:本案中,王某应如何缴纳个人所得税?

解题思路

本案中,王某应该就两笔收入即租金收入与房屋转让收入缴纳个人所得税。

(1)租金收入。年底取得的1.8万元的房屋租金收入应该由王某来缴纳个人所得税,税率为10%。

王某每月的租金收入为:$18000 \div 6 = 3000$(元)

该租金每月应该缴纳的税款为:$(3000 - 800) \times 10\% = 220$(元)

王某就租金所得应纳税额为:$220 \times 6 = 1320$(元)。

(2)房屋转让收入。根据规定,王某转让房屋的"财产转让所得"应纳税额为:$(800000 - 300000 - 10000) \times 20\% = 98000$(元)

相关法律链接

1.《个人所得税法》第三条第五项　特许权使用费所得,利息、股息、红利所得,财产租赁所得,财产转让所得,偶然所得和其他所得,适用比例税率,税率为百分之二十。

第六条第一款第五项　财产转让所得,以转让财产的收入额减除财产原值和合理费用后的余额,为应纳税所得额。

2.《个人所得税法实施条例》第八条第(九)项　财产转让所得,是指个人转让有价证券、股权、建筑物、土地使用权、机器设备、车船以及其他财产取得的所得。

第十九条　税法第六条第一款第五项所说的财产原值,是指:

(一)有价证券,为买入价以及买入时按照规定交纳的有关费用;

(二)建筑物,为建造费或者购进价格以及其他有关费用;

> （三）土地使用权，为取得土地使用权所支付的金额、开发土地的费用以及其他有关费用；
>
> （四）机器设备、车船，为购进价格、运输费、安装费以及其他有关费用；
>
> （五）其他财产，参照以上方法确定。
>
> 纳税义务人未提供完整、准确的财产原值凭证，不能正确计算财产原值的，由主管税务机关核定其财产原值。
>
> 3．国家税务总局《关于征收个人所得税若干问题的规定》（国税发［1994］089号）第六条 关于财产租赁所得的征税问题：
>
> （一）纳税义务人在出租财产过程中缴纳的税金和国家能源交通重点建设基金、国家预算调节基金、教育费附加，可持完税（缴款）凭证，从其财产租赁收入中扣除。
>
> （二）纳税义务人出租财产取得财产租赁收入，在计算征税时，除可依法减除规定费用和有关税、费外，还准予扣除能够提供有效、准确凭证，证明由纳税义务人负担的该出租财产实际开支的修缮费用。允许扣除的修缮费用，以每次800元为限，一次扣除不完的，准予在下一次继续扣除，直至扣完为止。
>
> （三）确认财产租赁所得的纳税义务人，应以产权凭证为依据。无产权凭证的，由主管税务机关根据实际情况确定纳税义务人。
>
> （四）产权所有人死亡，在未办理产权继承手续期间，该财产出租而有租金收入的，以领取租金的个人为纳税义务人。
>
> 4．财政部、国家税务总局《关于调整住房租赁市场税收政策的通知》（财税［2000］125号） 三、对个人出租房屋取得的所得暂减按10%的税率征收个人所得税。

案例8 个体工商户应如何缴纳所得税

案情

A市B区立新小吃店系个体工商户，账证均比较健全，某年12月取得营业额为266000元，为购买面粉、大米、蔬菜、肉、蛋、植物油等原材料支付费用150000元，缴纳房租、电费、水费、煤气费等20000元，其他税、费合计为59600元。当月支付给3位雇员薪金共4000元，业主个人费用扣除额为2000元。1—11

月累计应纳税所得额为 55600 元,1—11 月累计已预缴个人所得税为 14397.5 元。

法律问题及要求

(1) 按照我国税法的规定,个体工商户是否为个人所得税的纳税主体?
(2) 本案中的个体工商户当年 12 月应如何缴纳个人所得税?

解题思路

根据我国税法的规定,个体工商户属于个人所得税的纳税主体。

该个体户 12 月份应纳税所得额 = 266000 − 150000 − 20000 − 59600 − 4000 − 2000 = 30400(元)

全年累计应纳税所得额 = 30400 + 55600 = 86000(元)

12 月份应缴纳个人所得税 = 15000 × 5% + 15000 × 10% + 30000 × 20% + 26000 × 30% − 14397.5 = 1652.5(元)

相关法律链接

1.《个人所得税法》第二条 下列各项个人所得,应纳个人所得税:
(一) 工资、薪金所得;
(二) 个体工商户的生产、经营所得;
(三) 对企事业单位的承包经营、承租经营所得;
(四) 劳务报酬所得;
(五) 稿酬所得;
(六) 特许权使用费所得;
(七) 利息、股息、红利所得;
(八) 财产租赁所得;
(九) 财产转让所得;
(十) 偶然所得;
(十一) 经国务院财政部门确定征税的其他所得。
第三条第二项 个体工商户的生产、经营所得和对企事业单位的承包经营、承租经营所得,适用 5% 至 35% 的超额累进税率。
第六条第一款第二项 个体工商户的生产、经营所得,以每一纳税年度

> 的收入总额,减除成本、费用以及损失后的余额,为应纳税所得额。
>
> 3.《个人所得税法实施条例》第八条第二项　个体工商户的生产、经营所得,是指:
>
> (1) 个体工商户从事工业、手工业、建筑业、交通运输业、商业、饮食业、服务业、修理业以及其他行业生产、经营取得的所得;
>
> (2) 个人经政府有关部门批准,取得执照,从事办学、医疗、咨询以及其他有偿服务活动取得的所得;
>
> (3) 其他个人从事个体工商业生产、经营取得的所得;
>
> (4) 上述个体工商户和个人取得的与生产、经营有关的各项应纳税所得。
>
> 第十七条　税法第六条第一款第二项所说的成本、费用,是指纳税义务人从事生产、经营所发生的各项直接支出和分配计入成本的间接费用以及销售费用、管理费用、财务费用;所说的损失,是指纳税义务人在生产、经营过程中发生的各项营业外支出。
>
> 从事生产、经营的纳税义务人未提供完整、准确的纳税资料,不能正确计算应纳税所得额的,由主管税务机关核定其应纳税所得额。

案例9　出租车司机缴纳个人所得税案

案情

根据中共中央、国务院、中央军委颁布的《军队转业干部安置暂行办法》,国家对军队转业干部改变了以往单一的指令性计划分配的传统安置模式,实行计划分配和自主择业相结合的方式进行安置。胡某于2010年转业到地方,用转业费购买了一辆桑塔纳2000挂靠某出租汽车经营单位从事个体出租车运营,并每月向该挂靠单位缴纳管理费600元。同时,听朋友的建议,胡某还持有军级部队颁发的转业证件向主管税务机关申请了免税手续。

由于不用缴税,胡某一直收入可观。但是,2014年某月胡某突然收到缴税的通知单,胡某非常不解,于是,去税务机关询问。如果你是该税务机关的职员,就胡某纳税一案,你将作何解释:要不要缴税,适用什么税目缴税,可不可以核定征收?

法律问题及要求

（1）转业军人在何种条件下享有何种税收优惠？
（2）出租车司机如何缴纳个人所得税？

解题思路

转业军人享有一定的税收优惠政策，但是有时间限制，本案中胡某已经过了享受税收优惠的年限，应该适用个体工商户的生产、经营所得项目缴税。但需要注意的是，驾驶员取得的出租车收入必须根据不同情况区别对待。

相关法律链接

1. 国务院军队转业干部安置工作小组等13个部门《关于自主择业的军队转业干部安置管理若干问题的意见的通知》（国转联[2001]8号）第六条关于对从事个体经营或者创办企业的自主择业的军队转业干部优惠政策问题：自主择业的军队转业干部申请从事个体经营或者创办企业，符合条件的，凭有关转业证件，工商行政管理部门应当优先办理。从事个体经营的，经主管税务机关批准，自领取税务登记证之日起，3年内免征营业税和个人所得税。对为安置自主择业的军队转业干部就业而新开办的企业，凡安置自主择业的军队转业干部占企业总人数60%（含60%）以上的，经主管税务机关批准，自领取税务登记证之日起，3年内免征营业税和企业所得税。自主择业的军队转业干部须持有师以上部队发给的转业证件，税务机关对此进行相应的审核认定。

2. 《机动出租车驾驶员个人所得税征收管理暂行办法》第六条 出租车驾驶员从事出租车运营取得的收入，适用的个人所得税项目为：

（一）出租汽车经营单位对出租车驾驶员采取单车承包或承租方式运营，出租车驾驶员从事客货运营取得的收入，按工资、薪金所得项目征税。

（二）从事个体出租车运营的出租车驾驶员取得的收入，按个体工商户的生产、经营所得项目缴纳个人所得税。

（三）出租车属个人所有，但挂靠出租汽车经营单位或企事业单位，驾驶员向挂靠单位缴纳管理费的，或出租汽车经营单位将出租车所有权转移给驾驶员的，出租车驾驶员从事客货运营取得的收入，比照个体工商户的生产、经营所得项目征税。

第七条 县级以下(含县级)税务机关可以根据出租车的不同经营方式、不同车型、收费标准、交纳的承包承租费等情况,核定出租车驾驶员的营业额并确定征收率和征收额,按月征收出租车驾驶员应纳的个人所得税。

案例10 祝某的演出收入应如何纳税

案情

演员祝某于2014年在国内进行巡回演出。6月1日在广州演出一场,取得劳务报酬5000元;8月9日在郑州演出一场,取得劳务报酬3000元;9月20日在长沙演出两场,取得劳务报酬80000元;9月26日又在中央音乐学院举办一次讲座,取得劳务报酬6000元。

法律问题及要求

请问:演员祝某应如何缴纳个人所得税?

解题思路

祝某在广州、郑州、长沙、北京四地取得的劳务报酬所得应分别计税,应由支付单位代扣、代缴税款。

(1) 广州:应纳税所得额 = 5000 × (1 − 20%) = 4000(元)

应纳税额 = 4000 × 20% = 800(元)

(2) 郑州:应纳税所得额 = 3000 − 800 = 2200(元)

应纳税额 = 2200 × 20% = 440(元)

(3) 长沙:应纳税所得额 = 80000 × (1 − 20%) = 64000(元)

应纳税额 = 20000 × 20% + (50000 − 20000) × 20% × (1 + 50%)

+ (64000 − 50000) × 20% × (1 + 100%)

= 18600(元)

(4) 北京:应纳税所得额 = 6000 × (1 − 20%) = 4800(元)

应纳税额 = 4800 × 20% = 960(元)

相关法律链接

1. 《个人所得税法》第三条第四项　劳务报酬所得,适用比例税率,税率为20%。对劳务报酬所得一次收入畸高的,可以实行加成征收,具体办法由国务院规定。

第六条第一款第四项　劳务报酬所得、稿酬所得、特许权使用费所得、财产租赁所得,每次收入不超过4000元的,减除费用800元;4000元以上的,减除20%的费用,其余额为应纳税所得额。

2. 《个人所得税法实施条例》第八条第四项　劳务报酬所得,是指个人从事设计、装潢、安装、制图、化验、测试、医疗、法律、会计、咨询、讲学、新闻、广播、翻译、审稿、书画、雕刻、影视、录音、录像、演出、表演、广告、展览、技术服务、介绍服务、经纪服务、代办服务以及其他劳务取得的所得。

第十一条　税法第三条第四项所说的劳务报酬所得一次收入畸高,是指个人一次取得劳务报酬,其应纳税所得额超过20000元。

对前款应纳税所得额超过20000元至50000元的部分,依照税法规定计算应纳税额后再按照应纳税额加征五成;超过50000元的部分,加征十成。

第二十一条第一项　劳务报酬所得,属于一次性收入的,以取得该项收入为一次;属于同一项目连续性收入的,以一个月内取得的收入为一次。

3. 国家税务总局《关于印发〈征收个人所得税若干问题的规定〉的通知》(国税发[1994]89号)第九点　关于个人取得不同项目劳务报酬所得的征税问题　条例第二十一条第一款第一项中所述的"同一项目",是指劳务报酬所得列举具体劳务项目中的某一单项,个人兼有不同的劳务报酬所得,应当分别减除费用,计算缴纳个人所得税。

4. 国家税务总局《关于个人所得税偷税案件查处中有关问题的补充通知》(国税函发[1996]602号)第四点　关于劳务报酬所得"次"的规定。个人所得税法实施条例第二十一条规定"属于同一项目连续性收入的,以一个月内取得的收入为一次",考虑属地管辖与时间划定有交叉的特殊情况,统一规定以县(含县级市、区)为一地,其管辖内的一个月内的劳务服务为一次;当月跨县地域的,则应分别计算。

案例 11　作家与导演应如何纳税

案情

某作家 A 于 2012 年 8 月完成小说《江水×》后,与 C 市晚报签订连载协议,将小说在晚报上连载 6 个月,每月从报社取得稿酬 3000 元,共 18000 元。2013 年 6 月,青草地出版社将该小说出版,一次性支付 A 稿酬 60000 元。2013 年 9 月,该小说获得国家文化部颁发的文艺作品奖,获奖金 20000 元。2013 年 12 月红梅电影制片厂买断小说《江水×》的使用权,并邀请 A 将小说改编为同名电视剧本,共支付给 A 报酬 80000 元。2014 年 5 月,红梅电影制片厂持改编好的剧本聘请江山电影制片厂导演 B 为其拍摄同名电视剧一部,B 为此取得报酬 100000 元。2014 年 7 月,青草地出版社应读者之需,将该小说加印。

2014 年 8 月,A 不幸因心脏病去世。2014 年 9 月,青草地出版社将加印小说的稿酬 20000 元交给了 A 之妻。

法律问题及要求

请问:A 与 B 应如何缴纳个人所得税?

解题思路

(1) A 应纳的个人所得税。

① A 因作品连载获得的稿酬 18000 元应作为一次所得计征所得税。

实际应纳税额为 $=18000 \times (1-20\%) \times 20\% \times (1-30\%) = 2016$(元)。

② 作品出版所获得的稿酬实际应纳税额 $=60000 \times (1-20\%) \times 20\% \times (1-30\%) = 6720$(元)。

后来小说加印获得的稿酬应与出版时支付的稿酬合并为一次纳税,但由于稿酬分两次获得,所以加印所获稿酬应补缴税款。应补缴个人所得税 $=(60000+20000) \times (1-20\%) \times 20\% \times (1-30\%) - 6720 = 2240$(元)。

根据《征收个人所得税若干问题的规定》,对取得其遗作稿酬的个人,按稿酬所得征收个人所得税。所以 A 虽然去世,但其妻仍应缴纳因加印而补缴的所得税。

③ A 因小说被买断使用权和改编剧本获得的报酬按"特许权使用费所得"项目缴纳个人所得税。应纳税额 $=80000 \times (1-20\%) \times 20\% = 12800$(元)。

④A获得国家文化部颁发的文艺作品奖的奖金20000元可以免征个人所得税。

(2) B应纳的个人所得税。

B取得的100000元收入应按"劳务报酬所得"项目计征个人所得税,并应适用加成征收的规定。

应纳税所得额=100000×(1-20%)=80000(元)

应纳税额=20000×20%+(50000-20000)×20%×(1+50%)+(80000-50000)×20%×(1+100%)=25000(元)

对于该项所得,也可以使用速算扣除数法计算应纳税额。

应纳税额=80000×40%-7000=25000(元)

相关法律链接

1.《个人所得税法》第三条第三项 稿酬所得,适用比例税率,税率为20%,并按应纳税额减征30%。

第四条 下列各项个人所得,免纳个人所得税:

(一)省级人民政府、国务院部委和中国人民解放军军以上单位,以及外国组织、国际组织颁发的科学、教育、技术、文化、卫生、体育、环境保护等方面的奖金;

……

第六条第一款第四项 劳务报酬所得、稿酬所得、特许权使用费所得、财产租赁所得,每次收入不超过4000元的,减除费用800元;4000元以上的,减除20%的费用,其余额为应纳税所得额。

2.《个人所得税法实施条例》第八条第五项 稿酬所得,是指个人因其作品以图书、报刊形式出版、发表而取得的所得。

3. 国家税务总局《关于印发〈征收个人所得税若干问题的规定〉的通知》(国税发[1994]89号)第四点 关于稿酬所得的征税问题

(一)个人每次以图书、报刊方式出版、发表同一作品(文字作品、书画作品、摄影作品以及其他作品),不论出版单位是预付还是分笔支付稿酬,或者加印该作品后再付稿酬,均应合并其稿酬所得按一次计征个人所得税。在两处或两处以上出版、发表或再版同一作品而取得稿酬所得,则可分别各处取得的所得或再版所得按分次所得计征个人所得税。

（二）个人的同一作品在报刊上连载,应合并其因连载而取得的所有稿酬所得为一次,按税法规定计征个人所得税。在其连载之后又出书取得稿酬所得,或先出书后连载取得稿酬所得,应视同再版稿酬分次计征个人所得税。

（三）作者去世后,对取得其遗作稿酬的个人,按稿酬所得征收个人所得税。

4. 国家税务总局《关于影视演职人员个人所得税问题的批复》(国税函[1997]385号)第一点　根据《中华人民共和国个人所得税法》(以下简称税法)的规定,凡与单位存在工资、人事方面关系的人员,其为本单位工作所取得的报酬,属于"工资、薪金所得"应税项目征税范围;而其因某一特定事项临时为外单位工作所取得报酬,不属于税法中所说的"受雇",应是"劳务报酬所得"应税项目征税范围。因此,对电影制片厂导演、演职人员参加本单位的影视拍摄所取得的报酬,应按"工资、薪金所得"应税项目计征个人所得税。对电影制片厂为了拍摄影视片而临时聘请非本厂导演、演职人员,其所取得的报酬,应按"劳务报酬所得"应税项目计征个人所得税。

案例12　因专利被侵权所获赔款也应纳税

案情

甲与A电子设备厂签订了一份专利实施许可合同,独家许可A厂生产并销售甲拥有专利权的"多功能控制仪"。A厂生产该产品并投入市场销售,很快便受到消费者的认可。不久,甲发现市场上出现了一种自动控制器,外观和内部结构与自己的专利产品"多功能控制仪"十分相似,功能也相仿,只是该自动控制器工艺粗糙,质量低劣,制造厂家为B电子设备公司。于是甲向有管辖权的法院提起诉讼,要求B公司承担侵犯本人专利权的责任。后经法院判决,由B公司承担侵权责任,赔偿甲经济损失20万元。

法律问题及要求

请问:甲获得20万元的损失赔偿额后,是否应缴纳个人所得税?

解题思路

甲应该按"特许权使用费所得"应税项目缴纳个人所得税,税款由支付赔款的单位B公司代扣代缴。

甲应纳税额=200000×(1-20%)×20%=32000(元)

 相关法律链接

1.《个人所得税法》第三条第五项 特许权使用费所得,利息、股息、红利所得,财产租赁所得,财产转让所得,偶然所得和其他所得,适用比例税率,税率为20%。

第六条第一款第四项 劳务报酬所得、稿酬所得、特许权使用费所得、财产租赁所得,每次收入不超过4000元的,减除费用800元;4000元以上的,减除20%的费用,其余额为应纳税所得额。

2.《个人所得税法实施条例》第八条第六项 特许权使用费所得,是指个人提供专利权、商标权、著作权、非专利技术以及其他特许权的使用权取得的所得;提供著作权的使用权取得的所得,不包括稿酬所得。

3. 国家税务总局《关于个人取得专利赔偿所得征收个人所得税问题的批复》(国税函[2000]257号)

安徽省地方税务局:

你局《关于个人取得专利赔偿所得征收个人所得税问题的请示》(皖地税[2000]37号)收悉,经研究,现批复如下:

你省"三相组合式过压保护器"专利的所有者王某,因其该项专利权被安徽省电气研究所使用而取得的经济赔偿收入,应按照个人所得税法及其实施条例的规定,按"特许权使用费所得"应税项目缴纳个人所得税,税款由支付赔款的安徽省电气研究所代扣代缴。

案例13 派发红股和转增股本所得如何计税

案情

2014年4月初,某上市公司在分红派息公告中称,公司以股票溢价发行收入所形成的资本公积金向全体股东转增股本,每10股转增1.5股,非流通股股东放弃部分转增所得股份,转送给流通股股东作为对价安排,同时还按每10股派发现金0.80元(含税)作为2013年度分配方案。分红派息及股本转增已实施完毕。何某为该上市公司流通股股东,共计购买该上市公司股票30万股。

法律问题及要求

根据公司实施的分配方案,何某应如何缴纳个人所得税?

解题思路

(1) 现金股利应纳税额的计算:

何某共获得现金股利 $300000 \div 10 \times 0.8 = 24000$(元)

应纳个人所得税为: $24000 \times 20\% \times 50\% = 2400$(元)。

(2) 由于以资本公积金转增的股本不纳税,因此何某获得的每10股转增1.5股股本不纳税。

相关法律链接

1. 《个人所得税法》第三条第五项　特许权使用费所得,利息、股息、红利所得,财产租赁所得,财产转让所得,偶然所得和其他所得,适用比例税率,税率为20%。

第六条第一款第六项　利息、股息、红利所得,偶然所得和其他所得,以每次收入额为应纳税所得额。

2. 《个人所得税法实施条例》第八条第七项　利息、股息、红利所得,是指个人拥有债权、股权而取得的利息、股息、红利所得。

3. 国家税务总局《关于印发〈征收个人所得税若干问题的规定〉的通知》(国税发[1994]89号)第十一点　关于派发红股的征税问题。股份制企业在分配股息、红利时,以股票形式向股东个人支付应得的股息、红利(即派发红股),应以派发红股的股票票面金额为收入额,按利息、股息、红利项目计征个人所得税。

4. 国家税务总局《关于股份制企业转增股本和派发红股征免个人所得税的通知》(国税发[1997]198号)第一点　股份制企业用资本公积金转增股本不属于股息、红利性质的分配,对个人取得的转增股本数额,不作为个人所得,不征收个人所得税。

第二点　股份制企业用盈余公积金派发红股属于股息、红利性质的分配,对个人取得的红股数额,应作为个人所得征税。

5. 财政部、国家税务总局《关于股息红利个人所得税有关政策的通知》

(财税[2005]102号)第一点 对个人投资者从上市公司取得的股息红利所得,暂减按50%计入个人应纳税所得额,依照现行税法规定计征个人所得税。

案例14 扣缴义务人未扣缴税款应承担法律责任

案情

珠峰饮料有限公司是一家以生产经营碳酸饮料为主的企业,现有职工267人。2014年3月,税务检查小组采用调取账簿的方法对该公司2013年的纳税情况进行检查,涉及该单位的权益类账和资产类账。经检查发现,该单位2010年7月至12月发放给职工的工资、薪金所得共计1057851元,其中发放的午餐补助和电话费补贴为21687元,未代扣代缴个人所得税。该单位应代扣代缴个人所得税45086.25元,已代扣代缴20515.5元,少代扣代缴24518.75元。

法律问题及要求

(1) 个人所得税的缴纳方法有哪些?
(2) 该单位作为个人所得税的扣缴义务人少扣缴了税款是否应承担法律责任?怎样承担责任?

解题思路

(1) 个人所得税的纳税办法有自行申报纳税和代扣代缴两种。
(2) 税务机关有权要求该单位补缴税款并加收滞纳金。

相关法律链接

1.《个人所得税法》第八条 个人所得税,以所得人为纳税义务人,以支付所得的单位或者个人为扣缴义务人。个人所得超过国务院规定数额的,在两处以上取得工资、薪金所得或者没有扣缴义务人的,以及具有国务院规定的其他情形的,纳税义务人应当按照国家规定办理纳税申报。扣缴义务人应当按照国家规定办理全员全额扣缴申报。

2.《税收征收管理法》第三十二条 纳税人未按照规定期限缴纳税款的,

扣缴义务人未按照规定期限解缴税款的,税务机关除责令限期缴纳外,从滞纳税款之日起,按日加收滞纳税款5‰的滞纳金。

第六十二条　纳税人未按照规定的期限办理纳税申报和报送纳税资料的,或者扣缴义务人未按照规定的期限向税务机关报送代扣代缴、代收代缴税款报告表和有关资料的,由税务机关责令限期改正,可以处2000元以下的罚款;情节严重的,可以处2000元以上1万元以下的罚款。

第六十九条　扣缴义务人应扣未扣、应收而不收税款的,由税务机关向纳税人追缴税款,对扣缴义务人处应扣未扣、应收未收税款50%以上3倍以下的罚款。

案例15　李教授就国内外所得缴税案

案情

李教授是具有中国国籍、户籍的纳税居民,除在国内A大学担任教授讲授《国际税法》外,还在国外B大学担任客座教授。2014年10月,李教授从国内A大学取得工资收入5000元,同时又从国外B大学获得了一定的报酬,折合人民币8500元。当李教授到税务机关进行纳税申报时,由于其不能提供在境内、境外同时任职或者受雇及其工资、薪金标准的有效证明文件用来判定其所得是分别来源于境内和境外,所以税务机关工作人员对其所有所得采取合并征收,因此应纳税额为 $1500 \times 3\% + 3000 \times 10\% + 4500 \times 20\% + (5000 + 8500 - 3500 - 1500 - 3000 - 4500) \times 25\% = 1495$ (元)。

过了几天,李某取得了在国外B大学任职及工资标准的有关证明文件,并且还有该工资已经在国外按照该国的税法规定缴纳1500元的税款的有关凭证,取得该凭证后,李某到税务机关要求其返还在国外已经缴纳的税款1500元。

法律问题及要求

(1) 纳税人在国内国外同时取得工资、薪金所得如何缴税?
(2) 熟悉有关税收抵免的规定。

解题思路

对于纳税人同时有国内、国外收入的,应根据有没有证明文件而区别对待,所以本案中税务机关及李某的要求都是正确的。至于税收抵免,国际上有全额抵免、限额抵免等几种,我国采取的是限额抵免法,所以其扣除额不能超过该所得依据我国税法规定计算出来的应纳税额。

相关法律链接

1.《个人所得税法》第七条　纳税义务人从中国境外取得的所得,准予其在应纳税额中扣除已在境外缴纳的个人所得税税额。但扣除额不得超过该纳税义务人境外所得依照本法规定计算的应纳税额。

2. 国家税务总局《关于征收个人所得税若干问题的规定》(国税发[1994]089号)第十六条　纳税义务人在境内、境外同时取得工资、薪金所得的,应根据条例第五条规定的原则,判断其境内、境外取得的所得是否来源于一国的所得。纳税义务人能够提供在境内、境外同时任职或者受雇及其工资、薪金标准的有效证明文件,可判定其所得是来源于境内和境外所得,应按税法和条例的规定分别减除费用并计算纳税;不能提供上述证明文件的,应视为来源于一国的所得,如其任职或者受雇单位在中国境内,应为来源于中国境内的所得,如其任职或者受雇单位在中国境外,应为来源于中国境外的所得。

第八章 房产税、车船税、契税法

第一节 房产税、车船税、契税法基本问题

财产税是以纳税人所拥有或支配的特定价值的财产为征税对象,以财产的价值或者数量为依据征收的一类税。本章内容包括我国现行税制中的房产税、车船税以及契税。

一、房产税法

房产税是以房产为课税对象,依据房产余值或房产的租金收入向房产的所有人或经营人征收的一种税。

新中国成立后,中央人民政府政务院颁布的《全国税政实施要则》中,把房产税列为全国开征的一个独立税种。1986 年 9 月 15 日,国务院正式发布了《房产税暂行条例》。在房产税改革推进过程中,我国对部分个人住房征收房产税改革于 2011 年 1 月 28 日起在上海和重庆两市开始试点。

(一)纳税主体

房产税以在征收范围内的房屋的产权所有人为纳税人。其中:

(1)产权属于国家所有的,由经营管理单位缴纳;产权属于集体、个人所有的,由集体、个人缴纳。

(2)产权出典的,由承典人缴纳。

(3)产权所有人、承典人不在房产所在地的,由房产代管人或使用人缴纳。

(4)产权未确定及租典纠纷未解决的,由房产代管人或使用人缴纳。

(5)纳税单位和个人无租使用房产管理部门、免税单位及纳税单位的房产,应由使用人代为缴纳房产税。

(二)征税客体

房产税的征税对象是房产。房产是指有屋面和围护结构,能够遮风避雨,可供人们在其中生产、学习、工作、娱乐、居住或贮藏物资的场所。

房产税的征税范围为:城市、县城、建制镇和工矿区,不包括农村。房地产开

发企业建造的商品房,在出售前,不征收房产税;但对出售前房地产开发企业已使用或出租、出借的商品房应按规定征收房产税。

(三) 税率

我国现行房产税采用的是比例税率。由于房产税的计税依据分为从价计征和从租计征两种形式,所以房产税的税率也有两种形式:依照房产余值计算缴纳的,税率为1.2%;依照房产租金收入计算缴纳的,税率为12%。从2001年1月1日起,对个人按市场价格出租的居民住房,用于居住的,可暂减按4%的税率征收房产税。

(四) 应纳税额的计算

房产税的计税依据是房产的计税价值或房产的租金收入。按照房产计税价值计征的,称为从价计征;按照房产租金收入计征的,称为从租计征。

1. 从价计征。对纳税人用于经营的房屋,以房产余值为计税依据。房产余值是指按照房产原值一次减除10%—30%的损耗价值以后的余额。各地扣除比例由当地省、自治区、直辖市人民政府确定。

房产原值是指纳税人按照会计制度规定,在账簿"固定资产"科目中记载的房屋造价(或原价)。对按会计制度规定在账簿中有记载房屋原价的,以房屋原价按规定减除一定比例后作为房产余值计征房产税;对没有记载房屋原价的,由房屋所在地税务机关参考同类房屋的价值核定。

从价计征的计算公式为:

应纳税额 = 计税余值应税房产原值 × (1 - 扣除比例) × 1.2%

2. 从租计征。从租计征以房产的租金收入作为房产税的计税依据。

从租计征的计算公式为:

应纳税额 = 租金收入 × 12%

(五) 税收优惠

1. 国家机关、人民团体、军队自用的房产免征房产税。但上述免税单位的出租房产以及非自身业务使用的生产、营业用房,不属于免税范围。

2. 由国家财政部门拨付事业经费的单位,如学校、医疗卫生单位、托儿所、幼儿园、敬老院、文化、体育、艺术等实行全额或差额预算管理的事业单位所有的,本身业务范围内使用的房产免征房产税。上述单位所属的附属工厂、商店、招待所等不属于单位公务、业务的用房,应照章纳税。

3. 宗教寺庙、公园、名胜古迹自用的房产免征房产税。

4. 个人所有非营业用的房产免征房产税。

5. 对行使国家行政管理职能的中国人民银行总行(含国家外汇管理局)所属分支机构自用的房产,免征房产税。

6. 经财政部批准免税的其他房产。①

二、车船税法

车船税是以车船为征税对象,向拥有车船的单位和个人征收的一种税。

(一) 纳税主体

车船税的纳税人为《车船税法》所附《车船税税目税额表》规定的车辆、船舶的所有人或者管理人。从事机动车第三者责任强制保险业务的保险机构为机动车车船税的扣缴义务人,应当在收取保险费时依法代收车船税,并出具代收税款凭证。

(二) 征税客体

车船税的征税范围分为车辆和船舶两大类,具体是指依法在公安、交通、农业等车船管理部门登记的车船,包括机动车辆、非机动车辆、机动船舶和非机动驳船。

(三) 税率

车船税采用定额税率。自2012年1月1日起,乘用车按排气量分档以每辆为计税单位,客车和摩托车以每辆为计税单位,货车、挂车、专用作业车和轮式专用机械车按自重每吨为计税单位,船舶按净吨位每吨为计税单位,其中游艇以艇身长度每米为计税单位。

(四) 应纳税额的计算

乘用车、商用客车、摩托车的应纳税额 = 辆数 × 适用年税额

商用货车、其他车辆的应纳税额 = 自重吨位数 × 适用年税额

---

① 上海市和重庆市分别于2011年1月28日起对部分个人住房征收房产税。

《上海市开展对部分个人住房征收房产税试点的暂行办法》规定,房产税征收对象为该暂行办法施行之日起上海市居民家庭在上海市新购且属于该居民家庭第二套及以上的住房和非上海市居民家庭在上海市新购的住房。计税价格按交易价格的70%计算缴纳,适用税率暂定为0.6%,免税住房面积为人均60平方米,在新购一套住房后的1年内出售该居民家庭原有唯一住房的,其新购住房已按暂行办法规定计算征收的房产税可予退还。

《重庆市关于开展对部分个人住房征收房产税改革试点的暂行办法》规定其试点地区为主城九区,首批纳入征收对象的住房为:个人拥有的独栋别墅、个人新购的高档住房和在重庆市同时无户籍、无企业、无工作的个人新购的第二套房(不论高档房或低档房)。独栋商品住宅和高档住房建筑面积交易单价在上两年主城九区新建商品住房成交建筑面积均价3倍以下的住房,税率为0.5%;3倍(含3倍)至4倍的,税率为1%;4倍(含4倍)以上的税率为1.2%。在重庆市同时无户籍、无企业、无工作的个人新购第二套(含第二套)以上的普通住房,税率为0.5%。

船舶的应纳税额＝净吨位数×适用年税额

（五）税收优惠

1. 下列车船免征车船税：

（1）捕捞、养殖渔船；

（2）军队、武装警察部队专用的车船；

（3）警用车船；

（4）依照法律规定应当予以免税的外国驻华使领馆、国际组织驻华代表机构及其有关人员的车船。

2. 对节约能源、使用新能源的车船可以减征或者免征车船税；对受严重自然灾害影响纳税困难以及有其他特殊原因确需减税、免税的，可以减征或者免征车船税。具体办法由国务院规定，并报全国人民代表大会常务委员会备案。

3. 省、自治区、直辖市人民政府根据当地实际情况，可以对公共交通车船，农村居民拥有并主要在农村地区使用的摩托车、三轮汽车和低速载货汽车定期减征或者免征车船税。

三、契税法

契税是指在土地使用权、房屋所有权的权属转移过程中，向取得土地使用权、房屋所有权的单位和个人征收的一种税。

（一）纳税主体

契税的纳税人是指境内转移土地、房屋权属承受的单位和个人。境内是指中华人民共和国实行实际税收行政管辖范围内；土地、房屋权属是指土地使用权和房屋所有权；单位是指企业单位、事业单位、国家机关、军事单位和社会团体以及其他组织；个人是指个体工商户及其他个人，包括中国公民和外籍人员。

（二）征税客体

契税的征税对象是境内发生使用权转移的土地、发生所有权转移的房屋。具体包括：国有土地使用权出让、土地使用权的转让、房屋买卖、房屋赠与和房屋交换。

（三）税率

契税实行3％—5％的幅度比例税率。具体适用税率由省、自治区、直辖市人民政府在3％—5％的幅度内根据各地实际情况确定，并报财政部和国家税务总局备案。

（四）计税依据及应纳税额的计算

1. 计税依据：

（1）国有土地使用权出让、土地使用权出售、房屋买卖，为成交价格；

(2) 土地使用权赠与、房屋赠与,由征收机关参照土地使用权出售、房屋买卖的市场价格核定。

(3) 土地使用权交换、房屋交换,为所交换的土地使用权、房屋的价格的差额。

前述成交价格明显低于市场价格并且无正当理由的,或者所交换土地使用权、房屋的价格的差额明显不合理并且无正当理由的,由征收机关参照市场价格核定。

2. 应纳税额的计算

契税采用比例税率,其基本计算公式为:

应纳税额 = 计税依据 × 税率

(五) 税收优惠

根据《契税暂行条例》规定,有下列情形之一的减征或者免征契税:

1. 国家机关、事业单位、社会团体、军事单位承受土地、房屋用于办公、教学、医疗、科研和军事设施的,免征;

2. 城镇职工按规定第一次购买公有住房的,免征;

3. 因不可抗力灭失住房而重新购买住房的,酌情准予减征或者免征;

4. 土地、房屋被县级以上人民政府征用、占用后,重新承受土地、房屋权属的,由省级人民政府确定是否减免;

5. 承受荒山、荒沟、荒滩土地使用权,并用于农、林、牧、渔业生产的,免征契税;

6. 经外交部确认,依照我国有关法律规定以及我国缔结或参加的双边条约或协定,应当予以免税的外国驻华使馆、领事馆、联合国驻华机构及其外交代表、领事官员和其他外交人员承受土地、房屋权属。

以上经批准减免税的纳税人改变有关土地、房屋的用途,不在减免税之列,应当补缴已经减免的税款。

第二节 房产税、车船税、契税法律实务

案例1 某医院缴纳房产税争议案

案情

北京市某医院是由财政部差额拨款的事业单位,该医院为了给患者提供更

好的医疗服务,经医院领导集体研究决定新建一座大楼以提供更多的病房。经有关部门批准后,该医院开始着手筹资建楼,经过半年多的建设,大楼竣工并投入使用。由于楼房中有部分房屋闲置,于是医院负责人将空闲的房间出租并于当年取得租金收入25万元。年底时医院准备将租金收入作为奖金发放给职工,被税务部门知晓并上门征收房产税。

该院领导表示不解,认为医院属于公益性的事业单位,根据《房产税暂行条例》第五条之规定,由国家财政部门拨付事业经费的单位自用的房产是免纳房产税的,所以租金收入应该免税。但税务机关认为:只有全额拨款的事业单位才应该免税,由于该医院属于差额拨款,所以不应该免税。该医院不服,去询问某税务律师。

法律问题及要求

假如你是税务律师,你将作何解释?

答案要点

本案中,税务机关与医院的说法都不够准确。该医院建房以供病人住院是不交房产税的,但如果用来出租,那就需要缴税了,税率为12%。

相关法律链接

1.《房产税暂行条例》第三条　房产税依照房产原值一次减除10%至30%后的余值计算缴纳。具体减除幅度,由省、自治区、直辖市人民政府规定。

没有房产原值作为依据的,由房产所在地税务机关参考同类房产核定。

房产出租的,以房产租金收入为房产税的计税依据。

第四条　房产税的税率,依照房产余值计算缴纳的,税率为1.2%;依照房产租金收入计算缴纳的,税率为12%。

第五条　下列房屋免纳房产税:一、国家机关、人民团体、军队自用的房产;二、由国家财政部门拨付事业经费的单位自用的房产;三、宗教寺庙、公园、名胜古迹自用的房产;四、个人所有非营业用的房产;五、经财政部批准免税的其他房产。

2. 财政部、国家税务总局《关于房产税若干具体问题的解释和暂行规定》

(财税地字[1986]第 008 号)第四条 关于"由国家财政部门拨付事业经费的单位",是否包括由国家财政部门拨付事业经费,实行差额预算管理的事业单位?

实行差额预算管理的事业单位,虽然有一定的收入,但收入不够本身经费开支的部分,还要由国家财政部门拨付经费补助。因此,对实行差额预算管理的事业单位,也属于是由国家财政部门拨付事业经费的单位,对其本身自用的房产免征房产税。

第六条 关于免税单位自用房产的解释:

国家机关、人民团体、军队自用的房产,是指这些单位本身的办公用房和公务用房。

事业单位自用的房产,是指这些单位本身的业务用房。

宗教寺庙自用的房产,是指举行宗教仪式等的房屋和宗教人员使用的生活用房屋。

公园、名胜古迹自用的房产,是指供公共参观游览的房屋及其管理单位的办公用房屋。

上述免税单位出租的房产以及非本身业务用的生产、营业用房产不属于免税范围,应征收房产税。

案例 2 某企业就多处房产缴纳房产税案

案情

某企业是河南省郑州市市区零售行业的一匹黑马,乘着改革开放的春风迅速发展。2014 年,随着销售额的增加,该公司着手在异地建立零售网点,经企业高层领导集体研究决定把首个网点设在郑州市某农村,并且决定各网点的销售大楼由自己建造同时还在某建制镇所辖的行政村建立了储存存货的仓库。此外,为了给职工看病提供方便,该企业还在企业内部建立了职工医院。

楼房建成之后,税务机关根据《关于房产税若干具体问题的解释和暂行规定》第十九条关于新建的房屋如何征税中关于"纳税人自建的房屋,自建成之次月起征收房产税"之规定,要求该企业就该"销售大楼"、"仓库"、"职工医院"三处房产缴纳房产税。

法律问题及要求

这些房产是不是都要缴纳房产税?

答案要点

该企业三处房产都不属于房产税的征税范围,不用缴纳房产税。

相关法律链接

1.《房产税暂行条例》第一条　房产税在城市、县城、建制镇和工矿区征收。

2.财政部、国家税务总局《关于房产税若干具体问题的解释和暂行规定》(财税地字[1986]第008号)第一条　关于城市、县城、建制镇、工矿区的解释

城市是指经国务院批准设立的市。

县城是指未设立建制镇的县人民政府所在地。

建制镇是指经省、自治区、直辖市人民政府批准设立的建制镇。

工矿区是指工商业比较发达,人口比较集中,符合国务院规定的建制镇标准,但尚未设立镇建制的大中型工矿企业所在地。开征房产税的工矿区须经省、自治区、直辖市人民政府批准。

第二条　关于城市、建制镇征税范围的解释

城市的征税范围为市区、郊区和市辖县县城。不包括农村。

建制镇的征税范围为镇人民政府所在地。不包括所辖的行政村。

第九条　关于在开征地区范围之外的工厂、仓库,可否征收房产税?

根据房产税暂行条例的规定,不在开征地区范围之内的工厂、仓库,不应征收房产税。

第十条　关于企业办的各类学校、医院、托儿所、幼儿园自用的房产,可否免征房产税?

企业办的各类学校、医院、托儿所、幼儿园自用的房产,可以比照由国家财政部门拨付事业经费的单位自用的房产,免征房产税。

案例3 某华侨出租房屋缴纳房产税

案情

王某是美籍华侨,2007年4月移民美国并取得了美国国籍,但是王某在我国内地留有房产一处,一直由其表兄代管。2012年,王某给其表兄打电话,要他把房屋租出去。王某表兄按其指示,以2000元每月的租金出租,并把租金寄给远在美国的王某。2014年3月的时候,王某房屋所在地突降暴风雨,使其房屋受到了不同程度的损坏。王某表兄把此事告知王某并取得王某同意后,决定该房屋损坏的部分由承租人负责修补,其修理费抵租金。承租人为了修理该房屋破损处,共花费了2000元,恰好抵减当月租金。

税务机关在年度审查的时候,发现2014年3月王某的表兄没有就该月租金缴纳房产税。王某表兄申辩说:由于当月租金已经抵扣了修理费,没有任何收入入账,所以交纳房产税是没有理由的。

法律问题及要求

本案中该房屋租金应该如何缴税,被修理费抵扣的租金又如何处理?

答案要点

王某的房屋出租所得租金应该交纳税款,由王某之兄代其交纳。

相关法律链接

1. 财政部、国家税务总局《关于对外籍人员、华侨、港、澳、台同胞拥有的房产如何征收房产税问题的批复》[(1987)财税外字第230号]第二条 在我国境内拥有房产的外籍人员和在内地拥有房产的华侨、香港、澳门、台湾同胞,如果不在我国境内或内地居住,可由其代管人或使用人代为报缴房产税;如果其房产所有权已转让给国内亲友或有关企、事业单位,则应按《房产税暂行条例》的规定缴纳房产税。

2. 财政部、国家税务总局《关于房产税若干具体问题的解释和暂行规定》(财税地字[1986]第008号)第十二条 关于个人所有的房产用于出租的,应否征收房产税?

个人出租的房产,不分用途,均应征收房产税。

第十三条 关于个人所有的居住房屋,可否由当地核定面积标准,就超过面积标准的部分征收房产税?

根据房产税暂行条例规定,个人所有的非营业用的房产免征房产税。因此,对个人所有的居住用房,不分面积多少,均免征房产税。

第十四条 关于个人所有的出租房屋,是按房产余值计算缴纳房产税还是按房产租金收入计算缴纳房产税?

根据房产税暂行条例规定,房产出租的,以房产租金收入为房产税的计税依据。因此,个人出租房屋,应按房屋租金收入征税。

第二十三条 关于房产出租,由承租人修理,不支付房租,应否征收房产税?

承租人使用房产,以支付修理费抵交房产租金,仍应由房产的产权所有人依照规定交纳房产税。

案例4 大修理房屋和临时性房屋如何缴纳房产税

案情

2013年10月,某企业有一处厂房由于长期没有得到维护,已经成为危险房屋,所以不得不停止使用并进行大修。为了修理该厂房,该企业在该厂房旁建了三个临时的工棚,以供修复之用。经过一段时间的抢修,厂房于2014年2月修复并投入使用。房屋修复之后,该企业把临时工棚改做职工的临时休息室。

此后不久,在税务机关对该企业进行税务审查的时候就该房屋大修期间是否需要缴纳房产税以及该工棚是否需要缴纳房产税等问题发生争议。

法律问题及要求

请依据税法的有关规定,对本案进行分析:
(1)房屋大修期间如何缴纳房产税?
(2)基建工地的临时性房屋如何缴税?

解题思路

(1)房屋大修期间可以免税,而且不必经税务机关审核。只是纳税人房屋大修停用半年以上需要免征房产税的,应在房屋大修前向主管税务机关报送相关的证明材料。

（2）该企业为维修厂房而搭建的临时工棚,在施工期间,免征房产税。在大修之后把该工棚作为职工休息室,应该从接收的次月起,依照税法规定缴纳房产税。

相关法律链接

1. 财政部、国家税务总局《关于房产税若干具体问题的解释和暂行规定》(财税地字〔1986〕第008号)第二十一条　关于基建工地的临时性房屋,应否征收房产税?

凡是在基建工地为基建工地服务的各种工棚、材料棚、休息棚和办公室、食堂、茶炉房、汽车房等临时性房屋,不论是施工企业自行建造还是由基建单位出资建造交施工企业使用的,在施工期间,一律免征房产税。但是,如果在基建工程结束以后,施工企业将这种临时性房屋交还或者估价转让给基建单位的,应当从基建单位接收的次月起,依照规定征收房产税。

第二十四条　关于房屋大修停用期间,可否免征房产税?

房屋大修停用在半年以上的,经纳税人申请,税务机关审核,在大修期间可免征房产税。

2. 国家税务总局《关于房产税部分行政审批项目取消后加强后续管理工作的通知》(国税函〔2004〕839号)　对《财政部国家税务总局关于房产税若干具体问题的解释和暂行规定》(〔86〕财税地字第008号)第二十四条关于"房屋大修停用在半年以上的,经纳税人申请,税务机关审核,在大修期间可免征房产税"的规定作了适当修改,取消经税务机关审核的内容。纳税人因房屋大修导致连续停用半年以上的,在房屋大修期间免征房产税,免征税额由纳税人在申报缴纳房产税时自行计算扣除,并在申报表附表或备注栏中作相应说明。

3. 财政部、国家税务总局《关于调整房产税有关减免税政策的通知》(财税〔2004〕140号)　各省、自治区、直辖市、计划单列市财政厅(局)、地方税务局,新疆生产建设兵团财务局:为了规范税收政策,进一步加强房产税的征收管理,经研究决定,对《财政部税务总局关于房产税若干具体问题的解释和暂行规定》(〔86〕财税地字第008号)的部分内容作适当修改,即:废止第十八条关于对微利企业和亏损企业的房产"可由地方根据实际情况在一定期限内暂免征收房产税"和第二十条"企业停产、撤消后,对他们原有的房产闲置不用的,经省、自治区、直辖市税务局批准可暂不征收房产税"的规定。

4. 广东省地方税务局《关于调整房产税 城镇土地使用税有关减免政策的通知》(粤地税发[2009]19号)……各级地税部门在办理困难减免审批时,应当严格把关,认真审核,对纳税人按章纳税确有困难,符合以下六种情形之一的,可酌情给予减税或免税的优惠:

一、纳税人因停产、停业、歇业、办理注销等原因而导致房产、土地闲置,造成纳税确有困难的;

二、受市场因素影响,纳税人难以维系正常生产经营,出现较大亏损的,或支付给职工的平均工资不高于当地统计部门公布的上年在岗职工平均工资,且纳税人当期货币资金在扣除应付职工工资、社会保险费后,不足以缴纳税款的;

三、纳税人因政策性亏损,造成纳税困难的;

四、因不可抗力,如风、火、水、震等严重自然灾害和其他意外社会现象,导致纳税人发生重大损失,正常生产经营活动受到重大影响,造成纳税困难的;

五、符合国家产业政策要求或属于地级以上市人民政府扶持产业的纳税人,纳税确有困难的;

六、其他经省地方税务局批准的纳税确有困难的纳税人。

案例5 如何确认房产原值争议案

案情

某企业由于近几年发展迅速,企业规模不断扩大,员工人数也由原来的120人增加到560人。但是,职工宿舍楼却越来越紧张,为了解决这一问题,单位领导决定,再新建一栋职工宿舍楼。按照规划,该职工宿舍楼采用中央空调,并在职工宿舍楼外建了一个露天的游泳馆,免费对职工开放。

在税务机关对其进行税务检查时发现:该企业对该中央空调单独计价,没有计入"固定资产"科目,因此税务机关对其进行了调整,把该中央空调与室外游泳馆的造价都计入了房产原值以计算该企业所应该缴纳的房产税。但是,该企业表示异议。该企业认为,根据财政部、国家税务总局《关于房产税若干具体问题的解释和暂行规定》,房产原值是指纳税人按照会计制度规定,在账簿"固定资产"科目中记载的房屋原价。所以,没有计入"固定资产"科目的中央空调费用与室外游泳馆的造价都不应该计入"房产原值"。

法律问题及要求

请根据税法的有关规定分析本案。

解题思路

如何确认房产原值对房产税应纳税额的确认有着非常重要的意义。一般情况下,房产原值是以纳税人按照会计制度规定在账簿"固定资产"科目中记载的数额来确认房产原值的。但是,由于有的企业会计制度不太完善或者对税法中所规定的"房产"及"房产原值"等问题搞不清楚,所以有关的机关对此问题作出了进一步的规定。在本案中该室外游泳馆不应计入"房产原值"中,而中央空调无论是否在会计核算中单独计价,都应计入"财产原值"中以计算房产税应纳税额。

相关法律链接

1.《房产税暂行条例》第三条 房产税依照房产原值一次减除10%至30%后的余值计算缴纳。具体减除幅度,由省、自治区、直辖市人民政府规定。

没有房产原值作为依据的,由房产所在地税务机关参考同类房产核定。

房产出租的,以房产租金收入为房产税的计税依据。

2. 财政部、国家税务总局《关于房产税城镇土地使用税有关问题的通知》(财税[2008]第152号)一、关于房产原值如何确定的问题

对依照房产原值计税的房产,不论是否记载在会计账簿固定资产科目中,均应按照房屋原价计算缴纳房产税。房屋原价应根据国家有关会计制度规定进行核算。对纳税人未按国家会计制度规定核算并记载的,应按规定予以调整或重新评估。

财政部、国家税务总局《关于房产税若干具体问题的解释和暂行规定》(财税地字[86]第008号)第十五条同时废止。

3. 财政部、国家税务总局《关于房产税和车船税几个业务问题的解释与

规定》([87]财税地字第003号)第一条 "房产"是以房屋形态表现的财产。房屋是指有屋面和围护结构(有墙或两边有柱),能够遮风避雨,可供人们在其中生产、工作、学习、娱乐、居住或储藏物资的场所。独立于房屋之外的建筑物,如围墙、烟囱、水塔、变电塔、油池油柜、酒窖菜窖、酒精池、糖蜜池、室外游泳池、玻璃暖房、砖瓦石灰窑以及各种油气罐等,不属于房产。

4. 国家税务总局《关于进一步明确房屋附属设备和配套设施计征房产税有关问题的通知》(国税发[2005]173号)第一条 为了维持和增加房屋的使用功能或使房屋满足设计要求,凡以房屋为载体,不可随意移动的附属设备和配套设施,如给排水、采暖、消防、中央空调、电气及智能化楼宇设备等,无论在会计核算中是否单独记账与核算,都应计入房产原值,计征房产税。

第二条 对于更换房屋附属设备和配套设施的,在将其价值计入房产原值时,可扣减原来相应设备和设施的价值;对附属设备和配套设施中易损坏、需要经常更换的零配件,更新后不再计入房产原值。

案例6 上海试点某户缴纳房产税案

案情

上海刘某和王某是邻居,都是三口之家,刘某家原拥有一套150平方米的住房,王某家的住房为80平方米。2013年5月两家各自在同一小区购买了一套90平方米的新住房,房价3.5万元/平方米。2012年上海市新建商品住房平均销售价格为14061元/平方米。

法律问题及要求

试计算刘某和王某家庭年应纳房产税。

解题思路

刘某和王某购房发生在上海房产税改革试点开始后,所以应该适用上海房产税改革的相关规定。

上海市个人房产税应纳税额的计算公式:年应纳房产税税额(元) = 新购住房应征税的面积(建筑面积) × 新购住房单价(或核定的计税价格) × 70% × 税率

刘某家应纳税额=(150+90-60×3)×35000×70%×0.6%=8820(元/年)

王某家购买新房后,家庭全部住房面积为170平方米,人均住房面积没有达到60平方米的免税住房面积,所以王某家不用缴纳房产税。

相关法律链接

《上海市开展对部分个人住房征收房产税试点的暂行办法》第一条试点范围 试点范围为本市行政区域。

第二条征收对象 征收对象是指本暂行办法施行之日起本市居民家庭在本市新购且属于该居民家庭第二套及以上的住房(包括新购的二手存量住房和新建商品住房)和非本市居民家庭在本市新购的住房。

除上述征收对象以外的其他个人住房,按国家制定的有关个人住房房产税规定执行。

新购住房的购房时间,以购房合同网上备案的日期为准。

居民家庭住房套数根据居民家庭(包括夫妻双方及其未成年子女)在本市拥有的住房情况确定。

第三条纳税人 纳税人为应税住房产权所有人。

产权所有人为未成年人的,由其法定监护人代为纳税。

第四条计税依据 计税依据为参照应税住房的房地产市场价格确定的评估值,评估值按规定周期进行重估。试点初期,暂以应税住房的市场交易价格作为计税依据。

房产税暂按应税住房市场交易价格的70%计算缴纳。

第五条适用税率 适用税率暂定为0.6%。

应税住房每平方米市场交易价格低于本市上年度新建商品住房平均销售价格2倍(含2倍)的,税率暂减为0.4%。

上述本市上年度新建商品住房平均销售价格,由市统计局每年公布。

第六条税收减免 (一)本市居民家庭在本市新购且属于该居民家庭第二套及以上住房的,合并计算的家庭全部住房面积(指住房建筑面积)人均不超过60平方米(即免税住房面积,含60平方米)的,其新购的住房暂免征收房产税;人均超过60平方米的,对属新购住房超出部分的面积,按本暂行办法规定计算征收房产税。

合并计算的家庭全部住房面积为居民家庭新购住房面积和其他住房面积的总和。

本市居民家庭中有无住房的成年子女共同居住的,经核定可计入该居民家庭计算免税住房面积;对有其他特殊情形的居民家庭,免税住房面积计算办法另行制定。

案例7 购买某破产企业厂房缴纳契税案

案情

某企业成立于2003年,成立之初,建造了厂房一座用于生产,该厂房属自己筹资建造,共花费成本20万元。9年之后,由于市场环境发生变化,企业接连亏损,2012年4月,该企业由于无力承担已经欠下的债务,经有关部门批准,决定申请破产。经过有关的法定程序,该企业进入破产清算阶段。在破产清算中,清算组决定对该厂房进行拍卖,非债权人某有限责任公司以34万元的价格买下了该厂房。之后,该有限公司对原企业的100位员工进行了安置。公司与其中的80位员工签订了为期1年的临时劳动合同,与另外20位员工签订了为期5年的劳动用工合同。

据此,该公司在税务机关进行税务检查的时候认为该公司已经百分之百地安置了原企业的员工,因此应该免交契税。

法律问题及要求

请依据税法有关规定分析本案,该公司是否需要缴纳契税?

解题思路

本案中,该有限责任公司的说法是不准确的。该有限责任公司实际上只妥善安排了20人,又由于该公司不属于该企业的债权人,不应该享受免税的待遇,因此该有限责任公司应该缴纳契税。

相关法律链接

1. 《契税暂行条例》(国务院令[1997]第224号)第一条　在中华人民共和国境内转移土地、房屋权属,承受的单位和个人为契税的纳税人,应当依本条例的规定缴纳契税。

第二条　本条例所称转移土地、房屋权属是指下列行为:

(一) 国有土地使用权出让;

(二) 土地使用权转让,包同售、赠与和交换;

(三) 房屋买卖;

(四) 房屋赠与;

(五) 房屋交换。

第四条　房屋买卖应该缴纳契税的计税依据为该房屋的成交价格。

2. 财政部、国家税务总局《关于企业事业单位改制重组契税政策的通知》(财税[2012]4号)第六点　企业破产　企业依照有关法律、法规规定实施破产,债权人(包括破产企业职工)承受破产企业抵偿债务的土地、房屋权属,免征契税;对非债权人承受破产企业土地、房屋权属,凡按照《劳动法》等国家有关法律法规政策妥善安置原企业全部职工,与原企业全部职工签订服务年限不少于三年的劳动用工合同的,对其承受所购企业的土地、房屋权属,免征契税;与原企业超过30%的职工签订服务年限不少于三年的劳动用工合同的,减半征收契税。(注:本通知执行期限为2012年1月1日至2014年12月31日)

案例8　某大学合并之后改变房屋用途补缴契税案

案情

北京某大学创建于1994年,创建时以40万元的价格购买了一栋房屋作为教学楼,2013年,该大学经教育部等部门批准与另外一所大学合并成立了一所新的大学,并把该教学楼及学校的其他资产过户给新的大学名下。但是,学校合并之后不久,由于学校规模扩大,一时资金紧张,为了解决资金紧张的困难,学校领导经集体研究决定,把该房屋用于出租,用租金缓解学校资金紧张的状况。后经多方联系,该学校把教学楼以3万元每月的租金租给某企业作办公之用。

2014年,税务机关在税务检查时发现了上述情况,便以学校合并后转移房产权属以及改变教学楼用途为由,要求该学校缴纳契税。

法律问题及要求

请依据税法有关规定,对本案进行分析。
(1) 学校合并之后过户房屋权属要不要缴纳契税?
(2) 该学校合并后出租教学楼取得的收入在税法上应该怎么处理?

解题思路

(1) 学校合并进行有关房产过户时不应该缴纳契税。
(2) 学校改变了房屋的用途,应当补缴已经减征、免征的税款。

相关法律链接

1.《契税暂行条例》第六条 有下列情形之一的,减征或者免征契税:

(一) 国家机关、事业单位、社会团体、军事单位承受土地、房屋用于办公、教学、医疗、科研和军事设施的,免征;

……

第七条 经批准减征、免征契税的纳税人改变有关土地、房屋的用途,不再属于本条例第六条规定的减征、免征契税范围的,应当补缴已经减征、免征的税款。

2.《契税暂行条例实施细则》第十二条第一、二款 条例所称用于办公的,是指办公室(楼)以及其他直接用于办公的土地、房屋。

条例所称用于教学的,是指教室(教学楼)以及其他直接用于教学的土地、房屋。

3. 国家税务总局《事业单位合并中有关契税问题批复》(国税函[2003]1272号)就深圳税务局《关于事业单位改制征收契税问题的请示》(深财农[2003]32号)批复认为 原深圳市人才服务中心和深圳市人才大市场的房地产权属需分别过户至深圳市人才交流服务中心名下,所发生的房地产权属转移属于政府主管部门对国有资产进行的行政性调整和划转。

4. 财政部、国家税务总局《关于企业事业单位改制重组契税政策的通知》(财税[2012]4号)第三点 公司合并两个或两个以上的公司,依据法律规定、合同约定,合并为一个公司,且原投资主体存续的,对其合并后的公司承受原合并各方的土地、房屋权属,免征契税。(注:本通知执行期限为2012年1月1日至2014年12月31日)

案例9 迅驰公司拥有车辆如何缴纳车船税

案情

2014年迅驰公司拥有车辆情况如下:
(1) 载货汽车6辆,净吨位均为5吨。
(2) 45座的大客车2辆,用于接送企业员工上下班。
(3) 5人坐小型乘用车3辆(排气量1.8升),其中1辆通过租赁方式从某国家机关取得,租赁双方规定,车船使用税由出租方缴纳。

法律问题及要求

请根据《车船税法》分析并计算该公司应纳的车船税(该地车船税的年税额为载重汽车按净吨位每吨40元,客车核定载客人数9人以下的,排量1.0升(含)以下的为每辆80元,排量1.0升以上至1.6升(含)的每辆350元,排量1.6升以上至2.0升(含)的每辆400元,客车核定载客人数30人以上的每辆800元)。

解题思路

(1) 载货汽车应纳车船税为 6×5×40=1200(元)
(2) 大客车应纳车船税为 2×800=1600(元)
(3) 小轿车应纳车船税为(3-1)×400=800(元)

相关法律链接

1.《车船税法》第一条 在中华人民共和国境内属于本法所附《车船税税目税额表》规定的车辆、船舶(以下简称车船)的所有人或者管理人,为车船税的纳税人,应当依照本法缴纳车船税。

第二条 车船的适用税额依照本法所附《车船税税目税额表》执行。车辆的具体适用税额由省、自治区、直辖市人民政府依照本法所附《车船税税目税额表》规定的税额幅度和国务院的规定确定。船舶的具体适用税额由国务院在本法所附《车船税税目税额表》规定的税额幅度内确定。

第九章　印花税、车辆购置税法

第一节　印花税、车辆购置税法基本问题

行为税法是指国家制定的调整行为税征收与缴纳权利及义务关系的法律规范。

一、印花税法

印花税,是对经济活动和经济交往中书立、使用、领受具有法律效力的凭证的单位和个人征收的一种税。

（一）纳税主体

印花税的纳税义务人,是在中国境内书立、使用、领受具有法律效力的凭证,并应依法履行纳税义务的单位和个人。根据书立、使用、领受应税凭证的不同,可以分别确定为立合同人、立据人、立账簿人、领受人和使用人。

（二）征税客体

印花税的征税范围包括：

(1) 合同或具有合同性质的凭证；

(2) 产权转移书据；

(3) 营业账簿,包括记载资金的账簿和其他账簿；

(4) 权利、许可证照。

（三）税率

印花税的税率有两种形式,即比例税率和定额税率。各类合同以及具有合同性质的凭证、产权转移书据、营业账簿中记载资金的账簿,适用比例税率。比例税率分为 5 个档次,分别是 $0.05‰$、$0.5‰$、$0.3‰$、$1‰$、$2‰$。对于权利、许可证照和营业簿中的其他账簿,适用定额税率；按件贴花,税额为 5 元。

（四）应纳税额的计算

纳税人的应纳税额,根据应税凭证的性质,分别按比例税率或者定额税率计算,其计算公式为：

应纳税额 = 应税凭证计税金额（或应税凭证件数）× 适用税率

适用比例税率的应税凭证,以凭证所记载的金额为计税依据;对同一凭证因载有两个或两个以上经济事项的而适用不同的税目税率,如果分别记载金额的,应分别计算应纳税额,税额相加后贴花;如果为分别记载金额的,按税率高的计税贴花。

（五）税收优惠

印花税的税收优惠政策主要有：

（1）对已缴纳印花税的凭证的副本或者抄本免税；

（2）对财产所有人将财产赠给政府、社会福利单位、学校所立的书据免税；

（3）对国家指定的收购部门与村民委员会、农民个人书立的农副产品收购合同免税；

（4）对无息、贴息贷款合同免税；

（5）对外国政府或者国际金融组织向我国政府及国家金融机构提供优惠贷款所书立的合同免税；

（6）对房地产管理部门与个人签订的用于生活居住的租赁合同免税；

（7）对农牧业保险合同免税；

（8）对特殊货运凭证免税。

二、车辆购置税法

我国车辆购置税是以在中国境内购置规定的车辆为课税对象、在特定的环节向车辆购置者征收的一种税。购置,是指购买、进口、自产、受赠、获奖或以其他方式取得并自用应税车辆的行为。所称单位,是指国有企业、集体企业、私营企业、股份制企业、外商投资企业、外国企业以及其他企业和事业单位、社会团体、国家机关、部队以及其他单位;所称个人,是指个体工商户以及其他个人。

（一）纳税主体

车辆购置税的纳税义务人是指在中华人民共和国境内购置应税车辆的单位和个人。

（二）征税客体

车辆购置税以列举产品为征税对象。"列举产品"是指《车辆购置税暂行条例》规定的应税车辆,其征收范围包括汽车、摩托车、电车、挂车、农用运输车。

（三）税率

车辆购置税实行统一比例税率,税率为10%。

（四）应纳税额的计算

车辆购置税实行从价定率、价外征收的办法计算应纳税额。应纳税额的计算公式为：

应纳税额＝计税价格×税率

车辆购置税的计税价格根据不同情况，按照下列规定确定：

（1）纳税人购买自用的应税车辆的计税价格，为纳税人购买应税车辆而支付给销售者的全部价款和价外费用，不包括增值税款。

（2）纳税人进口自用的应税车辆的计税价格的计算公式为：

计税价格＝关税完税价格＋关税＋消费税

（3）纳税人自产、受赠、获奖或者以其他方式取得并自用的应税车辆的计税价格，由主管税务机关参照最低计税价格核定。国家税务总局参照应税车辆市场平均交易价格，规定不同类型应税车辆的最低计税价格。

（4）纳税人购买自用或者进口自用应税车辆，申报的计税价格低于同类型应税车辆的最低计税价格，又无正当理由的，按照最低计税价格征收车辆购置税。

（五）税收优惠

下列用车免税：外国驻华使馆、领事馆和国际组织驻华机构及其外交人员自用的车辆；中国人民解放军和中国人民武装警察部队列入军队武器装备订货计划的车辆；设有固定装置的非运输车辆；有国务院规定予以免税或者减税的其他情形的，按照规定免税或者减税。

第二节　印花税、车辆购置税法律实务

案例1　某加工企业缴纳印花税案

案情

甲企业是一个加工企业，从事金银首饰方面的加工业务，乙公司是一个金银首饰的销售商。2014年5月，甲与乙签订了加工承揽合同，合同规定：乙委托甲加工金银首饰一批，其中加工金银首饰的原材料价款10万元，加工费3万元，共计13万元。合同签订后，甲乙双方各执一份，并对各自的合同进行贴花。但不久后，双方又达成补充协议，约定提高该加工首饰的精细程度，同时提高加工费至5万元。后来税务机关进行税务稽查的时候发现，双方没有就增加的加工费进行处理，于是发生争议。

法律问题及要求

本案中的当事人该如何缴税?

答案要点

本案中的加工承揽合同属于应该缴纳印花税税款的凭证,应该交纳印花税,由于双方签订的合同是分别计价的,所以应该分别计税。另外,双方均应就增加的加工费2万元补缴税款,应补缴的税款 = 20000 × 0.05% = 10(元)。

相关法律链接

1.《印花税暂行条例》第一条 在中华人民共和国境内书立、领受本条例所列举凭证的单位和个人,都是印花税的纳税义务人,应当按照本条例规定缴纳印花税。

第二条 下列凭证为应纳税凭证:

(一)购销、加工承揽、建设工程承包、财产租赁、货物运输、仓储保管、借款、财产保险、技术合同或者具有合同性质的凭证;

(二)产权转移书据;

(三)营业账簿;

(四)权利、许可证照;

(五)经财政部确定征税的其他凭证。

第三条 纳税人根据应纳税凭证的性质,分别按比例税率或者按件定额计算应纳税额。具体税率、税额的确定,依照本条例所附《印花税税目税率表》执行。

第八条 同一凭证,由两方或者两方以上当事人签订并各执一份的,应当由各方就所执的一份各自全额贴花。

第九条 已贴花的凭证,修改后所载金额增加的,其增加部分应当补贴印花税票。

2. 国家税务总局《关于印花税若干具体问题的规定》(国税地字[1988]第025号)第一条 对由受托方提供原材料的加工、定作合同,如何贴花?

由受托方提供原材料的加工、定作合同,凡在合同中分别记载加工费金额与原材料金额的,应分别按"加工承揽合同"、"购销合同"计税,两项税额相加数,即为合同应贴印花;合同中不划分加工费金额与原材料金额的,应按全部金额,依照"加工承揽合同"计税贴花。

3.《印花税税目税率表》 加工承揽合同按加工或承揽收入5‰贴花,购销合同按购销金额3‰贴花。

案例2 某企业合并后重用印花税票案

案情

A企业与B企业都是软件公司,各自都设有资金账簿。但是在激烈的市场竞争过程中,B企业每况愈下,于是被A企业合并成C企业。合并之时,A企业资金账簿所记载的金额1000万,B企业资金账簿上记载的金额是30万元,各贴有印花税票。合并之后,C企业经有关部门的批准改制成为股份有限责任公司,同时启用了新的账簿,把原来分属于两个企业的资金合并起来并把原企业的债权变成股权,进行债权改股权后C企业新增加资金20万元。C企业为了少缴印花税税款,对新增加的20万资金,决定采取重用原来已经贴用过的印花税税票的手段,但是被税务机关查出。

法律问题及要求

本案中,该企业新启用的账簿要不要进行新的印花税贴花,债券改股权所新增加的资金又需不需要贴花,重用已经用过的贴花又如何处理?

答案要点

本案中原有资金已经贴花的资金在建立新的账簿的时候不必再缴纳印花税。新增加的20万元资金应该缴纳印花税。根据《印花税税目税率表》的规定,记载资金的账簿属于"营业账簿"税目,应按固定资产原值与自有流动资金总额万分之五贴花,其他账簿按件贴花5元。因此本案中20万元应该按万分之五补贴印花税税票100元。对于重用已经用过的贴花,税务机关可以对该公司处以重用印花税票金额30倍以下的罚款。

相关法律链接

1. 财政部、国家税务总局《关于企业改制过程中有关印花税政策的通知》（财税〔2003〕183号）第一条 关于资金账簿的印花税

（一）实行公司制改造的企业在改制过程中成立的新企业（重新办理法人登记的），其新启用的资金账簿记载的资金或因企业建立资本纽带关系而增加的资金，凡原已贴花的部分可不再贴花，未贴花的部分和以后新增加的资金按规定贴花。

（二）以合并或分立方式成立的新企业，其新启用的资金账簿记载的资金，凡原已贴花的部分可不再贴花，未贴花的部分和以后新增加的资金按规定贴花。

（三）企业债权转股权新增加的资金按规定贴花。

2.《印花税暂行条例》第六条 印花税票应当粘贴在应纳税凭证上，并由纳税人在每枚税票的骑缝处盖戳注销或者画销。已贴用的印花税票不得重用。

第十三条第三项 违反本条例第六条第二款规定的，税务机关可处以重用印花税票金额30倍以下的罚款。伪造印花税票的，由税务机关提请司法机关依法追究刑事责任。

案例3 某企业就多个账簿交纳印花税案

案情

湖南省某企业在湖南及湖北两省设有甲、乙、丙三个分支机构，各分支机构分别设有账簿，具体情况是：该企业自身在机构内部的其他车间分设有明细分类账，并采取分级核算形式；甲分支机构的资金由上级机关核拨；乙分支机构的资金不是由上级单位核拨；丙分支机构未按规定建立印花税应税凭证登记簿。

法律问题及要求

请依据税法的有关规定，针对该企业自身及其三个分支机构的具体情况，分析本案中各主体应该如何缴纳印花税？

答案要点

本案中,由于该企业采取分级核算形式,所以该企业及企业中各车间都应该按照规定缴税。甲分支机构的资金由于由上级单位核拨,所以按核拨的资金账面额交纳印花税;而乙分支机构的资金不是由上级单位核拨的,所以根据《印花税税目税率表》的规定,就其他账簿按件定额贴花5元;丙分支机构未按规定建立印花税应税凭证登记簿,由税务机关核定征收印花税。

相关法律链接

1. 国家税务总局《关于印花税若干具体问题的规定》(国税地字[1988]第025号)第十四条 设置在其他部门、车间的明细分类账,如何贴花?

对采用一级核算形式的,只就财会部门设置的账簿贴花;采用分级核算形式的,除财会部门的账簿应贴花外,财会部门设置在其他部门和车间的明细分类账,亦应按规定贴花。车间、门市部、仓库设置的不属于会计核算范围或虽属会计核算范围,但不记载金额的登记簿、统计簿、台账等,不贴印花。

第十八条 跨地区经营的分支机构,其营业账簿应如何贴花?

跨地区经营的分支机构使用的营业账簿,应由各分支机构在其所在地缴纳印花税。对上级单位核拨资金的分支机构,其记载资金的账簿按核拨的账面资金数额计税贴花,其他账簿按定额贴花;对上级单位不核拨资金的分支机构,只就其他账簿按定额贴花。为避免对同一资金重复计税贴花,上级单位记载资金的账簿,应按扣除拨给下属机构资金数额后的其余部分计税贴花。

2. 国家税务总局《关于进一步加强印花税征收管理有关问题的通知》(国税函[2004]150号)第四条 根据《税收征收管理法》第三十五条规定和印花税的税源特征,为加强印花税征收管理,纳税人有下列情形的,地方税务机关可以核定纳税人印花税计税依据:

(一)未按规定建立印花税应税凭证登记簿,或未如实登记和完整保存应税凭证的;

(二)拒不提供应税凭证或不如实提供应税凭证致使计税依据明显偏低的;

（三）采用按期汇总缴纳办法的,未按地方税务机关规定的期限报送汇总缴纳印花税情况报告,经地方税务机关责令限期报告,逾期仍不报告的或者地方税务机关在检查中发现纳税人有未按规定汇总缴纳印花税情况的。

地方税务机关核定征收印花税,应向纳税人发放核定征收印花税通知书,注明核定征收的计税依据和规定的税款缴纳期限。

地方税务机关核定征收印花税,应根据纳税人的实际生产经营收入,参考纳税人各期印花税纳税情况及同行业合同签订情况,确定科学合理的数额或比例作为纳税人印花税计税依据。

案例 4　中奖小汽车如何缴纳车辆购置税

案情

张某于 2014 年 1 月 10 日因购买福利彩票获得奖品小汽车 1 辆。国家税务局确定同类型车辆的最低计税价格为 20 万元。

法律问题及要求

（1）张某应缴纳多少车辆购置税？
（2）倘若张某缴纳车辆购置税后,决定将该汽车转让给李某,转让价 18 万元。那么,李某是否应缴纳车辆购置附加税？

答案要点

张某应纳车辆购置税 = 200000 × 10% = 20000 元;
对李某不再征收车辆购置税。

相关法律链接

1.《车辆购置税暂行条例》第一条　在中华人民共和国境内购置本条例规定的车辆(以下简称应税车辆)的单位和个人,为车辆购置税的纳税人,应当依照本条例缴纳车辆购置税。

第二条 本条例第一条所称购置,包括购买、进口、自产、受赠、获奖或者以其他方式取得并自用应税车辆的行为。

本条例第一条所称单位,包括国有企业、集体企业、私营企业、股份制企业、外商投资企业、外国企业以及其他企业和事业单位、社会团体、国家机关、部队以及其他单位;所称个人,包括个体工商户以及其他个人。

第四条 车辆购置税实行从价定率的办法计算应纳税额。应纳税额的计算公式为:

应纳税额 = 计税价格 × 税率

第五条 车辆购置税的税率为 10%。

车辆购置税税率的调整,由国务院决定并公布。

第六条 车辆购置税的计税价格根据不同情况,按照下列规定确定:

(一) 纳税人购买自用的应税车辆的计税价格,为纳税人购买应税车辆而支付给销售者的全部价款和价外费用,不包括增值税税款。

(二) 纳税人进口自用的应税车辆的计税价格的计算公式为:

计税价格 = 关税完税价格 + 关税 + 消费税

(三) 纳税人自产、受赠、获奖或者以其他方式取得并自用的应税车辆的计税价格,由主管税务机关参照本条例第七条规定的最低计税价格核定。

案例 5 外交官购入的车辆免征车辆购置税

案情

某外国驻华使馆的外交官于 2014 年 5 月 6 日从某公司购入小轿车 1 辆,发票总金额 15 万元。后因工作需要,此外交官决定于 9 月份回国,在回国前,他将小轿车转让给我国的外交官许某,转让价 10 万元,并办理了各项手续。

法律问题及要求

(1) 该外交官购入小轿车自用是否缴纳车辆购置税?

(2) 许某购入的小轿车是否应缴纳车辆购置税,如何缴纳(假如同类型应税车辆的最低计税价格为 11 万元)?

答案要点

外交官购入的车辆免征车辆购置税。

许某应纳车辆购置税为 110000×10%=11000(元)

 相关法律链接

1.《车辆购置税暂行条例》第四条 车辆购置税实行从价定率的办法计算应纳税额。应纳税额的计算公式为:

应纳税额=计税价格×税率

第五条 车辆购置税的税率为10%。

车辆购置税税率的调整,由国务院决定并公布。

第六条 车辆购置税的计税价格根据不同情况,按照下列规定确定:

(一)纳税人购买自用的应税车辆的计税价格,为纳税人购买应税车辆而支付给销售者的全部价款和价外费用,不包括增值税税款。

(二)纳税人进口自用的应税车辆的计税价格的计算公式为:

计税价格=关税完税价格+关税+消费税

(三)纳税人自产、受赠、获奖或者以其他方式取得并自用的应税车辆的计税价格,由主管税务机关参照本条例第七条规定的最低计税价格核定。

第九条 车辆购置税的免税、减税,按照下列规定执行:

(一)外国驻华使馆、领事馆和国际组织驻华机构及其外交人员自用的车辆,免税;

(二)中国人民解放军和中国人民武装警察部队列入军队武器装备订货计划的车辆,免税;

(三)设有固定装置的非运输车辆,免税;

(四)有国务院规定予以免税或者减税的其他情形的,按照规定免税或者减税。

第十章　资源税、城镇土地使用税、耕地占用税法

第一节　资源税、城镇土地使用税、耕地占用税法基本问题

一、资源税法

资源税是对在我国境内从事应税矿产品开采和生产盐的单位和个人课征的一种税。在历史上,土地曾被广泛地当做资源税的征收范围,这是由于土地是一种比较确定和恒久的资源。当代仍有些国家征收"地税",其征税范围不仅限于土地,还包括渔业、矿产、森林等。

(一)纳税主体

资源税的纳税人为在中国境内开采或生产应税资源产品的单位和个人。

(二)征税客体

资源税的课税对象主要包括矿产品和盐类两类资源。其中,矿产品包括天然气、原油、煤炭、其他非金属矿原矿、黑色金属矿原矿、有色金属矿原矿;盐类包括固体盐和液体盐,具体包括海盐原盐、湖盐原盐、井矿盐等。

(三)税率

资源税采取从价定率或者从量定额的办法计征,分别以应税产品的销售额乘以纳税人具体适用的比例税率或者以应税产品的销售数量乘以纳税人具体适用的定额税率计算。原油销售额的6%—10%;天然气销售额的6%—10%;煤炭销售额的2%—10%;其他非金属矿原矿为0.5—20元/吨、立方米或克拉;黑色金属矿原矿2—30元/吨;有色金属矿原矿0.4—30元/吨;固体盐10—60元/吨;液体盐2—10元/吨。

(四)应纳税额的计算

实行从价定率征收的以销售额作为计税依据。销售额是指为纳税人销售应税产品向购买方收取的全部价款和价外费用,但不包括收取的增值税销项税额。

实行从量定额征收资源税的计税依据为应税产品数量。具体的确定方法是:纳税人开采或者生产应税产品销售的,以实际销售数量为课税数量;开采或生产应税产品自用的,以自用数量为课税数量;纳税人不能准确提供应税产品销

售数量或者自用数量的,以应税产品的产量或者主管税务机关确定的折算比例换算成的数量作为课税数量;纳税人将液体盐加工成固体盐,按固体盐税额征收,以加工的固体盐数量为课税数量。

应纳税额的计算公式。

(1)实行从价定率征收的,根据应税产品的销售额和规定的适用税率计算应纳税额,具体计算公式为:

$$应纳税额 = 销售额 \times 适用税率$$

(2)实行从量定额征收的,资源税以课税的单位数量作为计税依据,即按照应税产品的课税数量和规定的单位税额计算。具体计算公式为:

$$应纳税额 = 课税数量 \times 单位税额$$

(五)税收减免

依照资源税法及相关规定,下列项目可以免征或者减征:

(1)开采原油过程中用于加热、修井等自用的原油,可以免征资源税。

(2)纳税人在开采或者生产应税产品过程中因意外事故或者不可抗力等原因遭受重大损失的,可以由所在省、自治区、直辖市人民政府酌情给予免征或者减征资源税的照顾。

(3)国务院规定的其他减税、免税项目。

二、城镇土地使用税法

城镇土地使用税是国家在城市、县城、建制镇、工矿区范围内,对使用土地的单位和个人,以其实际占用的土地面积为计税依据,按照规定的税额计算征收的一种税。

(一)纳税主体

城镇土地使用税的纳税人是在中华人民共和国境内的城市、县城、建制镇、工矿区范围内使用土地的单位和个人。有关纳税义务人的具体规定如下:

(1)拥有土地使用权的单位和个人是纳税人。

(2)拥有土地使用权的单位和个人不在土地所在地的,其土地的实际使用人和代管人为纳税人。

(3)土地使用权未确定的或权属纠纷未解决的,其实际使用人为纳税人;

(4)土地使用权共有的,共有各方都是纳税人,由共有各方分别纳税。

(二)征税客体

城镇土地使用税的课税对象是税法规定的纳税区域内的土地。根据《土地使用税暂行条例》规定,凡在城市、县城、建制镇、工矿区范围内的土地,都是土地使用税的课税对象。

(三) 税率

城镇土地使用税采用分类分级的幅度定额税率,或称分等级幅度税额。每平方米的年幅度具体分为:大城市 1.5—30 元;中等城市 1.2—24 元;小城市 0.9—18 元;县城、建制镇、工矿区 0.6—12 元。

(四) 应纳税额的计算

城镇土地使用税以纳税人实际占用的土地面积为计税依据。具体规定如下:

(1) 凡有由省、自治区、直辖市人民政府确定的单位组织测定土地面积的,以测定的面积为准;(2) 尚未组织测量,但纳税人持有政府部门核发的土地使用证书的,以证书确认的土地面积为准;(3) 尚未核发出土地使用证书的,应由纳税人申报土地面积,据以纳税,待核发土地使用证以后再作调整。

城镇土地使用税的应纳税额依据纳税人实际占用的土地面积和适用单位税额计算,公式如下:

应纳税额 = 实际占用的土地面积(平方米) × 适用税额

(五) 税收优惠

下列土地免缴土地使用税:

(1) 国家机关、人民团体、军队自用的土地;

(2) 由国家财政部门拨付事业经费的单位自用的土地;

(3) 宗教寺庙、公园、名胜古迹自用的土地;

(4) 市政街道、广场、绿化地带等公共用地;

(5) 直接用于农、林、牧、渔业的生产用地;

(6) 经批准开山填海整治的土地和改造的废弃土地,从使用的月份起免缴土地使用税 5 年至 10 年;

(7) 由财政部另行规定免税的能源、交通、水利设施用地和其他用地。

此外,纳税人缴纳土地使用税确有困难需要定期减免的,由省、自治区、直辖市税务机关审核后,报国家税务局批准。

三、耕地占用税法

耕地占用税是对占用耕地建房或从事其他非农业建设的单位和个人,就其实际占用的耕地面积征收的一种税,它属于对特定土地资源占用课税。

（一）纳税主体

耕地占用税的纳税人是占用耕地建房或从事非农业建设的单位和个人。

（二）征税客体

耕地占用税的征税范围包括国家所有和集体所有的耕地。所谓耕地,是指用于种植农作物的土地。占用鱼塘及其他农用土地建房或从事其他非农业建设,视同占用耕地。在占用之前三年内属于以上范围的耕地或农用土地,也视为耕地。

（三）税率

耕地占用税在税率设计上采用了地区差别定额税率。国务院财政、税务主管部门根据人均耕地面积和经济发展情况确定各省、自治区、直辖市的平均税额。

耕地占用税的税额规定如下：

1. 人均耕地不超过 1 亩的地区(以县级行政区域为单位,下同),每平方米为 10 元至 50 元;

2. 人均耕地超过 1 亩但不超过 2 亩的地区,每平方米为 8 元至 40 元;

3. 人均耕地超过 2 亩但不超过 3 亩的地区,每平方米为 6 元至 30 元;

4. 人均耕地超过 3 亩的地区,每平方米为 5 元至 25 元。

经济特区、经济技术开发区和经济发达、人均耕地特别少的地区,适用税额可以适当提高,但最多不得超过规定税额的 50%。

（四）应纳税额的计算

耕地占用税以纳税占用耕地的面积为计税依据。

耕地占用税的应纳税额的计算公式为：

应纳税额 = 实际占用耕地面积 × 适用定额税率

（五）税收优惠

1. 下列情形免征耕地占用税：

（1）军事设施占用耕地；

（2）学校、幼儿园、养老院、医院占用耕地。

2. 铁路线路、公路线路、飞机场跑道、停机坪、港口、航道占用耕地,减按每平方米 2 元的税额征收耕地占用税。根据实际需要,国务院财政、税务主管部门同国务院有关部门并报国务院批准后,可以对上述规定的情形免征或者减征耕地占用税。

3. 农村居民占用耕地新建住宅,按当地适用税额减半征收耕地占用税。农村烈士家属、残疾军人、鳏寡孤独以及革命老根据地、少数民族聚居区和边远贫困山区生活困难的农村居民,在规定用地标准以内新建住宅缴纳耕地占用税确有困难的,经所在地乡(镇)人民政府审核,报经县级人民政府批准后,可以免征或减征耕地占用税。

第二节 资源税、城镇土地使用税、耕地占用税法律实务

案例1 跨省开采原油如何缴纳资源税

案情

东部某大型石油开发公司分公司2012年在西部某地区进行石油开采工作,8月份销售原油5万吨,销售额5000万元,人造石油2000吨,销售额200万元。销售与原油同时开采的天然气为1万立方米,销售额2000万元。当地原油适用的税率为销售额的8%,天然气适用税率为销售额的6%。企业过了纳税期仍未申报缴纳资源税,当地税务机关审查企业的月报表之后,要求企业按以下金额缴纳资源税:50000000×8% + 2000000×8% + 20000000×6% = 5360000(元)。企业经理提出异议,公司应纳的资源税为跨省开采,其下属的生产单位与核算单位不在同一省,资源税应该由总公司交纳,而不应该由下属公司交纳。另外,公司会计指出了税务机关计算的应纳税金额有误。

法律问题及要求

如果此分公司是独立核算、自负盈亏的单位,那么资源税该由谁来缴纳?税务机关计算的应纳税金额有误吗?

解题思路

本案中,企业经理提出的异议是错误的,企业应该在开采地缴纳资源税。税务机关计算的应纳税金额有误,应缴纳资源税:50000000×8% + 20000000×6% = 5200000(元)。

第十章 资源税、城镇土地使用税、耕地占用税法

 相关法律链接

1. 《资源税暂行条例》第十二条 纳税人应纳的资源税,应当向应税产品的开采或者生产所在地主管税务机关缴纳。纳税人在本省、自治区、直辖市范围内开采或者生产应税产品,其纳税地点需要调整的,由省、自治区、直辖市税务机关决定。

2. 《资源税暂行条例实施细则》第二条 条例所附《资源税税目税率表》中所列部分税目的征税范围限定如下:

(一) 原油,是指开采的天然原油,不包括人造石油。
(二) 天然气,是指专门开采或者与原油同时开采的天然气。
(三) 煤炭,是指原煤,不包括洗煤、选煤及其他煤炭制品。
(四) 其他非金属矿原矿,是指上列产品和井矿盐以外的非金属矿原矿。
(五) 固体盐,是指海盐原盐、湖盐原盐和井矿盐。

液体盐,是指卤水。

案例2 用于加热、修井的原油免征资源税

案情

向阳油田7月份生产原油100万吨,本期对外销售80万吨,企业开采原油过程中用于加热、修井自用原油1000吨,非生产自用原油1万吨。另外,伴采天然气8万立方米,当月销售4万立方米,其余4万立方米全部由油田自用。已知该油田适用的单位税额为每吨8元,天然气适用单位税额每千立方米10元。

法律问题及要求

计算该油田当月应纳资源税额。

解题思路

销售和自用原油应纳资源税 = (800000 + 10000) × 8 = 6480000(元)
销售和自用天然气应纳资源税 = 80000 × 10 ÷ 1000 = 800(元)

当月合计应纳资源税 = 6480000 + 800 = 6480800(元)

相关法律链接

1.《资源税暂行条例》第四条 资源税的应纳税额,按照从价定率或者从量定额的办法,分别以应税产品的销售额乘以纳税人具体适用的比例税率或者以应税产品的销售数量乘以纳税人具体适用的定额税率计算。

第七条 有下列情形之一的,减征或者免征资源税:
(一) 开采原油过程中用于加热、修井的原油,免税。
(二) 纳税人开采或者生产应税产品过程中,因意外事故或者自然灾害等原因遭受重大损失的,由省、自治区、直辖市人民政府酌情决定减税或者免税。
(三) 国务院规定的其他减税、免税项目。

案例3 煤矿开采的煤炭如何缴纳资源税

案情

某煤矿企业2014年11月5日共开采原煤4万吨,销售额为400万元,2014年12月5日开采原煤6万吨,销售额为600万元。

法律问题及要求

此题应纳资源税税额应怎样计算?

解题思路

2014年12月1日以前销售煤矿应按从量定额计算,2014年12月1日以后销售煤矿应按从价定额计算。

第十章 资源税、城镇土地使用税、耕地占用税法

相关法律链接

财政部、国家税务总局《关于实施煤炭资源税改革的通知》(财税〔2014〕72号)

一、关于计征方法

煤炭资源税实行从价定率计征。煤炭应税产品(以下简称应税煤炭)包括原煤和以未税原煤加工的洗选煤(以下简称洗选煤)。应纳税额的计算公式如下:

应纳税额=应税煤炭销售额×适用税率

二、关于应税煤炭销售额

应税煤炭销售额依照《资源税暂行条例实施细则》第五条和本通知的有关规定确定。

(一)纳税人开采原煤直接对外销售的,以原煤销售额作为应税煤炭销售额计算缴纳资源税。

原煤应纳税额=原煤销售额×适用税率

原煤销售额不含从坑口到车站、码头等的运输费用。

(二)纳税人将其开采的原煤,自用于连续生产洗选煤的,在原煤移送使用环节不缴纳资源税;自用于其他方面的,视同销售原煤,依照《资源税暂行条例实施细则》第七条和本通知的有关规定确定销售额,计算缴纳资源税。

(三)纳税人将其开采的原煤加工为洗选煤销售的,以洗选煤销售额乘以折算率作为应税煤炭销售额计算缴纳资源税。

洗选煤应纳税额=洗选煤销售额×折算率×适用税率

洗选煤销售额包括洗选副产品的销售额,不包括洗选煤从洗选煤厂到车站、码头等的运输费用。

折算率可通过洗选煤销售额扣除洗选环节成本、利润计算,也可通过洗选煤市场价格与其所用同类原煤市场价格的差额及综合回收率计算。折算率由省、自治区、直辖市财税部门或其授权地市级财税部门确定。

(四)纳税人将其开采的原煤加工为洗选煤自用的,视同销售洗选煤,依照《资源税暂行条例实施细则》第七条和本通知有关规定确定销售额,计算缴纳资源税。

三、关于适用税率

煤炭资源税税率幅度为 2%—10%,具体适用税率由省级财税部门在上述幅度内,根据本地区清理收费基金、企业承受能力、煤炭资源条件等因素提出建议,报省级人民政府拟定。结合当前煤炭行业实际情况,现行税费负担较高的地区要适当降低负担水平。省级人民政府需将拟定的适用税率在公布前报财政部、国家税务总局审批。

跨省煤田的适用税率由财政部、国家税务总局确定。

案例 4　大新煤矿销售伴采的天然气如何纳税

案情

大新煤矿 2015 年 1 月份对外销售原煤 500 万吨,销售额 500 万,销售伴采的天然气 4000 立方米,销售额 0.4 万,销售煤矿生产的天然气 200 万立方米,销售额 200 万。本月企业自用原煤 200 吨,另使用本矿生产的原煤加工煤炭制品 20 万吨,已知该矿加工产品的综合回收率为 80%,原煤适用单位税额为销售额的 3%,天然气适用的单位税额为销售额的 8%。企业会计因为疏忽,将本月应纳资源税计算为:$5000000 \times 3\% + 200000 \div 80\% \times 3\% + (4000 + 2000000) \times 8\% = 317820$(元)。

法律问题及要求

假设你是公司会计,你在结算之日 2 年后发现了纳税计算有误,请问:你该如何处理此事?

解题思路

企业应纳资源税 $= (5000000 + 2000000) \times 3\% + 200000 \div 80\% \times 3\% + 4000 \times 8\% = 217820$(元)。

我们可以看出企业多纳资源税:$317820 - 217820 = 100000$(元)。

公司会计发现纳税有误,应报告公司领导,公司作为纳税人可在规定时间内要求税务机关退还多缴纳的税款。

相关法律链接

1.《资源税暂行条例》第二条 资源税的税目、税额,依照本条例所附的《资源税税目税额幅度表》及财政部的有关规定执行。税目、税额幅度的调整,由国务院决定。

资源税税目税率表

税　目		税　率
一、原油		销售额的 5%—10%
二、天然气		销售额的 5%—10%
三、煤炭	焦煤	每吨 8—20 元
	其他煤炭	每吨 0.3—5 元
四、其他非金属矿原矿	普通非金属矿原矿	每吨或者每立方米 0.5—20 元
	贵重非金属矿原矿	每千克或者每克拉 0.5—20 元
五、黑色金属矿原矿		每吨 2—30 元
六、有色金属矿原矿	稀土矿	每吨 0.4—60 元
	其他有色金属矿原矿	每吨 0.4—30 元
七、盐	固体盐	每吨 10—60 元
	液体盐	每吨 2—10 元

2.《资源税暂行条例》第九条 纳税人销售应税产品,纳税义务发生时间为收讫销售款或者取得索取销售款凭据的当天;自产自用应税产品,纳税义务发生时间为移送使用的当天。

3.《税收征收管理法》第五十一条 纳税人超过应纳税额缴纳的税款,税务机关发现后应当立即退还;纳税人自结算缴纳税款之日起 3 年内发现的,可以向税务机关要求退还多缴的税款并加算银行同期存款利息,税务机关及时查实后应当立即退还;涉及从国库中退库的,依照法律、行政法规有关国库管理的规定退还。

第五十二条 因税务机关的责任,致使纳税人、扣缴义务人未缴或者少缴税款的,税务机关在 3 年内可以要求纳税人、扣缴义务人补缴税款,但是不得加收滞纳金。

因纳税人、扣缴义务人计算错误等失误,未缴或者少缴税款的,税务机关在 3 年内可以追征税款、滞纳金;有特殊情况的,追征期可以延长到 5 年。……

案例 5 矿山开采的金属矿原矿如何缴纳资源税

案情

某铜矿山 5 月份销售铜矿石原矿 20000 吨,移送入选精矿 4000 吨,选矿比为 20%,该矿山铜矿属于四等,按规定适用 1.2 元/吨单位税额。

法律问题及要求

计算该矿山当月应纳资源税额。

解题思路

应纳资源税 = $20000 \times 1.2 + 4000 \div 20\% \times 1.2 = 48000$(元)

相关法律链接

国家税务总局《资源税若干问题的规定》(总局公告 2011 年第 63 号)
二、自产自用产品的课税数量
资源税纳税人自产自用应税产品,因无法准确提供移送使用量而采取折算比换算课税数量办法的,具体规定如下:
煤炭,对于连续加工前无法正确计算原煤移送使用量的,可按加工产品的综合回收率,将加工产品实际销量和自用量折算成的原煤数量作为课税数量。
金属和非金属矿产品原矿,因无法准确掌握纳税人移送使用原矿数量的,可将其精矿按选矿比折算成的原矿数量作为课税数量。

案例 6 某矿山利用选矿比进行纳税筹划案

案情

内蒙古某矿山开采铁矿石,并精选部分原矿,该铁矿每吨应纳资源税 15 元,选矿比为 20%,而当地矿山的平均选矿比为 50%,该企业在税务师的建议下进行了税务筹划工作。假设企业5月份销售入选精矿500万吨。

法律问题及要求

企业如何进行节税,能节税多少?

解题思路

该矿山采纳了税务师的建议,不向主管税务机关提供移送使用数量,使企业少交了资源税。具体计算如下:按照企业实际的选矿比应纳税为:500÷20%×15=37500(万元)

税务机关确定的企业应纳税额为:500÷50%×15=15000(万元)

企业实际节税:37500-15000=22500(万元)

相关法律链接

《资源税暂行条例实施细则》第四条 资源税的应纳税额,按照从价定率或者从量定额的办法,分别以应税产品的销售额乘以纳税人具体适用的比例税率或者以应税产品的销售数量乘以纳税人具体适用的定额税率计算。

案例7 盐场如何缴纳资源税

案情

红星盐场6月份生产液体盐1000吨,其中对外销售200吨。当月生产并销售固体盐2000吨,共耗用液体盐2400吨,其中800吨是本企业自产的液体盐,另1600吨液体盐从另一盐场购进,已知液体盐单位税额每吨3元,固体盐单位税额每吨25元。

法律问题及要求

计算该盐场当月应纳资源税额。

解题思路

销售液体盐应纳资源税 = 200×3 = 600(元)
销售固体盐应纳资源税 = 2000×25 = 50000(元)
允许抵扣的外购液体盐已纳资源税 = 1600×3 = 4800(元)
合计应纳税额 = 600 + 50000 - 4800 = 45800(元)

 相关法律链接

国家税务总局《资源税若干问题的规定》(总局公告2011年第63号)第八条(二)纳税人以自产的液体盐加工固体盐,按固体盐税额征税,以加工的固体盐数量为课税数量。纳税人以外购的液体盐加工固体盐,其加工固体盐所耗用液体盐的已纳税额准予抵扣。

案例8 如何缴纳城镇土地使用税

案情

某企业实际占地面积共为5万平方米,其中1万平方米为厂区以外的绿化区,企业内学校和医院共占地2000平方米,另该企业出租土地使用权一块计4000平方米,还出借2000平方米给部队作为训练场地。

法律问题及要求

计算企业应纳城镇土地使用税(单位税额2元/平方米)。

解题思路

该企业应纳税额:(50000 - 10000 - 2000 - 4000 - 2000)×2 = 64000(元)

相关法律链接

1.《城镇土地使用税暂行条例》第二条 在城市、县城、建制镇、工矿区范围内使用土地的单位和个人,为城镇土地使用用税(以下简称土地使用税)的纳税义务人(以下简称纳税人),应当依照本条例的规定缴纳土地使用税。

第三条 土地使用税以纳税人实际占用的土地面积为计税依据,依照规定税额计算征收。

前款土地占用面积的组织测量工作,由省、自治区、直辖市人民政府根据实际情况确定。

第六条 下列土地免缴土地使用税:

(一)国家机关、人民团体、军队自用的土地;

(二)由国家财政部门拨付事业经费的单位自用的土地;

(三)宗教寺庙、公园、名胜古迹自用的土地;

(四)市政街道、广场、绿化地带等公共用地;

(五)直接用于农、林、牧、渔业的生产用地;

(六)经批准开山填海整治的土地和改造的废弃土地,从使用的月份起免缴土地使用税5年至10年;

(七)由财政部另行规定免税的能源、交通、水利设施用地和其他用地。

2. 国家税务总局《关于土地使用税若干具体问题的解释和暂行规定》(国税地字[1988]第15号)第二条 关于城市、县城、建制镇、工矿区的解释

城市是指经国务院批准设立的市。

县城是指县人民政府所在地。

建制镇是指经省、自治区、直辖市人民政府批准设立的建制镇。

工矿区是指工商业比较发达,人口比较集中,符合国务院规定的建制镇标准,但尚未设立镇建制的大中型工矿企业所在地。工矿区须经省、自治区、直辖市人民政府批准。

第十八条 下列土地的征免税,由省、自治区、直辖市税务局确定:

1. 个人所有的居住房屋及院落用地;

2. 房产管理部门在房租调整改革前经租的居民住房用地;

3. 免税单位职工家属的宿舍用地；
4. 民政部门举办的安置残疾人占一定比例的福利工厂用地；
5. 集体和个人办的各类学校、医院、托儿所、幼儿园用地。

案例 9　如何计算耕地占用税

案情

甲公司征用 A 市郊区的耕地 1 万平方米用于建设厂区，其中 800 平方米的耕地计划用于开办职工托儿所，另外再用 1200 平方米的耕地开办医务所，已知该地区的耕地占用税税率为 10 元/平方米。

法律问题及要求

计算甲公司应纳耕地占用税税额。

解题思路

甲公司应纳耕地占用税 =（10000 − 800 − 1200）× 10 = 80000 元

相关法律链接

《耕地占用税暂行条例》第三条　占用耕地建房或者从事非农业建设的单位或者个人，为耕地占用税的纳税人，应当依照本条例规定缴纳耕地占用税。

前款所称单位，包括国有企业、集体企业、私营企业、股份制企业、外商投资企业、外国企业以及其他企业和事业单位、社会团体、国家机关、部队以及其他单位；所称个人，包括个体工商户以及其他个人。

第八条　下列情形免征耕地占用税：
（一）军事设施占用耕地；
（二）学校、幼儿园、养老院、医院占用耕地。
……

第十一章 关 税 法

第一节 关税法基本问题

关税是由海关对进出国境或关境的货物、物品征收的一种税。

一、纳税主体

根据进出口关税条例,纳税义务人是指进口货物的收货人、出口货物的发货人、进出境物品的所有人。

二、征税客体

关税的征税客体是允许进出我国国境的货物和物品。货物是指贸易性商品;物品是指入境旅客随身携带的行李物品、个人邮递物品、各种运输工具上的服务人员随身携带进口的自用物品、馈赠物品以及其他方式进境的个人物品。

三、税率

关税税率为差别比例税率,分为进口关税税率、出口关税税率和特别关税。

1. 进口关税税率

在加入WTO之前,我国进口税则设有两栏税率,即普通税率和优惠税率。对原产于与我国未订有关税互惠协议的国家或者地区的进口货物,按照普通税率征税;对原产于与我国订有关税互惠协议的国家或者地区的进口货物,按照优惠税率征税。

在加入WTO之后,为履行我国在加入WTO关税减让谈判中承诺的有关义务,享有WTO成员应有的权利,自2002年1月1日起,我国进口税则设有最惠国税率、协定税率、特惠税率、普通税率、关税配额税率等税率。此外,对进口货物在一定期限内可以实行暂定税率。

(1)最惠国税率,适用原产于与我同共同适用最惠国待遇条款的WTO成员方的进口货物,或原产于与我国签订有相互给予最惠国待遇条款的双边贸易协定的国家或地区进口的货物,以及原产于我国境内的进口货物。

（2）协定税率适用原产于我国参加的含有关税优惠条款的区域性贸易协定有关缔约方的进口货物。

（3）特惠税率适用原产于与我国签订有特殊优惠关税协定的国家或地区的进口货物。

（4）普通税率适用原产于上述国家或地区以外的其他国家或地区的进口货物。

2. 出口关税税率

出口关税税率是对出口货物征收关税而规定的税率。目前我国仅对少数资源性产品及易于竞相杀价、需要规范出口秩序的半制成品征收出口关税。

3. 特别关税

特别关税包括报复性关税、反倾销税与反补贴税、保障性关税。报复性关税，是指对违反与我国签订或者共同参加的贸易协定及相关协定，对我国在贸易方面采取禁止、限制、加征关税或者其他影响正常贸易的国家或地区所采取的一种进口附加税。反倾销税与反补贴税，是指进口国海关对外国的倾销货物，在征收关税的同时附加征收的一种特别关税，其目的在于抵销他国的补贴。保障性关税，是指当某类货物进口量剧增，对我国相关产业带来巨大威胁或损害时，按照WTO有关规则，采取的一般保障措施，主要是采取提高关税的形式。

四、计税依据

我国对进出口货物征收关税，主要采取从价计征的办法，以货物的完税价格为计税依据征收关税。

（一）进口货物的完税价格

进口货物的完税价格，由海关以进口应税货物的成交价格以及该货物运抵我国境内输入地点起卸前的运输及相关费用、保险费为基础审查确定。

（二）出口货物的完税价格

出口货物的完税价格，由海关以出口货物的成交价格以及该货物运至中国境内输出地点装载前的运输及其相关费用、保险费为基础审查确定。出口关税不计入完税价格。

五、应纳税额的计算

（一）从价税计算方法

从价税，是以进（出）口货物的完税价格为计税依据的一种关税计征方法。我国对进口商品基本上都实行从价税。从价税应纳关税税额的计算公式为：

关税应纳税额＝应税进(出)口货物数量 × 单位完税价格 × 适用税率

（二）从量税计算方法

从量税，是指以进(出)口货物的重量、长度、容量、面积等计量单位为计税依据的一种关税计征方法。从量税应纳关税税额的计算公式为：

关税应纳税额＝应税进(出)口货物数量× 关税单位税额

（三）复合税计算方法

复合税，是指对某种进(出)口货物同时使用从价和从量计征的一种关税计征方法。复合税应纳关税税额的计算公式为：

关税税额＝应税进(出)口货物数量×单位货物税额＋应税进(出)口货物数量×单位完税价格×税率

（四）滑准税计算方法

滑准税，是指关税的税率随着进口货物价格的变动而反方向变动的一种税率形式，即价格越高，税率越低，税率为比例税率。

关税应纳税额＝应税进(出)口的货物数量×单位完税价格×滑准税税率

第二节 关税法律实务

案例1 离职空姐代购案

案情

从2011年夏天开始，离职空姐李某在淘宝网上销售化妆品，起初从代购店进货，后来结识韩国三星公司高级工程师褚某。褚某提供韩国免税店优惠账号，结算货款，再由李某和男友石某以客带货方式从无申报通道携带进境。从2011年到2012年，离职空姐李某从韩国免税店买回化妆品，货物总价值17万元，并在淘宝店上销售获利。2012年8月被公安机关抓获，并被提起公诉。

法律问题及要求

计算该批货物应纳进口关税税额。
李某应当承担怎样的法律责任？

解题思路

应纳税额＝170000×50%＝85000(元)

李某的行为属于走私行为,且符合《刑法》关于走私罪的构成要件,所以其应承担相应的刑事责任。

相关法律链接

1.《进出口关税条例》第六十一条 海关应当按照《进境物品进口税税率表》及海关总署制定的《进境物品归类表》、《进境物品完税价格表》对进境物品进行归类、确定完税价格和确定适用税率。

2.《海关总署公告2011年第6号附件》

中华人民共和国进境物品进口税率表
(2011年修订)

税号	税率(%)	物品名称
1	10	书报、刊物、教育专用电影片、幻灯片、原版录音带、录像带、金、银及其制品、计算机、视频摄录一体机,数字照相机等信息技术产品、照相机、食品、饮料、本表税号2、3、4税号及备注不包含的其他商品。
2	20	纺织品及其制成品、电视摄像机及其他电器用具、自行车、手表、钟表(含配件、附件)
3	30	高尔夫球及球具、高档手表
4	50	烟、酒、化妆品

3.《海关法》第八十二条 违反本法及有关法律、行政法规,逃避海关监管,偷逃应纳税款、逃避国家有关进出境的禁止性或者限制性管理,有下列情形之一的,是走私行为:

(一)运输、携带、邮寄国家禁止或者限制进出境货物、物品或者依法应当缴纳税款的货物、物品进出境的;

(二)未经海关许可并且未缴纳应纳税款、交验有关许可证件,擅自将保税货物、特定减免税货物以及其他海关监管货物、物品、进境的境外运输工具,在境内销售的;

(三)有逃避海关监管,构成走私的其他行为的。

有前款所列行为之一,尚不构成犯罪的,由海关没收走私货物、物品及违法所得,可以并处罚款;专门或者多次用于掩护走私的货物、物品,专门或者多次用于走私的运输工具,予以没收,藏匿走私货物、物品的特制设备,责令拆毁或者没收。

有第一款所列行为之一,构成犯罪的,依法追究刑事责任。

4.《刑法》第一百五十三条 (三)走私货物、物品偷逃应缴税额在5万元以上不满15万元的,处3年以下有期徒刑或者拘役,并处偷逃应缴税额1倍以上5倍以下罚金。

案例2　红山公司迟交进口关税案

案情

2014年5月,红山进出口公司从A国进口货物一批,成交价(离岸价)折合人民币13万元,另支付运输费1.5万元,保险费1万元。货物运抵我国口岸后,该公司在未获批准缓税的情况下,于海关填发税款缴纳证的次日起第30日才缴纳税款。假设该货物适用的关税税率为100%。

法律问题及要求

计算该公司应纳关税税额及滞纳金(滞纳金比例为5‰)。

解题思路

(1)关税完税价格=离岸价+运费+保险费=130000+15000+10000=155000(元)

关税税额=完税价格×税率=155000×100%=155000(元)

(2)关税滞纳金=155000×(30-15)×0.5‰=1162.5(元)

相关法律链接

1.《海关法》第五十四条　进口货物的收货人、出口货物的发货人、进出境物品的所有人,是关税的纳税义务人。

第五十五条　进出口货物的完税价格,由海关以该货物的成交价格为基础审查确定。成交价格不能确定时,完税价格由海关依法估定。

进口货物的完税价格包括货物的货价、货物运抵中华人民共和国境内输入地点起卸前的运输及其相关费用、保险费;出口货物的完税价格包括货物的货价、货物运至中华人民共和国境内输出地点装载前的运输及其相关费用、保险费,但是其中包含的出口关税税额,应当予以扣除。

进出境物品的完税价格,由海关依法确定。

2.《进出口关税条例》第三十七条 纳税义务人应当自海关填发税款缴款书之日起15日内向指定银行缴纳税款。纳税义务人未按期缴纳税款的,从滞纳税款之日起,按日加收滞纳税款5‰的滞纳金。

海关可以对纳税义务人欠缴税款的情况予以公告。

海关征收关税、滞纳金等,应当制发缴款凭证,缴款凭证格式由海关总署规定。

案例3 金辉公司缴纳出口关税案

案情

金辉公司于2014年8月出口一批货物,该批货物的离岸价格为121万元,假设该货物适用出口关税税率为10%。

法律问题及要求

计算出口该批货物应纳出口关税税额。

解题思路

完税价格 = 1210000 ÷ (1 + 10%) = 1100000(元)
应纳税额 = 1100000 × 10% = 110000(元)

相关法律链接

《进出口关税条例》第二十六条 出口货物的完税价格由海关以该货物的成交价格以及该货物运至中华人民共和国境内输出地点装载前的运输及其相关费用、保险费为基础审查确定。

出口货物的成交价格,是指该货物出口时卖方为出口该货物应当向买方直接收取和间接收取的价款总额。

出口关税不计入完税价格。

案例4 对某电影厂计征复合税案

案情

某电影厂于2014年5月进口三台A国产的摄录一体机,共2.7万美元,原产于A国的摄录一体机适用最惠国税率:每台完税价格低于或等于8000美元,税率为60%;每台完税价格高于8000美元,每台税额3.86万元,加上3%的从价税。海关填发缴款书之日人民币与美元兑换率为6.21∶1。

法律问题及要求

计算该电影厂应纳进口关税税额。

解题思路

单价每台9000美元,高于8000美元,故应当适用复合税。
完税价格 = 27000 × 6.21 = 167670(元)
从量部分完税 = 38600 × 3 = 115800(元)
从价部分关税 = 167670 × 3% = 5030.1(元)
全部应纳税额 = 115800 + 5030.1 = 120830.1(元)

相关法律链接

海关总署《关于试行从量关税、复合关税有关问题的通知》第四条 附表一中所列试行复合关税的录(放)像机和摄像机的完税价格是指经海关审定作为完税价格的到岸价格。低于或等于规定价格时,从价计征关税,高于规定价格时,除从量计征关税外,还要另加从价关税。同时,试行从量或复合关税商品的进口环节增值税依然从价计征。因此,各关审价人员仍须按现行的审价规定认真做好对这些商品的审价工作。

案例 5　个人携带的进境物品进口税的征收

案情

我国某高校教授张某应邀在国外讲学,归国入境时携带手表一块,价值 420 美元;摄像机一部,价值 1500 美元;照相机一部,价值 530 美元;教学用的电影片、幻灯片一箱,共计 250 美元;进口烟二条,零售单价 300 美元。张教授入境时,美元和人民币比值为 1∶8.

法律问题及要求

对张教授应如何征收进口关税。

解题思路

张教授应缴纳关税 = (420 + 1500 + 530) × 8 × 20% + 250 × 8 × 10% + 300 × 2 × 8 × 50% = 6520(元)

相关法律链接

1. 《进出口关税条例》第六十一条　海关应当按照《进境物品进口税税率表》及海关总署制定的《进境物品归类表》、《进境物品完税价格表》对进境物品进行归类、确定完税价格和确定适用税率。

2. 海关总署《关于修订〈进境物品归类表〉及〈进境物品完税价格表〉》(2012 年第 15 号)

为适应市场发展需要,根据《进出口关税条例》和国务院 2011 年 1 月批准调整的《进境物品进口税率表》(海关总署公告 2011 年第 6 号),海关总署重新修订了《进境物品归类表》及《进境物品完税价格表》,现予以公布,自 2012 年 4 月 15 日起执行。海关总署 2007 年 6 月修订的《入境旅客行李物品和个人邮递物品进口税税则归类表》及《入境旅客行李物品和个人邮递物品完税价格表》(2007 年第 25 号)同时废止。

第十一章 关税法

附件1 进境物品进口税率表(部分)

税号	物品类别	范围	税率
03000000	烟草	包括卷烟、雪茄烟、烟丝、烟叶、碎烟、烟梗、烟末等。	50%
07000000	表、钟及其配件、附件	高档手表:审定价格在人民币10000元及以上的手表。	30%
		表:包括高档手表外其他各种表; 钟:包括座钟、挂钟、台钟、落地钟等; 配件附件:包括各种表、钟的配件、附件。	20%
17000000	摄影(像)设备及其配件、附件	包括照相机、摄像机、照相制版机、放大机、数码相框、存储卡、胶卷、胶片、感光纸、镜箱、闪光灯、滤色镜、测光表、曝光表、遮光罩、水下摄影罩、半身镜、接镜环、取景器、自拍器、洗像盒、显影罐等。	10%
		电视摄像机	20%
20000000	书报、刊物及其他各类印刷品	包括书报、刊物及其他各类印刷品。	10%
21000000	教育专用的电影片、幻灯片、原版录音带、录像带	包括教育专用的电影片、幻灯片、原版录音带、录像带、地球仪、解剖模型、人体骨骼模型、教育用示意牌等。	10%

案例6 某公司缴纳进口环节消费税、增值税和关税案

案情

大连金德进出口公司从美国进口一批货物,货物以离岸价格成交,该成交价格折合人民币为1100万元(未包括应与该货物视为一体的容器费用40万元和包装材料费10万元),另支付货物运抵我国上海港的运输保险费50万元。假设该货物适用的关税税率为20%,增值税率为17%,消费税率为10%。

法律问题及要求

请分别计算该公司应纳关税、消费税和增值税。

解题思路

(1) 关税完税价格 = 1100 + 40 + 10 + 50 = 1200(万元)
 应纳关税 = 1200 × 20% = 240(万元)
(2) 消费税计税价格 = (1200 + 240) ÷ (1 - 10%) = 1600(万元)
 应纳消费税 = 1600 × 10% = 160(万元)
(3) 增值税计税价格 = 1200 + 240 + 160 = 1600(万元)
 应纳增值税 = 1600 × 17% = 272(万元)

相关法律链接

1.《中华人民共和国海关审定进出口货物完税价格办法》(海关总署令第213号)第五条　进口货物的完税价格,由海关以该货物的成交价格为基础审查确定,并应当包括货物运抵中华人民共和国境内输入地点起卸前的运输及其相关费用、保险费。

第十一条　以成交价格为基础审查确定进口货物的完税价格时,未包括在该货物实付、应付价格中的下列费用或者价值应当计入完税价格:

(一) 由买方负担的下列费用:
(1) 除购货佣金以外的佣金和经纪费;
(2) 与该货物视为一体的容器费用;
(3) 包装材料费用和包装劳务费用。

(二) 与进口货物的生产和向中华人民共和国境内销售有关的,由买方以免费或者以低于成本的方式提供,并可以按适当比例分摊的下列货物或者服务的价值:
(1) 进口货物包含的材料、部件、零件和类似货物;
(2) 在生产进口货物过程中使用的工具、模具和类似货物;
(3) 在生产进口货物过程中消耗的材料;
(4) 在境外进行的为生产进口货物所需的工程设计、技术研发、工艺及制图等相关服务。

(三) 买方需向卖方或者有关方直接或者间接支付的特许权使用费,但是符合下列情形之一的除外:
(1) 特许权使用费与该货物无关;

(2) 特许权使用费的支付不构成该货物向中华人民共和国境内销售的条件。

（四）卖方直接或者间接从买方对该货物进口后销售、处置或者使用所得中获得的收益。

纳税义务人应当向海关提供本条所述费用或者价值的客观量化数据资料。纳税义人不能提供的,海关与纳税义务人进行价格磋商后,按照本办法第六条列明的方法审查确定完税价格。

2.《消费税暂行条例》第九条　进口的应税消费品按照组成计税价格计算纳税。实行从价定率办法计算纳税的组成计税价格计算公式：

组成计税价格＝(关税计税价格＋关税)÷(1－消费税比例税率)

实行复合计税办法计算纳税的组成计税价格计算公式：

组成计税价格＝(关税完税价格＋关税＋进口数量×消费税定额税率)÷(1－消费税比例税率)

3.《增值税暂行条例》第十四条　纳税人进口货物,按照组成计税价格和本条例第二条规定的税率计算应纳税额。组成计税价格和应纳税额计算公式：

组成计税价格＝关税完税价格＋关税＋消费税

应纳税额＝组成计税价格×税率

第十二章　土地增值税法

第一节　土地增值税法基本问题

土地增值税是对有偿转让国有土地使用权、地上建筑物及其附着物产权,取得增值收入的单位和个人征收的一种税。

一、纳税主体与征税范围

土地增值税的纳税主体是取得收入的单位和个人。单位包括内外资企业、事业单位、国家机关和社会团体及其他组织。个人包括个体经营者。

土地增值税的征税范围包括转让国有土地使用权以及地上建筑物及其附着物连同国有土地使用权一并转让的收入。

二、税率

土地增值税实行四级超率累进税率:

增值额超过扣除项目金额50%的部分,税率为30%。

增值额超过扣除项目金额50%、未超过扣除项目金额100%的部分,税率为40%。

增值额超过扣除项目金额100%、未超过扣除项目金额200%的部分,税率为50%。

增值额超过扣除项目金额200%的部分,税率为60%。

表1　土地增值税税率表

级数	增值额与扣除项目金额的比率	税率(%)	速算扣除率(%)
1	不超过50%的部分	30	0
2	超过50%至100%的部分	40	5
3	超过100%至200%的部分	50	15
4	超过200%的部分	60	35

三、应税收入与扣除项目

应税收入是指纳税人转让房地产取得的全部价款及有关的经济收益。计算增值额的扣除项目包括：

（1）取得土地使用权所支付的金额，是指纳税人为取得土地使用权所支付的地价款和按国家统一规定交纳的有关费用。

（2）房地产开发成本，是指纳税人房地产开发项目实际发生的成本，包括土地征用及拆迁补偿费、前期工程费、建筑安装工程费、基础设施费、公共配套设施费、开发间接费用。

（3）房地产开发费用，是指与房地产开发项目有关的销售费用、管理费用、财务费用。是指与房地产开发项目有关的销售费用、管理费用、财务费用。

财务费用中的利息支出，凡能够按转让房地产项目计算分摊并提供金融机构证明的，允许据实扣除，但最高不能超过按商业银行同类同期贷款利率计算的金额。其他房地产开发费用，按以上（1）、（2）项规定计算的金额之和的5%以内计算扣除。

（4）旧房及建筑物的评估价格，是指在转让已使用的房屋及建筑物时，由政府批准设立的房地产评估机构评定的重置成本价乘以成新度折扣率后的价格，评估价格须经当地税务机关确认。

（5）与转让房地产有关的税金，是指在转让房地产时缴纳的营业税、城市维护建设税、印花税。因转让房地产交纳的教育费附加，也可视同税金予以扣除。

（6）财政部规定的其他扣除项目。对从事房地产开发的纳税人可按以上（1）、（2）项规定计算的金额之和，加计20%的扣除。

四、应纳税额的计算

土地增值税按照纳税人转让房地产所取得的增值额和税率计算征收。纳税人转让房地产所取得的收入减除规定的扣除项目金额后的余额，为增值额。计算公式如下：

应纳税额 = $\sum$（每级距的土地增值额×适用税率）

计算土地增值税额也可以按照（增值额×适用税率 – 扣除项目金额×速算扣除率）的简便方法计算。

（1）增值额未超过扣除项目金额50%

土地增值税税额 = 增值额×30%

（2）增值额超过扣除项目金额50%，未超过100%的

土地增值税税额 = 增值额 × 40% − 扣除项目金额 × 5%

（3）增值额超过扣除项目金额 100%，未超过 200% 的

土地增值税税额 = 增值额 × 50% − 扣除项目金额 × 15%

（4）增值额超过扣除项目金额 200%

土地增值税税额 = 增值额 × 60% − 扣除项目金额 × 35%

公式中的 5%，15%，35% 为速算扣除率。

五、税收优惠

有下列情形之一的，免征土地增值税：(1) 纳税人建造普通标准住宅出售，增值额未超过扣除项目金额 20% 的；(2) 因国家建设需要依法征用、收回的房地产。

此外，个人因工作调动或改善居住条件而转让原自用住房，经向税务机关申报核准，凡居住满 5 年或 5 年以上的，免予征收土地增值税；居住满 3 年未满 5 年的，减半征收土地增值税。居住未满 3 年的，按规定计征土地增值税。

六、税收征管

纳税人应当自转让房地产合同签订之日起 7 日内向房地产所在地主管税务机关办理纳税申报，并在税务机关核定的期限内缴纳土地增值税。

第二节　土地增值税法律实务

案例 1　房地产开发企业缴纳土地增值税案

案情

亿民房地产开发公司建造一幢写字楼并出售，取得全部销售收入 5000 万元（营业税税率为 5%，城市维护建设税税率为 7%，教育费附加征收率为 3%）。该公司为建造写字楼支付的地价款为 500 万元，房地产开发成本为 1000 万元（该公司因同时建造其他楼盘，无法按该写字楼计算分摊银行贷款利息）。该公司所在地政府确定的费用扣除比例为 10%。

法律问题及要求

请分析并计算亿民公司转让该写字楼应缴纳的土地增值税额。

解题思路

（1）转让房地产收入为5000万元。

（2）转让房地产的扣除项目金额为：

① 取得土地使用权所支付的金额为500万元。

② 房地产开发成本为1000万元。

③ 与转让房地产有关的费用为：

$(500+1000) \times 10\% = 150$（万元）

④ 与转让房地产有关的税金为：

$5000 \times 5\% + 5000 \times 5\% \times (7\% + 3\%) = 275$（万元）

⑤ 从事房地产开发的加计扣除为：

$(500+1000) \times 20\% = 300$（万元）

扣除项目金额为 $500+1000+150+275+300=2225$（万元）

（3）转让房地产的增值额为 $5000-2225=2775$（万元）

（4）增值额与扣除项目金额的比例为：

$2775/2225=124.7\%$

应纳土地增值税为：$2225 \times 50\% \times 30\% + 2225 \times (100\% - 50\%) \times 40\% + 2225 \times (124.7\% - 100\%) \times 50\% = 1053.75$（万元）

应纳土地增值税亦可以以下方式计算为：

$2775 \times 50\% - 2225 \times 15\% = 1387.5 - 333.75 = 1053.75$（万元）

相关法律链接

《土地增值税暂行条例》第三条　土地增值税按照纳税人转让房地产取得的增值额和本条例第七条规定的税率计算征收。

第四条　纳税人转让房地产所取得的收入减除本条例第六条规定扣除项目金额后的余额，为增值额。

第六条　计算增值额的扣除项目：

（一）取得土地使用权所支付的金额；

（二）开发土地的成本、费用；

（三）新建房及配套设施的成本、费用，或者旧房及建筑物的评估价格；

（四）与转让房地产有关的税金；

(五)财政部规定的其他扣除项目。

第七条 土地增值税实行四级超率累进税率:增值额未超过扣除项目金额50%的部分,税率为30%。增值额超过扣除项目金额50%、未超过扣除项目金额100%的部分,税率为40%。增值额超过扣除项目金额100%、未超过扣除项目金额200%的部分,税率为50%。增值额超过扣除项目金额200%的部分,税率为60%。

案例2 个人缴纳土地增值税案

案情

2008年8月,梁某以80万元在某市区购买了一套面积为160平方米的商品房,缴纳契税2.4万元,并花费9万元进行了装修,2010年12月将房屋以120万元的总价卖出。后经房地产评估机构评估价格为95万元,支付评估费用1000元。出售房屋时还支付了公证费、手续费等合理费用共800元。梁某出具了该房产的原值和相关费用的合法凭证。

法律问题及要求

梁某转让这套商品房是否要缴纳土地增值税?应缴纳多少土地增值税?

解题思路

梁某转让这套商品房的房屋面积为160平方米,并居住了两年零四个月,因此其转让时应全额缴纳营业税、城市维护建设税、教育费附加、地方教育附加、印花税、土地增值税和个人所得税。

梁某应缴纳的各项税金:
(1) 营业税 = 1200000 × 5% = 60000(元)
(2) 城市维护建设税及教育费附加 = 60000 × (7% + 3%) = 6000(元)
(3) 印花税 = 1200000 × 0.5‰ = 600(元)
(4) 土地增值税:
扣除项目金额 = 950000 + 1000 + 60000 + 6000 + 600 = 1017600(元)
增值额 = 1200000 − 1017600 = 182400(元)
增值率 = 182400 ÷ 1017600 × 100% = 18%
应纳土地增值税 = 182400 × 30% = 54720(元)

第十二章 土地增值税法

相关法律链接

1. 《土地增值税暂行条例》第四条 纳税人转让房地产所取得的收入减除本条例第六条规定扣除项目金额后的余额,为增值额。

第六条 计算增值额的扣除项目:
(一)取得土地使用权所支付的金额;
(二)开发土地的成本、费用;
(三)新建房及配套设施的成本、费用,或者旧房及建筑物的评估价格;
(四)与转让房地产有关的税金;
(五)财政部规定的其他扣除项目。

2. 国务院办公厅转发建设部等部门《关于做好稳定住房价格工作意见的通知》(国办发[2005]26号)第二条第二款 大力发展省地型住房,对中小套型、中低价位普通住房在规划审批、土地供应以及信贷、税收等方面给予优惠政策支持。享受优惠政策的住房原则上应同时满足以下条件:住宅小区建筑容积率在1.0以上、单套建筑面积在120平方米以下、实际成交价格低于同级别土地上住房平均交易价格1.2倍以下。各设区市和各县(市)要根据实际情况,确定本地区享受优惠政策普通住房的具体标准。允许单套建筑面积和价格标准适当浮动,但向上浮动的比例不得超过上述标准的20%。各设区市所在城市的具体标准要报省建设厅、省财政厅、省地税局备案后,在6月30日前公布。

案例3　Y房地产开发公司土地增值税清算案

案情

Y房地产开发公司经营一项国家有关部门审批的房地产开发项目,开发项目中包含普通住宅和非普通住宅,此房地产开发项目已经全部竣工且完成销售。该房地产开发企业在办理土地增值税清算时有如下几项费用:

(1)所附送部分的建筑安装工程费凭证不符合清算要求。
(2)该企业开发建造的与清算项目配套的居委会用房产权属于全体业主所有,其建造成本15万元。

(3) 销售已装修的房屋10套,其装修费用120万元。
(4) 发生预提费用10万元。

法律问题及要求

(1) 该房地产企业的开发项目中的普通住宅和非普通住宅是否需要分别核算土地增值税额?

(2) 该房地产开发企业在办理土地增值税清算时发生的费用哪些可以扣除?

解题思路

该房地产企业在房地产开发项目中的普通住宅项目和非普通住宅项目应该分别核算。

部分的建筑安装工程费凭证不符合清算要求的可以由地方税务机关参照相关标准核定其扣除金额标准。

房地产开发企业开发建造的与清算项目配套的居委会和派出所用房、会所、停车场(库)、物业管理场所、变电站、热力站、水厂、文体场馆、学校、幼儿园、托儿所、医院、邮电通讯等公共设施,建成后产权属于全体业主所有的,其成本、费用可以扣除。

房地产开发企业销售已装修的房屋,其装修费用可以计入房地产开发成本。预提费用不得扣除。

相关法律链接

国家税务总局《关于房地产开发企业土地增值税清算管理有关问题的通知》(国税发[2006]187号)

一、土地增值税的清算单位

土地增值税以国家有关部门审批的房地产开发项目为单位进行清算,对于分期开发的项目,以分期项目为单位清算。

开发项目中同时包含普通住宅和非普通住宅的,应分别计算增值额。

二、土地增值税的清算条件

(一)符合下列情形之一的,纳税人应进行土地增值税的清算:

1. 房地产开发项目全部竣工、完成销售的;
2. 整体转让未竣工决算房地产开发项目的;
3. 直接转让土地使用权的。

（二）符合下列情形之一的,主管税务机关可要求纳税人进行土地增值税清算:

1. 已竣工验收的房地产开发项目,已转让的房地产建筑面积占整个项目可售建筑面积的比例在85%以上,或该比例虽未超过85%,但剩余的可售建筑面积已经出租或自用的;

2. 取得销售(预售)许可证满三年仍未销售完毕的;

3. 纳税人申请注销税务登记但未办理土地增值税清算手续的;

4. 省税务机关规定的其他情况。

……

四、土地增值税的扣除项目

（一）房地产开发企业办理土地增值税清算时计算与清算项目有关的扣除项目金额,应根据土地增值税暂行条例第六条及其实施细则第七条的规定执行。除另有规定外,扣除取得土地使用权所支付的金额、房地产开发成本、费用及与转让房地产有关税金,须提供合法有效凭证;不能提供合法有效凭证的,不予扣除。

（二）房地产开发企业办理土地增值税清算所附送的前期工程费、建筑安装工程费、基础设施费、开发间接费用的凭证或资料不符合清算要求或不实的,地方税务机关可参照当地建设工程造价管理部门公布的建安造价定额资料,结合房屋结构、用途、区位等因素,核定上述四项开发成本的单位面积金额标准,并据以计算扣除。具体核定方法由省税务机关确定。

（三）房地产开发企业开发建造的与清算项目配套的居委会和派出所用房、会所、停车场(库)、物业管理场所、变电站、热力站、水厂、文体场馆、学校、幼儿园、托儿所、医院、邮电通讯等公共设施,按以下原则处理:

1. 建成后产权属于全体业主所有的,其成本、费用可以扣除;

2. 建成后无偿移交给政府、公用事业单位用于非营利性社会公共事业的,其成本、费用可以扣除;

3. 建成后有偿转让的,应计算收入,并准予扣除成本、费用。

（四）房地产开发企业销售已装修的房屋,其装修费用可以计入房地产开发成本。

房地产开发企业的预提费用,除另有规定外,不得扣除。

（五）属于多个房地产项目共同的成本费用,应按清算项目可售建筑面积占多个项目可售总建筑面积的比例或其他合理的方法,计算确定清算项目的扣除金额。

第十三章　税收征收管理法

第一节　税收征收管理法基本问题

税收征收管理是税务机关对纳税人依法征税和进行税务监督管理的总称。《税收征收管理法》及其实施细则和各种实体税法中的征收管理条款构成了我国税收征管法律制度。

《税收征收管理法》于1992年9月4日由第七届全国人民代表大会常务委员会第二十七次会议通过,1993年1月1日起施行。1995年2月28日,第八届全国人民代表大会常务委员会第十二次会议第一次修正。2001年4月28日,第九届全国人民代表大会常务委员会第二十一次会议通过了修订后的《税收征收管理法》,并于2001年5月1日起施行。2013年6月29日第十二届全国人民代表大会常务委员会第三次会议再次通过了修订的《征管法》,自2013年6月29日起施行。

一、税收征收管理机关

目前我国的税收征收管理机关有四类:国家税务局、地方税务局、地方财政局和海关。

国家税务局系统主要负责征收的税种有:(1) 增值税;(2) 消费税;(3) 中央企业所得税;(4) 铁路、保险总公司、各银行及其金融企业的营业税、所得税;(5) 资源税;(6) 外商投资企业和外国企业的各项税收及外籍人员缴纳的个人所得税;(7) 证券交易的印花税。

地方税务局系统主要负责征收的税种是:(1) 营业税;(2) 个人所得税;(3) 城市维护建设税;(4) 资源税;(5) 地方企业所得税;(6) 城镇土地使用税;(7) 按地方营业税附征的教育费附加;(8) 各种行为税类等。

地方财政部门目前主要负责征收的税种是契税和耕地占用税。

海关主要负责关税的征收和管理。

二、税务管理

税务管理包括税务登记,账簿、凭证管理和纳税申报三个部分。

(一) 税务登记

税务登记是税务机关对纳税人的经济活动进行登记并据此对纳税人实施税务管理的一种法律制度。

1. 开业税务登记:从事生产、经营的纳税人自领取营业执照之日起 30 日内,持有关证件,向税务机关申报办理税务登记。为了方便纳税人,简化登记程序,提高办事效率,2013 年修订的《税收征收管理法》将"税务机关应当自收到申报之日起 30 日内审核并发给税务登记证件"修改为"税务机关应当于收到申报的当日办理登记并发给税务登记证件"。

2. 变更、注销税务登记:从事生产、经营的纳税人,税务登记内容发生变化的,自工商行政管理机关办理变更登记之日起 30 日内或者在向工商行政管理机关申请办理注销登记之前,持有关证件向税务机关申报办理变更或者注销税务登记。

从事生产、经营的纳税人应当按照国家有关规定,持税务登记证件,在银行或者其他金融机构开立基本存款账户和其他存款账户,并将其全部账号向税务机关报告。银行和其他金融机构应当在从事生产、经营的纳税人的账户中登录税务登记证件号码,并在税务登记证件中登录从事生产、经营的纳税人的账户账号。

(二) 账簿、凭证管理

纳税人、扣缴义务人按照有关法律、行政法规和国务院财政、税务主管部门的规定设置账簿,根据合法、有效凭证记账,进行核算。从事生产、经营的纳税人的财务、会计制度或者财务、会计处理办法和会计核算软件,应当报送税务机关备案。

纳税人、扣缴义务人的财务、会计制度或者财务、会计处理办法与国务院或者国务院财政、税务主管部门有关税收的规定抵触的,依照国务院或者国务院财政、税务主管部门有关税收的规定计算应纳税款、代扣代缴和代收代缴税款。

税务机关是发票的主管机关,负责发票印制、领购、开具、取得、保管、缴销的管理和监督。单位、个人在购销商品、提供或者接受经营服务以及从事其他经营活动中,应当按照规定开具、使用、取得发票。增值税专用发票由国务院税务主管部门指定的企业印制;其他发票,按照国务院税务主管部门的规定,分别由省、自治区、直辖市国家税务局、地方税务局指定企业印制。未经上述税务机关指定,不得印制发票。

从事生产、经营的纳税人、扣缴义务人必须按照国务院财政、税务主管部门规定的保管期限保管账簿、记账凭证、完税凭证及其他有关资料。账簿、记账凭证、完税凭证及其他有关资料不得伪造、变造或者擅自损毁。

（三）纳税申报

纳税申报是指纳税人或者扣缴义务人必须在法定期限向税务机关报送纳税申报表、财务会计报表、代扣代缴、代收代缴税款申报表以及税务机关根据实际需要报送其他有关资料的法律行为。

纳税人必须依照法律、行政法规规定或者税务机关依照法律、行政法规的规定确定的申报期限、申报内容如实办理纳税申报，报送纳税申报表、财务会计报表以及税务机关根据实际需要要求纳税人报送的其他纳税资料。扣缴义务人必须依照法律、行政法规规定或者税务机关依照法律、行政法规的规定确定的申报期限、申报内容如实报送代扣代缴、代收代缴税款报告表以及税务机关根据实际需要要求扣缴义务人报送的其他有关资料。纳税人、扣缴义务人可以直接到税务机关办理纳税申报或者报送代扣代缴、代收代缴税款报告表，也可以按照规定采取邮寄、数据电文或者其他方式办理上述申报、报送事项。纳税人、扣缴义务人不能按期办理纳税申报或者报送代扣代缴、代收代缴税款报告表的，经税务机关核准，可以延期申报。

政府部门和有关单位应当及时向税务机关提供所掌握的涉税信息。银行和其他金融机构应当及时向税务机关提供本单位掌握的储户账户、支付或计入该账户的利息总额、支付或计入该账户的投资收益及年末（或期末）账户余额等信息。涉税信息提供办法由国务院规定。

三、税款征收

（一）应纳税款核定

应纳税款核定是税务机关依照自己的职权，对纳税人的应纳税额在调查测定的基础上依法进行确定的行为。根据《税收征收管理法》的规定，纳税人有下列行为之一的，税务机关有权核定其应纳税额：

1. 依照法律、行政法规的规定可以不设置账簿的；
2. 依照法律、行政法规的规定应当设置账簿但未设置的；
3. 擅自销毁账簿或者拒不提供纳税资料的；
4. 虽设置账簿，但账目混乱或者成本资料、收入凭证、费用凭证残缺不全，难以查账的；

5. 发生纳税义务，未按照规定的期限办理纳税申报，经税务机关责令限期申报，逾期仍不申报的；

6. 纳税人申报的计税依据明显偏低，又无正当理由的。

(二) 税款征收方式

根据《税收征收管理法》及其实施细则的规定，税款的征收方式主要包括以下几种：

1. 查账征收。查账征收是指由纳税人按照规定的期限向税务机关进行纳税申报，经税务机关查账核实后，填写缴款书，纳税人据以将应纳税款缴入国库的一种征收方式。采用这种征收方式，应具备会计制度健全、账簿和资料比较完整等条件。

2. 查定征收。查定征收是税务机关通过按期查定纳税人的生产设备和销售情况，而确定其产量和销售量，进行分期征收税款的一种征收方式。这种方式主要为生产不固定、账册不健全的单位采用。

3. 查验征收。查验征收是税务机关对纳税申报人的应税产品进行查验，并贴上完税证、查验证或盖章验戳，凭证运销的方式。这种征收方式适用于经营零星、分散的高税率工业品的纳税人。

4. 定期定额征收。定期定额征收是指先由纳税人自行申报生产经营情况和应纳税额，再由税务机关对纳税人核定一定时期的税款征收率或征收额，实行增值税、营业税和所得税一并征收的一种征收方式。这种方式一般适用于无完整考核依据的小型纳税单位。

5. 其他征收方式。此外，还有代扣代缴、代收代缴、委托代征、邮寄申报等其他征收方式。

(三) 税收保全措施

税收保全措施是由于纳税人的行为或者其他客观原因，致使税款难以征收的情况下，税务机关对纳税人的商品、货物或其他财产，采取的限制其处理的强制措施。

税收保全措施主要有两种，一是书面通知纳税人开户银行或者其他金融机构冻结纳税人的金额相当于应纳税款的存款；二是扣押、查封纳税人的价值相当于应纳税款的商品、货物或者其他财产。

采取税收保全措施的条件是：

1. 税务机关有根据认为从事生产、经营的纳税人有逃避纳税义务的行为；

2. 税务机关责令其限期缴纳而未缴纳，在限期内又发现纳税人有明显的转移、隐匿其应纳税的商品、货物以及其他财产或者应纳税的收入的迹象，税务机关可以责成纳税人提供纳税担保；

3. 纳税人不能提供纳税担保；

4. 经县以上税务局（分局）局长批准。

（四）强制执行措施

强制执行措施是在纳税人、扣缴义务人未按规定的期限缴纳或解缴税款，纳税担保人未按照规定的期限缴纳所担保的税款，由税务机关责令限期缴纳，逾期仍未缴纳的情况下采取的措施。

强制执行措施可分为两种：一是书面通知其开户银行或者其他金融机构从其存款中扣缴税款；二是扣押、查封、依法拍卖或者变卖其价值相当于应纳税款的商品、货物或者其他财产，以拍卖或者变卖所得抵缴税款。

税务机关采取强制执行措施时，对纳税人、扣缴义务人、纳税担保人未缴纳的滞纳金同时强制执行。个人及其所扶养家属维持生活必需的住房和用品，不在强制执行措施的范围之内。

税务机关采取强制执行措施应当书面通知纳税人、扣缴义务人、纳税担保人，并制作《现场笔录》。税收强制执行的合理费用由纳税人承担。

（五）税收优先权

当税务机关征收税款的行为和债权人请求清偿债权的行为同时存在时，征收税款优先于无财产担保的债权。除法律另有规定的以外，税务机关征收税款，税收优先于无担保债权；纳税人欠缴的税款发生在纳税人以其财产设定抵押、质押或者纳税人的财产被留置之前的，税收应当先于抵押权、质权、留置权执行。纳税人欠缴税款，同时又被行政机关决定处以罚款、没收违法所得的，税收优先于罚款、没收违法所得。

（六）税收代位权和撤销权

欠缴税款的纳税人因怠于行使到期债权，或者放弃到期债权，或者无偿转让财产，或者以明显不合理的低价转让财产而受让人知道该情形，对国家税收造成损害的，税务机关可以依照《合同法》第73条、第74条的规定行使代位权、撤销权。税务机关行使代位权、撤销权的，不免除欠缴税款的纳税人尚未履行的纳税义务和应承担的法律责任。

（七）税款的退还、补缴和追征

1. 税款的退还。税款的退还是指对于纳税人多缴的税款，税务机关应依法返还给纳税人。纳税人超过应纳税额缴纳的税款，税务机关发现后应当立即退还；纳税人自结算缴纳税款之日起3年内发现的，可以向税务机关要求退还多缴的税款并加算银行同期存款利息，税务机关及时查实后应当立即退还；涉及从国库中退库的,依照法律、行政法规有关国库管理的规定退还。

2. 税款的补缴。税款的补缴是指由于税务机关的责任导致纳税人、扣缴义务人未缴或少缴税款的,税务机关可以要求其补缴。依照《税收征收管理法》第52条的规定,因税务机关的责任,致使纳税人、扣缴义务人未缴或者少缴税款的,税务机关在3年内可以要求纳税人、扣缴义务人补缴税款,但是不得加收滞纳金。

3. 税款的追征。税款的追征是指因纳税人、扣缴义务人失误而未缴、少缴税款的,税务机关可以追征税款。因纳税人、扣缴义务人计算错误等失误,未缴或者少缴税款的,税务机关在3年内可以追征税款、滞纳金;有特殊情况的,追征期可以延长到5年。对偷税、抗税、骗税的,税务机关追征其未缴或者少缴的税款、滞纳金或者所骗取的税款,不受以上规定期限的限制,即可以无限期追征。

四、税务检查

税务检查是指税务机关依法对纳税人履行纳税义务和扣缴义务人履行代扣代缴、代收代缴义务的情况进行的监督检查。纳税人、扣缴义务人必须接受税务机关依法进行的税务检查,如实反映情况,提供有关资料,不得拒绝、隐瞒。

税务机关有权进行下列税务检查:

1. 检查纳税人的账簿、记账凭证、报表和有关资料,检查扣缴义务人代扣代缴、代收代缴税款账簿、记账凭证和有关资料。

2. 到纳税人的生产、经营场所和货物存放地检查纳税人应纳税的商品、货物或者其他财产,检查扣缴义务人与代扣代缴、代收代缴税款有关的经营情况。

3. 责成纳税人、扣缴义务人提供与纳税或者代扣代缴、代收代缴税款有关的文件、证明材料和有关资料。

4. 询问纳税人、扣缴义务人与纳税或者代扣代缴、代收代缴税款有关的问题和情况。

5. 到车站、码头、机场、邮政企业及其分支机构检查纳税人托运、邮寄应纳税商品、货物或者其他财产的有关单据、凭证和有关资料。

6. 经县以上税务局(分局)局长批准,凭全国统一格式的检查存款账户许可证明,查询从事生产、经营的纳税人、扣缴义务人在银行或者其他金融机构的存款账户。税务机关在调查税收违法案件时,经设区的市、自治州以上税务局(分局)局长批准,可以查询案件涉嫌人员的储蓄存款。

税务机关在进行税务检查时应履行的义务有:

1. 税务机关派出的人员进行税务检查时,应当出示税务检查证和税务检通知书,并有责任为被检查人保守秘密;未出示税务检查证和税务检查通知书的,被检查人有权拒绝检查。

2. 税务机关检查纳税人、扣缴义务人的存款账户时,应当指定专人负责,凭全国统一格式的检查存款账户许可证明进行,并有责任为被检查人保守秘密。

第二节 税收征管法律实务

案例1 使用白条入账,由谁作出处罚

案情

某个体户经营餐饮业,已按会计制度要求建立账簿,税务部门对其实行查账征收管理办法征收税款。

2014年9月市地税稽查局对该纳税户进行了突击税务稽查,在稽查中发现该企业有5份白条入账。该个体户称这5份白条是在向一家超市采购食品时,由超市开给他的。稽查人员确认该个体户未按规定取得发票,以白条抵账,决定对其进行查处。稽查局对其下达了《税务行政处罚决定书》后,纳税人却以该种销售发票由国税机关负责印制、管理为由,认为地税机关无权对自己的行为给予行政处罚,并将地税稽查局起诉到人民法院。

法律问题及要求

(1) 使用白条入账是否属于违法行为?
(2) 国税机关与地税机关分别具有哪些征管和处罚的范围?
(3) 如何确认本案的执法主体?

解题思路

该个体工商户以白条入账的行为违反了发票管理法规,是未按规定取得发票的行为。

对纳税人未按规定取得发票的行为的处理应当依照不同情况分别确定主管税务机关。纳税人未按规定取得发票时,按照该行为对哪个应纳税种产生偷逃税影响,由主管该税种的税务机关负责查处。如果纳税人未按规定取得发票的目的和结果是偷逃增值税、消费税的行为,由国税机关处理;目的是为了偷逃地

税机关主管的税种的,由地税机关查处。

由于该个体工商户的发票违法行为其目的是为了偷逃其应纳个人所得税,应由地税机关处罚;对该案中提供白条的纳税人(即超市)的违法行为,因其目的是为了偷逃应纳的增值税,其行为应由国税机关处罚。

> **相关法律链接**
>
> 1.《税收征收管理法》第二十一条　税务机关是发票的主管机关,负责发票印制、领购、开具、取得、保管、缴销的管理和监督。
> 　　单位、个人在购销商品、提供或者接受经营服务以及从事其他经营活动中,应当按照规定开具、使用、取得发票。
> 　　发票的管理办法由国务院规定。
> 　　2.《发票管理办法》第十九条　销售商品、提供服务以及从事其他经营活动的单位和个人,对外发生经营业务收取款项,收款方应当向付款方开具发票;特殊情况下,由付款方向收款方开具发票。
> 　　第二十条　所有单位和从事生产、经营活动的个人在购买商品、接受服务以及从事其他经营活动支付款项,应当向收款方取得发票。取得发票时,不得要求变更品名和金额。
> 　　第二十一条　不符合规定的发票,不得作为财务报销凭证,任何单位和个人有权拒收。

案例 2　设置账外账隐匿收入案

案情

通达股份有限公司于 2008 年初成立,其主营业务是房地产开发、销售、经纪、投资等项目,并兼营餐饮、娱乐业等配套服务项目。2012 年 6 月,当地地税局稽查分局接到群众举报,反映该企业两年来偷税数额大,手段极其隐蔽。稽查分局决定立案侦查,稽查过程中,税务人员发现该企业在 2008 年到 2012 年期间非法设置了两套账簿,一套账簿用于核算企业的全部收支情况和经营成果,据此向主管部门报送会计报表;另一套账簿则隐匿了大部分收入,并列支巨额开支,平时根据这套账簿记载的利润来申报纳税。

经查:2008年到2012年上半年通达股份有限公司少缴营业税、城建税及教育费附加、房产税、企业所得税等合计743598.56元。根据《税收征收管理法》的规定,该企业采取两套账簿手法,隐匿应税收入,进行虚假的纳税申报,且数额巨大,其行为已构成偷税,除追缴其所税款743598.56元外,还对其处以150000元罚款。

法律问题及要求

(1) 通达股份有限公司设置"账外账"的行为是否违法?
(2) 该公司因该行为应承担哪些法律责任?

解题思路

通达股份有限公司设置"账外账"的行为是违法的,已构成税收征管法上的偷税。

税务机关有权追缴其不缴或者少缴的税款、滞纳金,并处不缴或者少缴的税款50%以上5倍以下的罚款;构成犯罪的,依法追究刑事责任。

相关法律链接

1.《税收征收管理法》第六十三条第一款 纳税人伪造、变造、隐匿、擅自销毁账簿、记账凭证,或者在账簿上多列支出或者不列、少列收入,或者经税务机关通知申报而拒不申报或者进行虚假的纳税申报,不缴或者少缴应纳税款的,是偷税。对纳税人偷税的,由税务机关追缴其不缴或者少缴的税款、滞纳金,并处不缴或者少缴的税款50%以上5倍以下的罚款;构成犯罪的,依法追究刑事责任。

2.《会计法》第十六条 各单位发生的各项经济业务事项应当在依法设置的会计账簿上统一登记、核算,不得违反本法和国家统一的会计制度的规定私设会计账簿登记、核算。

案例3　被查封财产的看管费用由谁承担

案情

某夜总会长期拖欠税款,且数额较大,当地地税局在多次催缴无效后,遂对夜总会设施进行整体查封。为了确保查封财产在拍卖前不受侵害和破坏,税务机关要求夜总会派员对整个被查封的夜总会设施进行看护保管,但夜总会经营人以种种理由拒绝看管。税务机关于是聘请当地一家保安公司派人对夜总会的设施进行专业看守,以等候评估机构对设施价值的评估。后因夜总会经营人按税务机关核定的欠税额缴清了税款,税务机关遂解除查封,但要求由夜总会支付保安公司保管费用、人员工资等合计人民币1.6万元,夜总会对此要求不服,认为保安公司为地税局所请,保安公司的费用应由地税局支付。

法律问题及要求

(1)税务机关为何要查封纳税人的财产?
(2)税务机关如何查封纳税人的财产?
(3)保安公司的费用应由谁承担?

解题思路

《税收征收管理法》中所规定的税收保全措施、强制执行措施中都包含有"查封纳税人,扣缴义务人商品"这一具体措施。所谓"查封"是指执行人员对纳税人、扣缴义务人的财产加以封存的一种措施。

税务机关在执行查封商品、货物或其他财产时,必须由两名以上税务人员执行,并通知被执行人。

如果纳税人或扣缴义务人不允诺保管被查封财产的,税务机关可委托或指定他人代为看管,但其费用应由纳税人或扣缴义务人承担。

相关法律链接

1.《税收征收管理法》第四十七条　税务机关扣押商品、货物或者其他财产时,必须开付收据;查封商品、货物或者其他财产时,必须开付清单。

> 2.《税收征收管理法实施细则》第六十五条 对价值超过应纳税额且不可分割的商品、货物或者其他财产，税务机关在纳税人、扣缴义务人或者纳税担保人无其他可供强制执行的财产的情况下，可以整体扣押、查封、拍卖。
>
> 第六十七条第一款　对查封的商品、货物或者其他财产，税务机关可以指令被执行人负责保管，保管责任由被执行人承担。

案例4　税务机关应慎行税务检查权

案情

某市地税局接到群众举报，称该市某酒店有偷税行为。为获取证据，该地税局派税务人员罗某等三人扮作顾客，到该酒店就餐。餐后索要发票，服务人员给开具了一张商业零售发票，且将"餐费"写成了"烟酒饮料费"，当税务人员询问能否打折时，服务人员称如果不开发票，即可打折。数日后，罗某等三人又来到该酒店，向酒店经理出示了税务检查证，欲进行税务检查。该酒店经理拒绝接受检查，并不予配合检查工作。检查人员出示了前几天的就餐发票，并强行打开收银台的抽屉，从中搜出大量该酒店的自制收据和数十本商业零售发票。经核实，该酒店擅自印制收据并非法使用商业零售发票，偷逃营业税等地方税收共计46372.19元，地税局根据《税收征收管理法》及其他有关规定，依法作出如下处理：补税46372.19元，并处所偷税款1倍的罚款，对违反发票管理行为处以8500元的罚款。翌日，该市地税局向该酒店下达了《税务违章处罚通知书》。

法律问题及要求

(1) 税务机关的检查行为是否合法？
(2) 税务机关的税务检查权限有哪些？
(3) 税务机关的作出的行政处罚是否合法？

解题思路

本案中税务机关的税务检查行为应认定为不合法行为。地税局在实施税务检查后作出的处罚决定违反了法定程序且不符合法定处罚形式。

相关法律链接

1.《税收征收管理法》第五十四条 税务机关有权进行下列税务检查：

（一）检查纳税人的账簿、记账凭证、报表和有关资料，检查扣缴义务人代扣代缴、代收代缴税款账簿、记账凭证和有关资料；

（二）到纳税人的生产、经营场所和货物存放地检查纳税人应纳税的商品、货物或者其他财产，检查扣缴义务人与代扣代缴、代收代缴税款有关的经营情况；

（三）责成纳税人、扣缴义务人提供与纳税或者代扣代缴、代收代缴税款有关的文件、证明材料和有关资料；

（四）询问纳税人、扣缴义务人与纳税或者代扣代缴、代收代缴税款有关的问题和情况；

（五）到车站、码头、机场、邮政企业及其分支机构检查纳税人托运、邮寄应纳税商品、货物或者其他财产的有关单据、凭证和有关资料；

（六）经县以上税务局(分局)局长批准，凭全国统一格式的检查存款账户许可证明，查询从事生产、经营的纳税人、扣缴义务人在银行或者其他金融机构的存款账户。税务机关在调查税收违法案件时，经设区的市、自治州以上税务局(分局)局长批准，可以查询案件涉嫌人员的储蓄存款。税务机关查询所获得的资料，不得用于税收以外的用途。

2. 最高人民法院《关于执行〈中华人民共和国行政诉讼法〉若干问题的解释》第三十条 下列证据不能作为认定被诉具体行政行为合法的根据：

（一）被告及其诉讼代理人在作出具体行政行为后自行收集的证据；

（二）被告严重违反法定程序收集的其他证据。

3.《行政处罚法》第三十一条 行政机关在作出行政处罚决定之前，应当告知当事人作出行政处罚决定的事实、理由及依据，并告知当事人依法享有的权利。

第三十九条 行政机关依照本法第三十八条的规定给予行政处罚，应当制作行政处罚决定书。

第四十二条第一款 行政机关作出责令停产停业、吊销许可证或者执照、较大数额罚款等行政处罚决定之前，应当告知当事人有要求举行听证的权利；当事人要求听证的，行政机关应当组织听证。

> 4.《税务行政处罚听证程序实施办法(试行)》第三条　税务机关对公民作出2000元以上(含本数)罚款或者对法人或者对其他组织作出1万元以上(含本数)罚款的行政处罚之前,应当向当事人送达《税务行政处罚事项告知书》,告知当事人已经查明的违法事实、证据、行政处罚的法律依据和拟将给予的行政处罚,并告知有要求举行听证的权利。

案例5　税务机关如此扣押合法吗

案情

某乡农副产品采购供应站,因多次欠缴税款,累计已达3.5万多元。2014年11月11日,该乡税务分局的税务员李某前来催缴税款,并扬言,若11月16日前再不能缴清欠税,则将对该供应站采取税收保全措施。11月16日上午,李某带同事来到供应站,将一张《查封(扣押)证》和一份《扣押商品、货物财产专用收据》交给站长后,强行将站里收购的一车价值5万多元的芦笋拉走。供应站经多方筹款,终于在11月20日将所欠税款全部缴清。但在向李某索要扣押的芦笋时,李某却说芦笋存放在食品站的仓库里。当供应站人员赶到食品站时,保管员已回城里休假。4天后供应站才拉回芦笋。然而因天气突然转冷,芦笋几乎已全部冻烂,供应站遭受了3.5万元的直接经济损失。且由于供应站未能按合同约定时间供应芦笋,还要按照合同支付给购货方1万元的违约金,合计损失4.5万元。12月1日,供应站书面向该乡税务分局提出了赔偿4.5万元损失的请求,分局长说要向上级请示。12月6日,供应站再向该乡税务分局询问赔偿事宜时,分局长表示,李某及其同事对供应站实施扣押货物,未经过局长批准,纯属个人行为,因此税务局不能承担赔偿责任。同时还向供应站有关人员出示了《查封(扣押)证》的存档联,果然没有局长签字。12月12日,供应站向县税务局提出税务行政复议申请,请求县局裁定该乡税务分局实施扣押货物违法,同时申请赔偿4.5万元的损失。

法律问题及要求

(1) 何谓税收保全措施?
(2) 李某等人采取税收保全措施的行为是否合法?
(3) 供应站的损失应由李某个人赔偿还是由乡税务局赔偿?

解题思路

李某等人采取税收保全措施的行为违法。供应站的损失应由乡税务局赔偿。

相关法律链接

1.《税收征收管理法》第三十八条第一、第二款 税务机关有根据认为从事生产、经营的纳税人有逃避纳税义务行为的,可以在规定的纳税期之前,责令限期缴纳应纳税款;在限期内发现纳税人有明显的转移、隐匿其应纳税的商品、货物以及其他财产或者应纳税的收入的迹象的,税务机关可以责成纳税人提供纳税担保。如果纳税人不能提供纳税担保,经县以上税务局(分局)局长批准,税务机关可以采取下列税收保全措施:

(一)书面通知纳税人开户银行或者其他金融机构冻结纳税人的金额相当于应纳税款的存款;

(二)扣押、查封纳税人的价值相当于应纳税款的商品、货物或者其他财产。

纳税人在前款规定的限期内缴纳税款的,税务机关必须立即解除税收保全措施;限期期满仍未缴纳税款的,经县以上税务局(分局)局长批准,税务机关可以书面通知纳税人开户银行或者其他金融机构从其冻结的存款中扣缴税款,或者依法拍卖或者变卖所扣押、查封的商品、货物或者其他财产,以拍卖或者变卖所得抵缴税款。

2.《税收征收管理法实施细则》第六十三条 税务机关执行扣押、查封商品、货物或者其他财产时,应当由两名以上税务人员执行,并通知被执行人。被执行人是自然人的,应当通知被执行人本人或者其成年家属到场;被执行人是法人或者其他组织的,应当通知其法定代表人或者主要负责人到场;拒不到场的,不影响执行。

第六十八条 纳税人在税务机关采取税收保全措施后,按照税务机关规定的期限缴纳税款的,税务机关应当自收到税款或者银行转回的完税凭证之日起1日内解除税收保全。

3.《国家赔偿法》第七条第一款 行政机关及其工作人员行使行政职权侵犯公民、法人和其他组织的合法权益造成损害的,该行政机关为赔偿义务机关。

案例6 变更经营地址应该办理税务登记

案情

A市某个体户在某市场经营建筑材料,由于该市场拆迁,2014年1月1日起该个体户搬到自己的住宅继续经营。根据群众举报,A市税务分局于2014年4月9日对该个体户的经营场所(住宅)进行检查,发现该个体户未办理税务变更登记,自搬迁后一直未进行纳税申报,经查实,该个体户于2014年1月1日至2014年3月31日取得应税销售收入合计12万元。其中:2014年1月1日至2014年2月28日取得应税销售收入7.5万元,2014年3月1日至31日取得应税销售收入4.5万元。该分局决定对该个体户进行处罚。

法律问题及要求

(1) 该个体户变更经营地点是否应办理税务登记?
(2) 税务机关可对其采取哪些处罚措施?
(3) 税务所能否对该个体户的经营场所(住宅)进行检查?

解题思路

该个体户变更经营地点应办理税务登记。税务所不能对该个体户的经营场所(住宅)进行检查,如一定需要检查,必须经司法机关批准后,由司法机关协助检查。

相关法律链接

1.《税收征收管理法实施细则》第十五条第二款 纳税人因住所、经营地点变动,涉及改变税务登记机关的,应当在向工商行政管理机关或者其他机关申请办理变更或者注销登记前或者住所、经营地点变动前,向原税务登记机关申报办理注销税务登记,并在 30 日内向迁达地税务机关申报办理税务登记。

2.《税收征收管理法》第六十条　纳税人有下列行为之一的,由税务机关责令限期改正,可以处 2000 元以下的罚款;情节严重的,处 2000 元以上 1 万元以下的罚款:

（一）未按照规定的期限申报办理税务登记、变更或者注销登记的;
（二）未按照规定设置、保管账簿或者保管记账凭证和有关资料的;
（三）未按照规定将财务、会计制度或者财务、会计处理办法和会计核算软件报送税务机关备查的;
（四）未按照规定将其全部银行账号向税务机关报告的;
（五）未按照规定安装、使用税控装置,或者损毁或者擅自改动税控装置的。

纳税人不办理税务登记的,由税务机关责令限期改正;逾期不改正的,经税务机关提请,由工商行政管理机关吊销其营业执照。

纳税人未按照规定使用税务登记证件,或者转借、涂改、损毁、买卖、伪造税务登记证件的,处 2000 元以上 1 万元以下的罚款;情节严重的,处 1 万元以上 5 万元以下的罚款。

第六十四条　纳税人、扣缴义务人编造虚假计税依据的,由税务机关责令限期改正,并处 5 万元以下的罚款。

纳税人不进行纳税申报,不缴或者少缴应纳税款的,由税务机关追缴其不缴或者少缴的税款、滞纳金,并处不缴或者少缴的税款 50% 以上 5 倍以下的罚款。

3.《宪法》第三十九条　中华人民共和国公民的住宅不受侵犯。禁止非法搜查或者非法侵入公民的住宅。

案例 7　"纳税担保人"持刀行凶为何不构成暴力抗税罪

案情

2014 年 7 月 7 日,某市地税局第三分局干部王某,到该辖区一经营运输的个体户钱某家征收其上半年税款 4550 元。钱某称新购了运输车一辆,资金周转不开,请求暂缓缴纳,并说税款由其在市里某公司工作的亲戚吴某担保缴纳。王某遂与钱某于当日找到吴某,吴某当即表示,钱某的税款由他担保缴纳,时间最长10天,此事无需再找钱某。王某信以为真。

10天过去了,吴某未向地税机关缴纳分文税款,王某于是找到吴某,要求他履行承诺的纳税义务。吴某当即表示自己不是法定的纳税人,税务机关向他征税是错误的,并要王某向其道歉。王某遂与之发生争执,争执过程中,吴某转身到附近一水果摊上拿出一把水果刀,朝王某连刺几刀,致王某当场昏迷,送医院急救后脱离生命危险。经法医鉴定,王某为重伤。

案发后,地税机关要求公安机关以暴力抗税罪立案严惩凶手,而公安机关认为吴某根本不构成暴力抗税罪,其理由是吴某既不是纳税人,也不是有效的纳税担保人,以暴力抗税罪立案显然没有犯罪主体。

法律问题及要求

(1) 什么是纳税保证人?
(2) 纳税保证人应符合哪些条件?
(3) 对吴某的行为,公安机关能否以暴力抗税罪立案?

解题思路

纳税保证人,是指在中国境内具有纳税担保能力的自然人、法人或者其他经济组织。法律、行政法规规定的没有担保资格的单位和个人,不得作为纳税担保人。纳税担保人必须同时具备3个条件才能取得担保资格:(1) 必须是中国境内的公民、法人或其他组织。(2) 必须有担保能力,即有足够的财产偿付能力。(3) 不能是法律、行政法规明文禁止的单位和个人。对吴某的行为,公安机关不能以暴力抗税罪立案。

相关法律链接

《税收征收管理法实施细则》第六十一条 税收征收管理法第三十八条、第八十八条所称担保,包括经税务机关认可的纳税保证人为纳税人提供的纳税保证,以及纳税人或者第三人以其未设置或者未全部设置担保物权的财产提供的担保。

纳税保证人,是指在中国境内具有纳税担保能力的自然人、法人或者其他经济组织。

法律、行政法规规定的没有担保资格的单位和个人,不得作为纳税担保人。

第六十二条 纳税担保人同意为纳税人提供纳税担保的,应当填写纳税担保书,写明担保对象、担保范围、担保期限和担保责任以及其他有关事项。担保书须经纳税人、纳税担保人签字盖章并经税务机关同意,方为有效。

纳税人或者第三人以其财产提供纳税担保的,应当填写财产清单,并写明财产价值以及其他有关事项。纳税担保财产清单须经纳税人、第三人签字盖章并经税务机关确认,方为有效。

案例8 税收代位权行使不当案

案情

2014年2月,某市轮胎厂与该市某汽车制造厂签订了一份订购轮胎的合同,合同约定轮胎厂于2014年6月底前为汽车制造厂按指定样品提供标准轮胎2000个,每个轮胎价格为800元,汽车制造厂应在验收合格后的2个月内将购货款160万元一次性全部付清。到6月底时,轮胎厂如期将2000个按样品加工的轮胎送到汽车制造厂中心仓库,汽车制造厂在验收过程中发现轮胎存在质量瑕疵,因此拒绝向轮胎厂支付货款。

2014年12月7日,因轮胎厂欠缴2014年上半年的增值税和消费税合计102万元,该市国税局第一分局在责令该轮胎厂限期缴纳税款未果的情况下欲对其成品仓库内的轮胎产品实施查封措施。轮胎厂厂长主动向国税局的工作人员交代了汽车制造厂拖欠其160万元货款的情况,国税局遂于2014年12月12日来到汽车制造厂,明确表示,因轮胎厂欠缴税款,而汽车制造厂又拖欠轮胎厂的货款,根据《税收征收管理法》的规定,税务部门有权向汽车制造厂行使代位权,责令汽车制造厂于3日内代市轮胎厂缴清欠缴的税款102万元,否则将对其采取税收强制执行措施。3日后,第一国税分局强行从汽车制造厂扣押了价值相当于102万元的产品。

法律问题及要求

(1) 什么是税收代位权?
(2) 税务机关行使代位权应符合哪些条件?

(3) 第一国税分局在行使代位权时有哪些违法之处?

解题思路

欠缴税款的纳税人因怠于行使到期债权,或者放弃到期债权,或者无偿转让财产,或者以明显不合理的低价转让财产而受让人知道该情形,对国家税收造成损害的,税务机关可以依照《合同法》第 73 条、第 74 条的规定行使代位权、撤销权。

税务机关在依法行使代位权时,应该首先符合以下条件:(1)税款合法。即税务机关需要对纳税人进行追缴的税款合法,纳税人对税务机关要追征的税款没有争议。(2)纳税人与次债务人之间的债权、债务合法。(3)纳税人对次债务人的债权已经到期。(4)纳税人怠于行使债权。即纳税人对到期的债权,既未依法向人民法院提起诉讼,又未向仲裁机构申请仲裁。(5)给国家造成税收损失。

相关法律链接

1. 《税收征收管理法》第四十条第一款、第二款　从事生产、经营的纳税人、扣缴义务人未按照规定的期限缴纳或者解缴税款,纳税担保人未按照规定的期限缴纳所担保的税款,由税务机关责令限期缴纳,逾期仍未缴纳的,经县以上税务局(分局)局长批准,税务机关可以采取下列强制执行措施:

(一) 书面通知其开户银行或者其他金融机构从其存款中扣缴税款;

(二) 扣押、查封、依法拍卖或者变卖其价值相当于应纳税款的商品、货物或者其他财产,以拍卖或者变卖所得抵缴税款。

税务机关采取强制执行措施时,对前款所列纳税人、扣缴义务人、纳税担保人未缴纳的税款滞纳金同时强制执行。

个人及其所扶养家属维持生活必需的住房和用品,不在强制执行措施的范围之内。

第五十条　欠缴税款的纳税人因怠于行使到期债权,或者放弃到期债权,或者无偿转让财产,或者以明显不合理的低价转让财产而受让人知道该情形,对国家税收造成损害的,税务机关可以依照合同法第七十三条、第七十四条的规定行使代位权、撤销权。

第十三章 税收征收管理法

　　税务机关依照前款规定行使代位权、撤销权的,不免除欠缴税款的纳税人尚未履行的纳税义务和应承担的法律责任。
　　2.《合同法》第七十三条　因债务人怠于行使其到期债权,对债权人造成损害的,债权人可以向人民法院请求以自己的名义代位行使债务人的债权,但该债权专属于债务人自身的除外。
　　代位权的行使范围以债权人的债权为限。债权人行使代位权的必要费用,由债务人负担。

案例9　税务机关应依法送达税务文书

案情

　　贵州省某市国税稽查局对当地煤炭企业进行税收稽查时,发现某煤炭企业有严重的税收违法行为,欲对其作出行政处罚的处理决定。按照《行政处罚法》第31条的规定,在作出行政处罚决定前,税务机关应当告知当事人作出行政处罚决定的事实、理由和依据。但是稽查局考虑到该市地处云贵高原,山多路远,该煤炭企业离市区有近150公里的路程,且恰逢冬天,天气多雨雪,山上冰封路滑,送达《税务行政处罚事项告知书》有一定困难,故采取了在本市报刊上公告送达《税务行政处罚事项告知书》的办法。

　　30日后,国税稽查局便向该煤炭企业下达了《税务行政处罚决定书》,决定对其处以10万元的罚款。该煤炭企业以未收到《税务行政处罚事项告知书》为由,拒绝执行稽查局的处理决定,并向稽查局的上一级税务机关——市国税局提出了税务行政复议,要求撤销稽查局的处罚决定。

法律问题及要求

　　(1) 税务机关送达税务文书的途径有哪些?
　　(2) 该煤炭企业能否拒绝执行税务稽查局的处理决定?

解题思路

　　税务机关送达税务文书,应当直接送交受送达人。受送达人是公民的,应当由本人直接签收;本人不在的,交其同住成年家属签收。受送达人是法人或者其他组织的,应当由法人的法定代表人、其他组织的主要负责人或者该法人、组织的财务负责人、负责收件的人签收。直接送达税务文书有困难的,可以委托其他有关机关或者其他单位代为送达,或者邮寄送达。

本案中,国税稽查局对纳税人送达税务文书时,在没有采取其他送达方式的情况下,就直接采用公告送达的方式,是不合法的,因此企业有权拒绝执行稽查局的处理决定。

相关法律链接

《税收征收管理法实施细则》第一百零一条　税务机关送达税务文书,应当直接送交受送达人。

受送达人是公民的,应当由本人直接签收;本人不在的,交其同住成年家属签收。

受送达人是法人或者其他组织的,应当由法人的法定代表人、其他组织的主要负责人或者该法人、组织的财务负责人、负责收件的人签收。受送达人有代理人的,可以送交其代理人签收。

第一百零二条　送达税务文书应当有送达回证,并由受送达人或者本细则规定的其他签收人在送达回证上记明收到日期,签名或者盖章,即为送达。

第一百零三条　受送达人或者本细则规定的其他签收人拒绝签收税务文书的,送达人应当在送达回证上记明拒收理由和日期,并由送达人和见证人签名或者盖章,将税务文书留在受送达人处,即视为送达。

第一百零四条　直接送达税务文书有困难的,可以委托其他有关机关或者其他单位代为送达,或者邮寄送达。

第一百零五条　直接或者委托送达税务文书的,以签收人或者见证人在送达回证上的签收或者注明的收件日期为送达日期;邮寄送达的,以挂号函件回执上注明的收件日期为送达日期,并视为已送达。

第一百零六条　有下列情形之一的,税务机关可以公告送达税务文书,自公告之日起满30日,即视为送达:

(一) 同一送达事项的受送达人众多;

(二) 采用本章规定的其他送达方式无法送达。

第十三章 税收征收管理法

案例10　撕毁文书是否等于抗税越权

案情

巴某系部队退役军人,2014年2月15日从民政部门领取自谋职业安置费后,购置了一辆大巴从事客运业务。4月12日,巴某所在市的地税分局向巴某下达了《税务事项通知书》以及《责令限期改正通知书》,要求巴某在10日内办理税务登记和纳税申报手续。巴某以退役军人就业可以享受税收优惠为由,拒绝办理税务登记和纳税申报。

5月8日,税务人员再次,向巴某下达了《应纳税款核定通知书》和《限期纳税通知书》,限巴某于5月15日前到税务分局缴纳欠税款1500元。巴某拒绝在通知书上签字,并当场将其撕毁。

5月21日,税务人员在公路上将巴某的大巴车拦停,然而巴某却在税务人员向分局报告时趁机驾车逃走。税务人员认为巴某撕毁文书并逃逸,构成抗税,且情节严重,遂将巴某的车辆强行扣押。

法律问题及要求

(1) 巴某撕毁税务文书的行为是否构成抗税?
(2) 对巴某的违法行为,税务机关可以采取哪些处罚措施?
(3) 本案中,税务机关的行为是否存在违法之处?

解题思路

(1) 本案中,巴某的行为尚不构成抗税。

(2) 对巴某未按规定的期限办理税务登记和纳税申报的行为,主管税务机关可责令其限期改正,并处2000元以下的罚款;情节严重的,处2000元以上1万元以下的罚款。对巴某的偷税行为,税务机关可以依法追缴其不缴或者少缴的税款、滞纳金,并处不缴或者少缴的税款50%以上5倍以下的罚款。对巴某逃避、拒绝纳税检查的行为,税务机关应责令改正,可以处1万元以下的罚款;情节严重的,处1万元以上5万元以下的罚款。

(3) 税务机关在本案中有多处违法行为。

相关法律链接

1.《税收征收管理法》第十五条第一款 企业,企业在外地设立的分支机构和从事生产、经营的场所,个体工商户和从事生产、经营的事业单位(以下统称从事生产、经营的纳税人)自领取营业执照之日起30日内,持有关证件,向税务机关申报办理税务登记。税务机关应当于收到申报的当日办理登记并发给税务登记证件。

第五十四条 税务机关有权进行下列税务检查:

(一)检查纳税人的账簿、记账凭证、报表和有关资料,检查扣缴义务人代扣代缴、代收代缴税款账簿、记账凭证和有关资料;

(二)到纳税人的生产、经营场所和货物存放地检查纳税人应纳税的商品、货物或者其他财产,检查扣缴义务人与代扣代缴、代收代缴税款有关的经营情况;

(三)责成纳税人、扣缴义务人提供与纳税或者代扣代缴、代收代缴税款有关的文件、证明材料和有关资料;

(四)询问纳税人、扣缴义务人与纳税或者代扣代缴、代收代缴税款有关的问题和情况;

(五)到车站、码头、机场、邮政企业及其分支机构检查纳税人托运、邮寄应纳税商品、货物或者其他财产的有关单据、凭证和有关资料;

(六)经县以上税务局(分局)局长批准,凭全国统一格式的检查存款账户许可证明,查询从事生产、经营的纳税人、扣缴义务人在银行或者其他金融机构的存款账户。税务机关在调查税收违法案件时,经设区的市、自治州以上税务局(分局)局长批准,可以查询案件涉嫌人员的储蓄存款。税务机关查询所获得的资料,不得用于税收以外的用途。

第六十条 纳税人有下列行为之一的,由税务机关责令限期改正,可以处2000元以下的罚款;情节严重的,处2000元以上1万元以下的罚款:

(一)未按照规定的期限申报办理税务登记、变更或者注销登记的;

(二)未按照规定设置、保管账簿或者保管记账凭证和有关资料的;

(三)未按照规定将财务、会计制度或者财务、会计处理办法和会计核算软件报送税务机关备查的;

(四)未按照规定将其全部银行账号向税务机关报告的;

(五)未按照规定安装、使用税控装置,或者损毁或者擅自改动税控装置的。

纳税人不办理税务登记的,由税务机关责令限期改正;逾期不改正的,经税务机关提请,由工商行政管理机关吊销其营业执照。

纳税人未按照规定使用税务登记证件,或者转借、涂改、损毁、买卖、伪造税务登记证件的,处2000元以上1万元以下的罚款;情节严重的,处1万元以上5万元以下的罚款。

第六十三条 纳税人伪造、变造、隐匿、擅自销毁账簿、记账凭证,或者在账簿上多列支出或者不列、少列收入,或者经税务机关通知申报而拒不申报或者进行虚假的纳税申报,不缴或者少缴应纳税款的,是偷税。对纳税人偷税的,由税务机关追缴其不缴或者少缴的税款、滞纳金,并处不缴或者少缴的税款50%以上5倍以下的罚款;构成犯罪的,依法追究刑事责任。

扣缴义务人采取前款所列手段,不缴或者少缴已扣、已收税款,由税务机关追缴其不缴或者少缴的税款、滞纳金,并处不缴或者少缴的税款50%以上5倍以下的罚款;构成犯罪的,依法追究刑事责任。

第六十七条 以暴力、威胁方法拒不缴纳税款的,是抗税,除由税务机关追缴其拒缴的税款、滞纳金外,依法追究刑事责任。情节轻微,未构成犯罪的,由税务机关追缴其拒缴的税款、滞纳金,并处拒缴税款1倍以上5倍以下的罚款。

第七十条 纳税人、扣缴义务人逃避、拒绝或者以其他方式阻挠税务机关检查的,由税务机关责令改正,可以处1万元以下的罚款;情节严重的,处1万元以上5万元以下的罚款。

2. 最高人民法院《关于审理偷税抗税刑事案件具体应用法律若干问题的解释》第五条 实施抗税行为具有下列情形之一的,属于刑法第二百零二条规定的"情节严重":

(一)聚众抗税的首要分子;
(二)抗税数额在10万元以上的;
(三)多次抗税的;
(四)故意伤害致人轻伤的;
(五)具有其他严重情节。

案例 11　个人取得租金应办理纳税申报

案情

周某拥有住房两处和临街铺面三个。2014 年周某将其位于市中心的住房和三间铺面全部出租。年终一次性取得租金收入 15 万元。周某取得租金后，并未向当地税务机关办理纳税申报。税务机关得知此事后，于 2015 年 1 月 6 日通知周某于 3 日内到税务机关办理纳税申报。周某直至 2015 年 1 月 30 日仍未办理纳税申报，被税务机关追缴应缴的税款，并处以 1500 元的罚款。

法律问题及要求

(1) 周某是否应办理纳税申报？
(2) 税务机关对周某处以 1500 元罚款是否合法有据？

解题思路

(1) 周某应该办理纳税申报。
(2) 税务机关对周某处以 1500 元罚款合法有据。

《税收征收管理法》第二十五条第一款　纳税人必须依照法律、行政法规规定或者税务机关依照法律、行政法规的规定确定的申报期限、申报内容如实办理纳税申报，报送纳税申报表、财务会计报表以及税务机关根据实际需要要求纳税人报送的其他纳税资料。

第三十一条　纳税人、扣缴义务人按照法律、行政法规规定或者税务机关依照法律、行政法规的规定确定的期限，缴纳或者解缴税款。

纳税人因有特殊困难，不能按期缴纳税款的，经省、自治区、直辖市国家税务局、地方税务局批准，可以延期缴纳税款，但最长不得超过三个月。

第六十二条　纳税人未按照规定的期限办理纳税申报和报送纳税资料的，或者扣缴义务人未按照规定的期限向税务机关报送代扣代缴、代收代缴税款报告表和有关资料的，由税务机关责令限期改正，可以处 2000 元以下的罚款；情节严重的，可以处 2000 元以上 1 万元以下的罚款。

案例 12 税务机关追征纳税人漏缴税款案

案情

某通信公司于2009年6月至2013年12月将该公司闲置的一幢写字楼出租给某贸易公司,每月租金1万元。该公司在计算房产税时,对这笔租金收入适用了1.2%的税率计算缴纳税款。2014年1月,税务局在年终税务检查中,发现该公司因适用税率错误而少缴房产税6480元,其原因在于该公司将写字楼出租后,没有向税务机关申报纳税鉴定,以致错用税率。据此,税务局作出决定:责令通信公司补缴税款6480元,并处以罚款1600元。

法律问题及要求

(1) 该公司在计算该笔房产税时适用税率应为多少?
(2) 税务机关要求该公司补缴税款时是否已逾税款追征期限?
(3) 税务机关对该公司漏缴税款的行为能否作出罚款的处罚决定?

解题思路

(1) 该公司在计算该笔房产税时适用税率应为12%。
(2) 税务机关要求该公司补缴税款时未逾税款追征期限。
(3) 税务机关对该公司漏缴税款的行为可以作出罚款的处罚决定。

相关法律链接

《税收征收管理法》第五十二条 因税务机关的责任,致使纳税人、扣缴义务人未缴或者少缴税款的,税务机关在3年内可以要求纳税人、扣缴义务人补缴税款,但是不得加收滞纳金。

因纳税人、扣缴义务人计算错误等失误,未缴或者少缴税款的,税务机关在3年内可以追征税款、滞纳金;有特殊情况的,追征期可以延长到5年。

对偷税、抗税、骗税的,税务机关追征其未缴或者少缴的税款、滞纳金或者所骗取的税款,不受前款规定期限的限制。

第十四章　税务行政复议和行政诉讼[①]

第一节　税务行政复议和行政诉讼基本问题

一、税务行政复议

税务行政复议是税务机关对纳税人及其他当事人提出的复议事项进行审批并作出行政裁决的执法活动。

(一) 税务行政复议范围

行政复议机关受理申请人对税务机关下列具体行政行为不服提出的行政复议申请:

1. 征税行为,包括确认纳税主体、征税对象、征税范围、减税、免税、退税、抵扣税款、适用税率、计税依据、纳税环节、纳税期限、纳税地点和税款征收方式等具体行政行为,征收税款、加收滞纳金,扣缴义务人、受税务机关委托的单位和个人作出的代扣代缴、代收代缴、代征行为等。

2. 行政许可、行政审批行为。

3. 发票管理行为,包括发售、收缴、代开发票等。

4. 税收保全措施、强制执行措施。

5. 行政处罚行为:(1) 罚款;(2) 没收财物和违法所得;(3) 停止出口退税权。

6. 不依法履行下列职责的行为:(1) 颁发税务登记;(2) 开具、出具完税凭证、外出经营活动税收管理证明;(3) 行政赔偿;(4) 行政奖励;(5) 其他不依法履行职责的行为。

7. 资格认定行为。

8. 不依法确认纳税担保行为。

9. 政府信息公开工作中的具体行政行为。

[①]　《行政诉讼法》于 2014 年 11 月 1 日修改。由于本版修改时相关司法解释尚未出台,税收方面的细则也尚未修改,有些规定,阐述可能有不一致之处。特此说明。

10. 纳税信用等级评定行为。

11. 通知出入境管理机关阻止出境行为。

12. 其他具体行政行为。

申请人认为税务机关的具体行政行为所依据的下列规定不合法,对具体行政行为申请行政复议时,可以一并向行政复议机关提出对有关规定的审查申请;申请人对具体行政行为提出行政复议申请时不知道该具体行政行为所依据的规定的,可以在行政复议机关作出行政复议决定以前提出对该规定的审查申请:(1)国家税务总局和国务院其他部门的规定。(2)其他各级税务机关的规定。(3)地方各级人民政府的规定。(4)地方人民政府工作部门的规定。

(二)税务行政复议的管辖

1. 对各级国家税务局的具体行政行为不服的,向其上一级国家税务局申请行政复议。

2. 对各级地方税务局的具体行政行为不服的,可以选择向其上一级地方税务局或者该税务局的本级人民政府申请行政复议。省、自治区、直辖市人民代表大会及其常务委员会、人民政府对地方税务局的行政复议管辖另有规定的,从其规定。

3. 对国家税务总局的具体行政行为不服的,向国家税务总局申请行政复议。对行政复议决定不服,申请人可以向人民法院提起行政诉讼,也可以向国务院申请裁决。国务院的裁决为最终裁决。

4. 对下列税务机关的具体行政行为不服的,按照下列规定申请行政复议:(1)对计划单列市税务局的具体行政行为不服的,向省税务局申请行政复议。(2)对税务所(分局)、各级税务局的稽查局的具体行政行为不服的,向其所属税务局申请行政复议。(3)对两个以上税务机关共同作出的具体行政行为不服的,向共同上一级税务机关申请行政复议;对税务机关与其他行政机关共同作出的具体行政行为不服的,向其共同上一级行政机关申请行政复议。(4)对被撤销的税务机关在撤销以前所作出的具体行政行为不服的,向继续行使其职权的税务机关的上一级税务机关申请行政复议。(5)对税务机关作出逾期不缴纳罚款加处罚款的决定不服的,向作出行政处罚决定的税务机关申请行政复议。但是对已处罚款和加处罚款都不服的,一并向作出行政处罚决定的税务机关的上一级税务机关申请行政复议。

有上述(2)、(3)、(4)、(5)项所列情形之一的,申请人也可以向具体行政行为发生地的县级地方人民政府提交行政复议申请,由接受申请的县级地方人民政府依法转送。

（三）税务行政复议的申请

1. 申请人、被申请人和第三人。(1) 申请人。税务行政复议的申请人是指依法提起行政复议的纳税人及其他当事人，包括纳税义务人、扣缴义务人、纳税担保人和其他当事人。(2) 被申请人。税务行政复议的被申请人是指被提起行政复议的作出具体行政行为的税务机关。(3) 第三人。申请人、第三人可以委托代理人代为参加行政复议。被申请人不得委托代理人代为参加行政复议。

2. 申请方式。税务行政复议的申请方式，可以是书面申请，也可以是口头申请。

3. 申请时限。申请人可以在知道税务机关作出具体行政行为之日起60日内提出复议申请。

（四）税务行政复议的受理

行政复议申请符合下列规定的，行政复议机关应当受理：(1) 属于税务行政复议范围。(2) 在法定申请期限内提出。(3) 有明确的申请人和符合规定的被申请人。(4) 申请人与具体行政行为有利害关系。(5) 有具体的行政复议请求和理由。(6) 符合《税务行政复议规则》第33条和第34条规定的条件。(7) 属于收到行政复议申请的行政复议机关的职责范围。(8) 其他行政复议机关尚未受理同一行政复议申请，人民法院尚未受理同一主体就同一事实提起的行政诉讼。

（五）行政复议决定

行政复议机构应当对被申请人的具体行政行为提出审查意见，经行政复议机关负责人批准，按照下列规定作出行政复议决定：(1) 具体行政行为认定事实清楚，证据确凿，适用依据正确，程序合法，内容适当的，决定维持。(2) 被申请人不履行法定职责的，决定其在一定期限内履行。(3) 具体行政行为有下列情形之一的，决定撤销、变更或者确认该具体行政行为违法；决定撤销或者确认该具体行政行为违法的，可以责令被申请人在一定期限内重新作出具体行政行为：① 主要事实不清、证据不足的；② 适用依据错误的；③ 违反法定程序的；④ 超越职权或者滥用职权的；⑤ 具体行政行为明显不当的。(4) 被申请人不按照规则的规定提出书面答复，提交当初作出具体行政行为的证据、依据和其他有关材料的，视为该具体行政行为没有证据、依据，决定撤销该具体行政行为。

二、税收行政诉讼

税务行政诉讼是指公民、法人和其他组织认为税务机关及其工作人员的税务行政行为违法或者不当，侵犯了其合法权益，依法向人民法院提起行政诉讼，由人民法院对税务行政行为的合法性和适当性进行审理并作出裁决的司法活动。

税务行政诉讼以解决税务行政争议为前提,它有别于其他行政诉讼活动,具体表现为:(1)被告必须是税务机关,或经法律、法规授权的行使税务行政管理权的组织,而非其他行政机关或组织。(2)税务行政诉讼解决的争议发生在税务行政管理过程中。(3)因税款征纳问题发生的争议,当事人在向人民法院提起行政诉讼前,必须先经税务行政复议程序,即复议前置。

(一)税务行政诉讼的管辖

税务行政诉讼的管辖可分为级别管辖、地域管辖和裁定管辖。

(二)税务行政诉讼的受案范围

税务行政诉讼的受案范围包括:(1)税务机关作出的征税行为;(2)税务机关作出的责令纳税人提交纳税保证金或者纳税担保行为;(3)税务机关作出的行政处罚行为;(4)税务机关作出的通知出境管理机关阻止出境行为;(5)税务机关作出的税收保全措施;(6)税务机关作出的税收强制执行措施;(7)认为符合法定条件申请税务机关颁发税务登记证和发售发票,税务机关拒绝颁发、发售或者不予答复的行为;(8)税务机关的复议行为。

(三)税务行政诉讼的起诉、审理和判决

税务行政诉讼的起诉是指公民、法人或者其他经济组织认为自己的合法权益受到税务机关的行政行为的侵害,而向人民法院提出诉讼请求,要求人民法院行使审判权,依法予以保护的诉讼行为。

人民法院审理行政案件实行合议、回避、公开审判和两审终审的审判制度。

人民法院经过审理,根据不同情况,分别作出以下判决:

(1)维持判决。适用于行政行为证据确凿,适用法律、行政法规正确,符合法定程序的案件。

(2)撤销判决。行政行为有下列情形之一的,判决撤销或部分撤销,并可以判决被告重新作出行政行为:① 主要证据不足的;② 适用法律、行政法规错误的;③ 违反法定程序的;④ 超越职权的;⑤ 滥用职权的;⑥ 明显不当的。

(3)履行判决。被告不履行或拖延履行法定职责的,判决其在一定期限内履行。

(4)变更判决。税务行政处罚显失公正的,可以判决变更。

当事人不服人民法院第一审判决的,可以在规定的时限内,向上一级人民法院提起上诉。

第二节 税务行政复议和行政诉讼法律实务

案例1 税务行政复议受理范围

案情

2012年8月15日,某税务所接到群众举报,称其辖区某商场开业至今已3个月,但是没有缴纳任何税款。经查,该商场于2012年5月8日办理了营业执照,5月10日正式投入运营,没有办理税务登记,至税务机关检查时止,该商场共销售货物达80万元,但是没有申报纳税,根据检查情况,税务所于7月18日拟作出如下处理决定:(1)责令该商场于7月25日前办理税务登记,并处以500元罚款;(2)按规定补缴税款、加收滞纳金,并对未缴税款在《税收征收管理法》规定的处罚范围内,处以6000元罚款。同月,税务所在法定期限内按照法定程序作出了"税务处理决定书"和"税务行政处罚决定书",同时下发"限期缴纳税款通知书",要求该商场限期缴税款和罚款。

商场认为本商场刚开业,资金十分紧张,申请税务所核减税款和罚款,被税务所拒绝。该商场老板见申请被拒绝,就试图转移财产以逃避税款,被税务机关发现,经县税务局局长批准,对该商场采取了保全措施,扣押查封了该商场部分货物。于是,该商场在多次找税务所交涉没有结果的情况下,于8月15日书面向税务所的上级机关即县税务局提出行政复议申请:要求撤销税务所对其作出的处理决定,并要求税务所赔偿因扣押服装给其造成的经济损失。

法律问题及要求

(1)本案中,县税务局是否应予受理该服装厂的复议申请?
(2)通过本案熟悉复议机关受理税务行政复议的范围如何确定?

解题思路

本案中,县税务局对补缴税款和加收滞纳金的复议申请不予受理,因为其没有依照税务机关根据法律、行政法规确定的税额缴清税款及滞纳金;对税务机关作出的处罚行政行为及扣押查封商品的税收保全措施的复议申请应予受理。

相关法律链接

1.《税务行政复议规则》(国家税务总局令第21号)第十四条 行政复议机关受理申请人对税务机关下列具体行政行为不服提出的行政复议申请:

(一)征税行为,包括确认纳税主体、征税对象、征税范围、减税、免税、退税、抵扣税款、适用税率、计税依据、纳税环节、纳税期限、纳税地点和税款征收方式等具体行政行为,征收税款、加收滞纳金,扣缴义务人、受税务机关委托的单位和个人作出的代扣代缴、代收代缴、代征行为等。

(二)行政许可、行政审批行为。

(三)发票管理行为,包括发售、收缴、代开发票等。

(四)税收保全措施、强制执行措施。

(五)行政处罚行为:

(1)罚款;

(2)没收财物和违法所得;

(3)停止出口退税权。

(六)不依法履行下列职责的行为:

(1)颁发税务登记;

(2)开具、出具完税凭证、外出经营活动税收管理证明;

(3)行政赔偿;

(4)行政奖励;

(5)其他不依法履行职责的行为。

(七)资格认定行为。

(八)不依法确认纳税担保行为。

(九)政府信息公开工作中的具体行政行为。

(十)纳税信用等级评定行为。

(十一)通知出入境管理机关阻止出境行为。

(十二)其他具体行政行为。

第三十三条 申请人对本规则第十四条第(一)项规定的行为不服的,应当先向行政复议机关申请行政复议;对行政复议决定不服的,可以向人民法院提起行政诉讼。

申请人按照前款规定申请行政复议的,必须依照税务机关根据法律、法规确定的税额、期限,先行缴纳或者解缴税款和滞纳金,或者提供相应的担保,才可以在缴清税款和滞纳金以后或者所提供的担保得到作出具体行政行为的税务机关确认之日起60日内提出行政复议申请。

第四十四条　行政复议申请符合下列规定的,行政复议机关应当受理:

(一) 属于本规则规定的行政复议范围。

(二) 在法定申请期限内提出。

(三) 有明确的申请人和符合规定的被申请人。

(四) 申请人与具体行政行为有利害关系。

(五) 有具体的行政复议请求和理由。

(六) 符合本规则第三十三条和第三十四条规定的条件。

(七) 属于收到行政复议申请的行政复议机关的职责范围。

(八) 其他行政复议机关尚未受理同一行政复议申请,人民法院尚未受理同一主体就同一事实提起的行政诉讼。

2.《税收征收管理法》第八十八条　纳税人、扣缴义务人、纳税担保人同税务机关在纳税上发生争议时,必须先依照税务机关的纳税决定缴纳或者解缴税款及滞纳金或者提供相应的担保,然后可以依法申请行政复议;对行政复议决定不服的,可以依法向人民法院起诉。

当事人对税务机关的处罚决定、强制执行措施或者税收保全措施不服的,可以依法申请行政复议,也可以依法向人民法院起诉。

当事人对税务机关的处罚决定逾期不申请行政复议也不向人民法院起诉、又不履行的,作出处罚决定的税务机关可以采取本法第四十条规定的强制执行措施,或者申请人民法院强制执行。

案例2　什么是复议前置程序

案情

A公司为甲县的一大型商业零售企业,其经营范围除包括自营家电、百货、农用生产资料外,还受托代销其他企业单位和个人的服装、鞋帽等商品。2013年12月,A公司受托为M企业代销商品一批,售价为23.4万元,该商品增值税率为17%,M企业不能开具增值税专用发票,双方商定按该批商品售价的30%作为A公司代销手续费,扣除代销手续费后的金额由M公司向A公司开具普通发票。A公司按售价的30%即本公司增值部分缴纳增值税。

甲县地税局了解情况后认为：依据《增值税暂行条例》和《增值税暂行条例实施细则》第4条第2款"销售代销货物视同销售货物"的规定，该代销行为属视同销售行为，应按《增值税暂行条例》的规定就全部销售额计算缴纳增值税，因此认定A公司的行为构成偷税，向A公司送达税务行政处理决定书和行政处罚决定书，要求A公司在4月25日前缴纳税款、滞纳金和罚款。A公司对该处理决定不服，于5月10日向甲县地税局的上级机关乙市地税局申请行政复议。乙市地税局认为A公司未按照税务机关规定的期限缴纳税款或者提供担保，决定不予受理A公司的复议申请。无奈之下，A公司向法院提起诉讼，但法院认为，A公司提起的诉讼未经复议，因此也不予受理。

法律问题及要求

（1）本案中，甲县地税局的做法是否正确？

（2）乙市地税局与法院不予受理的行为是否合法？并请进一步思考本案中所反映的法律规定的合理性。

解题思路

本案中，甲县地税局、乙市地税局及法院的做法都是正确的。依据有关的法律规定，纳税人对税务机关的征税行为不服时，必须先依照税务机关的纳税决定缴纳或者解缴税款及滞纳金或者提供相应的担保，然后才可以依法申请行政复议，并且只有先向税务机关申请复议并对复议决定不服之后才可以再向人民法院起诉。这就是税务争议的"复议前置程序"。本案还须注意复议的时间问题。

相关法律链接

1.《增值税暂行条例实施细则》第四条　单位或者个体工商户的下列行为，视同销售货物：

（一）将货物交付其他单位或者个人代销；

（二）销售代销货物；

（三）设有两个以上机构并实行统一核算的纳税人，将货物从一个机构移送其他机构用于销售，但相关机构设在同一县(市)的除外；

（四）将自产或者委托加工的货物用于非增值税应税项目；

（五）将自产、委托加工的货物用于集体福利或者个人消费；

（六）将自产、委托加工或者购进的货物作为投资，提供给其他单位或者个体工商户；

（七）将自产、委托加工或者购进的货物分配给股东或者投资者；

（八）将自产、委托加工或者购进的货物无偿赠送其他单位或者个人。

2.《行政复议法》第九条　公民、法人或者其他组织认为具体行政行为侵犯其合法权益的，可以自知道该具体行政行为之日起60日内提出行政复议申请，但是法律规定的申请期限超过60日的除外。也即行政复议法为相对人申请复议规定了至少60天的期限。

3.《税务行政复议规则》第十四条　行政复议机关受理申请人对税务机关下列具体行政行为不服提出的行政复议申请：

（一）征税行为，包括确认纳税主体、征税对象、征税范围、减税、免税、退税、抵扣税款、适用税率、计税依据、纳税环节、纳税期限、纳税地点和税款征收方式等具体行政行为，征收税款、加收滞纳金，扣缴义务人、受税务机关委托的单位和个人作出的代扣代缴、代收代缴、代征行为等。

（二）行政许可、行政审批行为。

（三）发票管理行为，包括发售、收缴、代开发票等。

（四）税收保全措施、强制执行措施。

（五）行政处罚行为：

1. 罚款；

2. 没收财物和违法所得；

3. 停止出口退税权。

（六）不依法履行下列职责的行为：

1. 颁发税务登记；

2. 开具、出具完税凭证、外出经营活动税收管理证明；

3. 行政赔偿；

4. 行政奖励；

5. 其他不依法履行职责的行为。

（七）资格认定行为。

（八）不依法确认纳税担保行为。

（九）政府信息公开工作中的具体行政行为。

（十）纳税信用等级评定行为。

(十一)通知出入境管理机关阻止出境行为。

(十二)其他具体行政行为。

第三十三条 申请人对本规则第十四条第(一)项规定的行为不服的,应当先向行政复议机关申请行政复议;对行政复议决定不服的,可以向人民法院提起行政诉讼。

申请人按照前款规定申请行政复议的,必须依照税务机关根据法律、法规确定的税额、期限,先行缴纳或者解缴税款和滞纳金,或者提供相应的担保,才可以在缴清税款和滞纳金以后或者所提供的担保得到作出具体行政行为的税务机关确认之日起六十日内提出行政复议申请。

案例3　行政复议的管辖

案情

2013年8月,美国某公司在上海市申请成立上海黄飞红有限公司(以下简称"黄飞红公司")。后王某出资30万元参与投资,担任公司的副董事长,行使公司的日常管理、经营等工作。2014年5月5日,王某与该美国公司签订了一份合同,约定由该美国公司退还王某投入黄飞红公司的资金30万元人民币,同时再支付15万元作为补偿。合同签订后,王某移交了合同的管理权,该美国公司则一次性支付了王某45万元。至此,双方再无其他关系。

但是,上海市地方税务局对外税务分局(以下简称"上海市外税分局")在税务稽查中了解到,王某与该美国公司签订合同并接受款项后,一直没有就此缴纳任何税款,于是,上海市外税分局于2014年3月28日作出如下税务处理决定,认定王某与该美国公司签订的合同性质属于股份转让合同,由该美国公司支付给王某的45万美元是王某转让股份所得,扣除入股时的股本30万元人民币后,王某还取得转让股份纯利15万元,应按"转让财产所得"税目缴纳个人所得税。根据《个人所得税法》第1条、第2条第9款以及《税收征收管理法》第20条的规定,应补缴财产转让所得的个人所得税及交纳相应的滞纳金;并根据《印花税暂行条例》第1条、第2条、第3条和《印花税暂行条例施行细则》第2条,财政部、国家税务总局《关于印花税违章处罚问题的通知》的规定,责令王某就其与美国公司所签订的合同所载金额缴纳5‰印花税税额。王某不服,认为该款项只是退出公司的补偿金,不应缴税,于是向上海市地方税务局提起复议,上海市地税局审查后作出了维持原决定的裁定。王某认为这是官官相护,于是向法院提起诉讼。

法律问题及要求

(1) 本案中,王某向上海市地税局申请复议的做法是否正确?
(2) 王某提起税务行政诉讼应以哪个税务机关为被告?

解题思路

本案中,上海市地税局及外税分局的做法都是正确的。此外,由于市地税局作出了维持原税务处理决定的裁定,依照当时《行政诉讼法》第 25 条的规定①,如果王某提起税务行政诉讼,应以上海市外税分局为被告。

相关法律链接

1.《个人所得税法》第一条 在中国境内有住所,或者无住所而在境内居住满一年的个人,从中国境内和境外取得的所得,依照本法规定缴纳个人所得税。

第二条 下列各项个人所得,应纳个人所得税:

一、工资、薪金所得;

二、个体工商户的生产、经营所得;

三、对企事业单位的承包经营、承租经营所得;四、劳务报酬所得;

五、稿酬所得;

六、特许权使用费所得;

七、利息、股息、红利所得;

八、财产租赁所得;

九、财产转让所得;

十、偶然所得;

十一、经国务院财政部门确定征税的其他所得。

2.《税收征收管理法》第二十条 从事生产、经营的纳税人的财务、会计制度或者财务、会计处理办法和会计核算软件,应当报送税务机关备案。

---

① 《行政诉讼法》已于 2014 年 11 月 1 日修改,相关内容改为第 26 条,法律链接按 2014 年版本,后同。

纳税人、扣缴义务人的财务、会计制度或者财务、会计处理办法与国务院或者国务院财政、税务主管部门有关税收的规定抵触的,依照国务院或者国务院财政、税务主管部门有关税收的规定计算应纳税款、代扣代缴和代收代缴税款。

3.《印花税暂行条例》第一条 在中华人民共和国境内书立、领受本条例所列举凭证的单位和个人,都是印花税的纳税义务人,应当按照本条例规定缴纳印花税。

第二条 下列凭证为应纳税凭证:

(一)购销、加工承揽、建设工程承包、财产租赁、货物运输、仓储保管、借款、财产保险、技术合同或者具有合同性质的凭证;

(二)产权转移书据;

(三)营业账簿;

(四)权利、许可证照;

(五)经财政部确定征税的其他凭证。

4.《税务行政复议规则》第十六条 对各级国家税务局的具体行政行为不服的,向其上一级国家税务局申请行政复议。

第十七条 对各级地方税务局的具体行政行为不服的,可以选择向其上一级地方税务局或者该税务局的本级人民政府申请行政复议。

省、自治区、直辖市人民代表大会及其常务委员会、人民政府对地方税务局的行政复议管辖另有规定的,从其规定。

5.《行政诉讼法》第二十六条 公民、法人或者其他组织直接向人民法院提起诉讼的,作出行政行为的行政机关是被告。

经复议的案件,复议机关决定维持原行政行为的,作出原行政行为的行政机关和复议机关是共同被告;复议机关改变原行政行为的,复议机关是被告。

复议机关在法定期限内未作出复议决定,公民、法人或者其他组织起诉原行政行为的,作出原行政行为的行政机关是被告;起诉复议机关不作为的,复议机关是被告。

两个以上行政机关作出同一行政行为的,共同作出行政行为的行政机关是共同被告。

行政机关委托的组织所作的行政行为,委托的行政机关是被告。

行政机关被撤销或者职权变更的,继续行使其职权的行政机关是被告。

案例4　处罚程序不合法的法律后果

案情

2014年1月,税务机关接到群众举报:从2009年1月至2013年10月间,某县就业中心收取劳务管理费、临时工管理服务费、临时工培训费和劳务市场收入等共计50万元,但一直没有缴纳任何税款。于是,该税务机关向就业局发出限期申报纳税通知书,但是该就业中心一直未予理睬,同年2月份又连续两次发出催缴税款的通知书,就业中心均未按期履行。于是该税务机关依据《税收征收管理法》第46条关于"从事生产、经营的纳税人、扣缴义务人在规定期限内不缴或者少缴应纳或者应解缴的税款,经税务机关责令限期缴纳,逾期仍未缴纳的,税务机关除依照本法第二十七条的规定采取强制措施追缴其不缴或者少缴的税款外,可以处以不缴或者少缴的税款五倍以下的罚款"的规定对该就业中心作出处以10万元罚款的决定。

就业中心不服,向法院提起诉讼,诉称:就业中心是承担政府行政职能的就业管理机构,收费属于行政经费预算外的资金,因此本中心不是纳税义务人。被告令本局纳税,在遭到拒绝后又以行政处理决定对本局罚款适用法律错误,程序违法,请求人民法院予以撤销。而税务机关辩称:原告虽然是承担着部分政府行政职能的就业管理机构,但是属于自收自支的事业单位,应当依法纳税。原告未及时纳税,应当受到处罚。人民法院应当维持本局的行政处理决定。

经查:税务机关在作出行政处罚决定前,没有将作出行政处罚决定的事实、理由及法律依据告知该就业中心,也没有告知其依法享有陈述和申辩、申请行政复议和提起行政诉讼的权利;同时税务机关收集证据、制作调查笔录也没有依法进行。此外,税务机关在作出数额较大的罚款处罚决定之前也没有告知就业中心有要求听证的权利。

法律问题及要求

(1) 请熟悉正确的处罚程序。
(2) 了解处罚程序不合法所导致的法律后果。

解题思路

被告地税局作为县级以上人民政府的税务行政管理机关,有权对自己在管辖范围内发现的税务违法行为进行处罚,但是这种处罚必须依照行政处罚法的规定进行。依照《行政处罚法》第 41 条的规定,税务机关违背该法规定的程序作出的行政处罚,不能成立。依照当时《行政诉讼法》第 54 条第 2 项的规定①,该决定应予撤销。

相关法律链接

1.《税收征收管理法》第六十八条 纳税人、扣缴义务人在规定期限内不缴或者少缴应纳或者应解缴的税款,经税务机关责令限期缴纳,逾期仍未缴纳的,税务机关除依照本法第四十条的规定采取强制执行措施追缴其不缴或者少缴的税款外,可以处不缴或者少缴的税款 50% 以上 5 倍以下的罚款。

2.《行政处罚法》第三十一条 行政机关在作出行政处罚决定之前,应当告知当事人作出行政处罚决定的事实、理由及依据,并告知当事人依法享有的权利。

第三十六条 除本法第三十三条规定的可以当场作出的行政处罚外,行政机关发现公民、法人或者其他组织有依法应当给予行政处罚的行为的,必须全面、客观、公正地调查,收集有关证据;必要时,依照法律、法规的规定,可以进行检查。

第三十七条 行政机关在调查或者进行检查时,执法人员不得少于两人,并应当向当事人或者有关人员出示证件。当事人或者有关人员应当如实回答询问,并协助调查或者检查,不得阻挠。询问或者检查应当制作笔录。

行政机关在收集证据时,可以采取抽样取证的方法;在证据可能灭失或者以后难以取得的情况下,经行政机关负责人批准,可以先行登记保存,并应当在七日内及时作出处理决定,在此期间,当事人或者有关人员不得销毁或者转移证据。

执法人员与当事人有直接利害关系的,应当回避。

第四十一条 行政机关及其执法人员在作出行政处罚决定之前,不依照本法第三十一条、第三十二条的规定向当事人告知给予行政处罚的事实、理由和依据,或者拒绝听取当事人的陈述、申辩,行政处罚决定不能成立;当事

---

① 相关内容改为 2014 年修订的《行政诉讼法》第 70 条。

人放弃陈述或者申辩权利的除外。

第四十二条 行政机关作出责令停产停业、吊销许可证或者执照、较大数额罚款等行政处罚决定之前,应当告知当事人有要求举行听证的权利;当事人要求听证的,行政机关应当组织听证。当事人不承担行政机关组织听证的费用。听证依照以下程序组织:

(一)当事人要求听证的,应当在行政机关告知后3日内提出;

(二)行政机关应当在听证的七日前,通知当事人举行听证的时间、地点;

(三)除涉及国家秘密、商业秘密或者个人隐私外,听证公开举行;

(四)听证由行政机关指定的非本案调查人员主持;当事人认为主持人与本案有直接利害关系的,有权申请回避;

(五)当事人可以亲自参加听证,也可以委托一至二人代理;

(六)举行听证时,调查人员提出当事人违法的事实、证据和行政处罚建议;当事人进行申辩和质证;

(七)听证应当制作笔录;笔录应当交当事人审核无误后签字或者盖章。

当事人对限制人身自由的行政处罚有异议的,依照治安管理处罚条例有关规定执行。

3.《行政诉讼法》第七十条 行政行为有下列情形之一的,人民法院判决撤销或者部分撤销,并可以判决被告重新作出行政行为:

(一)主要证据不足的;

(二)适用法律、法规错误的;

(三)违反法定程序的;

(四)超越职权的;

(五)滥用职权的;

(六)明显不当的。

案例5 税务机关应如何采取强制措施

案情

某县一个钢铁冶炼厂由于生产经营状况不佳,已有相当长一段时间没有缴纳税款。2014年7月18日,该县地税局向其下达了《限期缴纳税款通知书》,责令该厂于2014年7月19日前缴清所欠税款和滞纳金共计21.6万元,但该厂由于无法在如此短的时间内准备好这么大一笔现金,因此没有履行。于是地税局2014年7月20日下达《税务处罚事项告知书》,告知拟处以其未缴税款1倍的罚款及其享有的权利。2014年7月21日地税局按上述处理意见作出了《税务行政处罚决定书》,限该厂于2014年7月23日前缴纳税款、滞纳金和罚款共计43.2万元。该厂于当天下午收到该《决定书》后,以资金紧张等理由向地税局申请核减税款、滞纳金和罚款,但遭到地税局的拒绝。无奈之下,该厂只好到处筹集资金,于2014年7月23日向地税局缴纳了部分税款,但仍有大部分款项尚未缴纳。2014年7月24日地税局又下达了《限期缴纳税款通知书》,限该厂于2014年7月25日前缴纳余下的税款、滞纳金和罚款。在数次催缴无效的情况下,该地税局经集体研究决定,对该厂采取强制执行措施。2014年7月29日,地税局扣押了该厂500吨钢材,价值约150余万元。但该厂认为地税局对其未缴的罚款采取强制执行措施不合法并且扣押的财产价值远大于未交款项,要求退还。在多次交涉没有结果的情况下,2014年8月15日该厂向县人民法院提起行政诉讼,然而,在诉讼期间,该税务局对所扣押的财产进行了拍卖,并从拍卖所得的价款中扣除了应该缴纳的税款。2014年11月23日,该县人民法院认为该地税局采取强制执行措施违法,一审判决地税局败诉。

法律问题及要求

(1) 税务机关应如何采取强制措施?违法采取强制措施的法律后果是什么?

(2) 熟悉具体行政行为的合理性及其意义。

(3) 本案中税务机关有哪些违法或不合理的行政行为?

解题思路

本案中,地税局执法程序的不合法之处主要有:首先,地税局作出《税务行政处罚决定书》的时间不符合国家税务总局《税务行政处罚听证程序实施办法》第四条的规定;其次,数额巨大,但每次限期缴纳的期限却只有一天,是不合理的行政行为;再次,扣押的财产价值远大于应纳税额且该财产不属不可分割物;最后,建筑公司在法定的期限内申请了行政诉讼,地税局就不能对罚款采取强制执行措施。

相关法律链接

1.《税务行政处罚听证程序实施办法(试行)》第三条 税务机关对公民作出2000元以上(含本数)罚款或者对法人或者对其他组织作出1万元以上(含本数)罚款的行政处罚之前,应当向当事人送达《税务行政处罚事项告知书》,告知当事人已经查明的违法事实、证据、行政处罚的法律依据和拟将给予的行政处罚,并告知有要求举行听证的权利。

第四条 要求听证的当事人,应当在《税务行政处罚事项告知书》送达后三日内向税务机关书面提出听证;逾期不提出的,视为放弃听证权利。当事人要求听证的,税务机关应当组织听证。

2.《税收征收管理法》第四十条 从事生产、经营的纳税人、扣缴义务人未按照规定的期限缴纳或者解缴税款,纳税担保人未按照规定的期限缴纳所担保的税款,由税务机关责令限期缴纳,逾期仍未缴纳的,经县以上税务局(分局)局长批准,税务机关可以采取下列强制执行措施:

(一)书面通知其开户银行或者其他金融机构从其存款中扣缴税款;

(二)扣押、查封、依法拍卖或者变卖其价值相当于应纳税款的商品、货物或者其他财产,以拍卖或者变卖所得抵缴税款。

税务机关采取强制执行措施时,对前款所列纳税人、扣缴义务人、纳税担保人未缴纳的滞纳金同时强制执行。

个人及其所扶养家属维持生活必需的住房和用品,不在强制执行措施的范围之内。

第八十八条 纳税人、扣缴义务人、纳税担保人同税务机关在纳税上发生争议时,必须先依照税务机关的纳税决定缴纳或者解缴税款及滞纳金或者提供相应的担保,然后可以依法申请行政复议;对行政复议决定不服的,可以依法向人民法院起诉。

当事人对税务机关的处罚决定、强制执行措施或者税收保全措施不服的,可以依法申请行政复议,也可以依法向人民法院起诉。

当事人对税务机关的处罚决定逾期不申请行政复议也不向人民法院起诉、又不履行的,作出处罚决定的税务机关可以采取本法第四十条规定的强制执行措施,或者申请人民法院强制执行。

3.《税收征收管理法实施细则》第六十四条 税务机关执行税收征管法

第三十七条、第三十八条、第四十条的规定,扣押、查封价值相当于应纳税款的商品、货物或者其他财产时,参照同类商品的市场价、出厂价或者评估价估算。

税务机关按照前款方法确定应扣押、查封的商品、货物或者其他财产的价值时,还应当包括滞纳金和拍卖、变卖所发生的费用。

第六十五条 对价值超过应纳税额且不可分割的商品、货物或者其他财产,税务机关在纳税人、扣缴义务人或者纳税担保人无其他可供强制执行的财产的情况下,可以整体扣押、查封、拍卖。

案例6 如何确定税务行政诉讼的管辖法院

案情

2013年5月,某县国税局派稽查人员对某商场进行税务稽查,税务稽查人员在出示了检查证和送达税务检查通知书后,便开始进行检查,发现该商场存在大量的账外销售行为,偷税额达5000元。于是依法定程序对该商场作出了补缴税款5000元,罚款5000元,并从滞纳税款之日起按日加收滞纳金的决定。并向该商场送达了《税务处理决定书》和《税务行政处罚决定书》。

该商场收到两份《决定书》之后,认为税务机关在偷税额的认定上存在错误,于是在缴纳有关的税款、罚款和滞纳金后,向该税务局的上级机关某省国税局提起了行政复议,该复议机关经进一步调查后认定:该商场偷税额只有4500元,但是在要求该商场补缴税款4500元的同时,仍然作出了罚款5000元的决定。

决定作出后,该商场仍然不服,认为既然偷税额减少,罚款应该相应地减少,于是想向法院提起诉讼,但是却不知道以谁为被告,向哪个法院提起,于是向律师请教。假如你是该律师,你该作何建议?

法律问题及要求

(1)本案的被告如何确定?
(2)本案中,该商场应该向哪个法院提起诉讼?

解题思路

本案中,由于复议机关改变了原具体行政行为,所以依法律规定,该复议机关是被告。同时,依《行政诉讼法》第17条、第20条之规定①:该商场可以选择向该县国税局所在地或该省国税局所在地人民法院提起诉讼。

相关法律链接

1. 第十八条 行政案件由最初作出行政行为的行政机关所在地人民法院管辖。经复议的案件,也可以由复议机关所在地人民法院管辖。

经最高人民法院批准,高级人民法院可以根据审判工作的实际情况,确定若干人民法院跨行政区域管辖行政案件。

第二十一条 两个以上人民法院都有管辖权的案件,原告可以选择其中一个人民法院提起诉讼。原告向两个以上有管辖权的人民法院提起诉讼的,由最先立案的人民法院管辖。

第二十六条 公民、法人或者其他组织直接向人民法院提起诉讼的,作出行政行为的行政机关是被告。

经复议的案件,复议机关决定维持原行政行为的,作出原行政行为的行政机关和复议机关是共同被告;复议机关改变原行政行为的,复议机关是被告。

复议机关在法定期限内未作出复议决定,公民、法人或者其他组织起诉原行政行为的,作出原行政行为的行政机关是被告;起诉复议机关不作为的,复议机关是被告。

两个以上行政机关作出同一行政行为的,共同作出行政行为的行政机关是共同被告。

行政机关委托的组织所作的行政行为,委托的行政机关是被告。

行政机关被撤销或者职权变更的,继续行使其职权的行政机关是被告。

2.《最高人民法院关于执行〈中华人民共和国行政诉讼法〉若干问题的解释》第七条 复议决定有下列情形之一的,属于行政诉讼法规定的"改变原

---

① 相关内容改为2014年修订的《行政诉讼法》第18条、第21条。

具体行政行为":
（一）改变原具体行政行为所认定的主要事实和证据的；
（二）改变原具体行政行为所适用的规范依据且对定性产生影响的；
（三）撤销、部分撤销或者变更原具体行政行为处理结果的。
第二十二条 复议机关在法定期间内不作复议决定，当事人对原具体行政行为不服提起诉讼的，应当以作出原具体行政行为的行政机关为被告；当事人对复议机关不作为不服提起诉讼的，应当以复议机关为被告。

案例7 行政处罚后仍不改正如何处理

案情

上海某玩具厂属增值税小规模纳税人，其纳税方式采用定期定额和开具发票销售额部分按实征收。2014年1月至12月间，该玩具厂共申报销售额96500元，缴纳增值税5790元。但税务机关经查发现：2014年8月该玩具厂实际履行了与永发公司的生产订单，总价含税销售额共计527350元；2014年9月接受浙江某玩具有限公司的委托加工，共计含税加工费258460元，2014年1月至9月零售部分玩具共计含税销售额71896元。上述三笔，该玩具厂均隐瞒未报。于是，当地主管税务机关对其下达了应补交增值税44112.65元的《税收违法行为限期改正通知书》，同时下达了《税务行政处罚事项告知书》，拟对其作出罚款1500元的决定。4天后，在玩具厂没有提出听证要求的情况下税务机关对其下达了《税务行政处罚决定书》，作出罚款1500元的决定。但该纳税户置之不理，逾期仍未进行申报。税务机关对其不申报行为拟作出2800元罚款。同时，根据《税收征收管理法》第六十三条规定，纳税人经税务机关通知申报而拒不申报的，是偷税，对其处以所偷税款百分之五十以上五倍以下的罚款。该玩具厂不服，提起诉讼。

法律问题及要求

被处罚后仍不改正可不可以再行处罚？

解题思路

本案的关键问题是，在税务机关已经作出处罚的情况下，如果当事人逾期仍不改正怎么办？按照《税收征收管理法》的规定，通知申报而拒不申报是偷税的一个条件，但不能在罚款的基础上再进行罚款。①

 相关法律链接

《税收征收管理法》第六十二条　纳税人未按照规定的期限办理纳税申报和报送纳税资料的，或者扣缴义务人未按照规定的期限向税务机关报送代扣代缴、代收代缴税款报告表和有关资料的，由税务机关责令限期改正，可以处二千元以下的罚款；情节严重的，可以处二千元以上一万元以下的罚款。

第六十三条　纳税人伪造、变造、隐匿、擅自销毁账簿、记账凭证，或者在账簿上多列支出或者不列、少列收入，或者经税务机关通知申报而拒不申报或者进行虚假的纳税申报，不缴或者少缴应纳税款的，是偷税。对纳税人偷税的，由税务机关追缴其不缴或者少缴的税款、滞纳金，并处不缴或者少缴的税款百分之五十以上五倍以下的罚款；构成犯罪的，依法追究刑事责任。

第九十二条　本法施行前颁布的税收法律与本法有不同规定的，适用本法规定。

案例 8　税务机关如何行使税收代位权

案情

2014 年 1 月，某市啤酒厂与该市某餐饮公司签订了一个啤酒供应合同，该合同规定：由啤酒厂向该餐饮公司提供红花牌啤酒 100 吨，价格 10 万元人民币，货到后付款。2014 年 3 月，由于红花牌啤酒货源紧张，啤酒厂不得已只好向该餐饮公司提供了质量更好一点的绿叶牌啤酒 100 吨，并只按红花牌啤酒的价格计价共 10 万元，然而，该餐饮公司却以啤酒厂违约为由，拒绝付款。

2014 年 4 月 20 日，因啤酒厂欠缴 2013 年下半年的增值税及消费税税款共

---

①　从 2009 年 2 月 28 日起，"偷税"将不再作为一个刑法概念存在。第十一届全国人大常委会第七次会议表决通过了《刑法修正案（七）》，修订的《刑法》对第二百零一条关于不履行纳税义务的定罪量刑标准和法律规定中的相关表述方式进行了修改。用"逃避缴纳税款"的表述取代了原法律条文中"偷税"的表述。但目前我国的《税收征收管理法》中还没有作出相应的修改，第 63 条仍保留"偷税"的规定。

计7万元,该市某地税局在责令限期缴纳税款未果的情况下打算对该市啤酒厂仓库内价值20万元的啤酒及原料采取查封措施。为了避免由此造成的损失,该啤酒厂向地税局有关领导提出申请,请求地税局对某餐饮公司所欠的10万元货款行使代位权。

于是,该地税局的有关负责人于2014年5月12日来到了该餐饮公司,要求该餐饮公司于一定期限内缴清该啤酒厂所欠的税款7万元,否则将采取强制执行措施。但该餐饮公司则认为该地税局有如下不合法之处:(1)该税务机关行使代位权的条件不符合:首先是他们之间的债权债务关系尚存在争议。其次是该啤酒厂即使于行使对餐饮公司的债权也不会影响到税收的征缴。最后是该地税局即使有权行使代位权,也应该依法以次债务人为被告向次债务人所在地的人民法院提起并由人民法院审理认定。没有人民法院的认定,代位权则不成立。(2)行使税收强制执行措施违法。根据《税收征收管理法》的规定,税务机关可以依法对从事生产经营的纳税人、扣缴义务人以及纳税担保人采取税收强制执行措施,但法律并没有授权税务机关可以对次债务人采取税收强制执行措施。根据行政主体无明文规定的行政行为违法的原则,该地税局对餐饮公司采取的税收强制执行措施是违法的。

法律问题及要求

(1)税务机关如何行使代位权?
(2)本案中,该地税局的行为有何不妥之处?该餐饮公司的看法对吗?

解题思路

欠缴税款的纳税人怠于行使到期债权时,税务机关可以依《合同法》有关规定行使代位权,但本案中,该地税局代位权的行使不符合法律规定,该餐饮公司的看法是正确的。

  相关法律链接

1.《税收征收管理法》第四十三条 税务机关滥用职权违法采取税收保全措施、强制执行措施,或者采取税收保全措施、强制执行措施不当,使纳税人、扣缴义务人或者纳税担保人的合法权益遭受损失的,应当依法承担赔偿责任。

> 第五十条 欠缴税款的纳税人因怠于行使到期债权,或者放弃到期债权,或者无偿转让财产,或者以明显不合理的低价转让财产而受让人知道该情形,对国家税收造成损害的,税务机关可以依照《合同法》第七十三条、第七十四条的规定行使代位权、撤销权。
>
> 2.《合同法》第七十三条 因债务人怠于行使其到期债权,对债权人造成损害的,债权人可以向人民法院请求以自己的名义代位行使债务人的债权,但该债权专属于债务人自身的除外。
>
> 代位权的行使范围以债权人的债权为限。债权人行使代位权的必要费用,由债务人负担。
>
> 第七十四条 因债务人放弃其到期债权或者无偿转让财产,对债权人造成损害的,债权人可以请求人民法院撤销债务人的行为。债务人以明显不合理的低价转让财产,对债权人造成损害,并且受让人知道该情形的,债权人也可以请求人民法院撤销债务人的行为。
>
> 撤销权的行使范围以债权人的债权为限。债权人行使撤销权的必要费用,由债务人负担。

案例9 税务行政处罚中当事人的听证权利

案情

王某系浙江省金锁电器有限公司的财务总管。2014年5月22日上午,李某持浙江省商业零售发票一本(号码为4118501—4118600)到某国税分局交验发票。审验时工作人员发现该公司在发票使用上存在违章行为,其中有8份发票,号码为4118543、4118546、4118547、4118572、4118573、4118575、4118576、4118600,未按规定一次性全部联次填开,即在填用时未复写第三联记账联。经5月23日立案审查,认定该公司违反了《发票管理办法》的规定,于5月25日向其送达《税务行政处罚事项告知书》,王某当时拒绝代收。于是,该国税分局于5月30日以邮寄送达的方式向金锁电器有限公司送达了该《税务行政处罚事项告知书》,明确告知被处罚人所享有的各项权利和行使这些权利的有效方式,该公司于5月31日收到该告知书后没有任何表示。6月2日,该国税局分局进一步征询了该公司有关负责人的意见,该公司的法定代理人李某在税务行政处罚陈述、申辩笔录上签字,并声明"不陈述、不答辩"。该国税分局遂于6月19日根据

《发票管理办法》第36条之规定,作出了给予该公司3000元罚款的《行政处罚决定书》。但该公司收到后马上提出异议,声称于6月2日就以口头的形式,明确提出要求听证,但该税务局并没有举行听证会,于是,该公司以税务分局处罚行为违反法定程序,认定事实不清为由,向法院提起诉讼。

法律问题及要求

请通过本案熟悉行政处罚听证程序。

解题思路

当事人要求听证的权利是法律赋予的,其可根据自己的意愿,按照法律法规确定的方式,予以行使或放弃。本案中,法院所要审查的不是原告能否证明其曾经口头提出要求听证,而是审查被告的具体行政行为是否剥夺了原告要求听证的程序性权利。而本案被告并没有剥夺原告要求听证的权利,并为其行使要求听证的权利提供了合法有效的方式与途径。

相关法律链接

1.《发票管理办法》第二十二条 开具发票应当按照规定的时限、顺序、栏目,全部联次一次性如实开具,并加盖发票专用章。

第三十五条 违反本办法的规定,有下列情形之一的,由税务机关责令改正,可以处1万元以下的罚款;有违法所得的予以没收:

(一)应当开具而未开具发票,或者未按照规定的时限、顺序、栏目,全部联次一次性开具发票,或者未加盖发票专用章的;

(二)使用税控装置开具发票,未按期向主管税务机关报送开具发票的数据的;

(三)使用非税控电子器具开具发票,未将非税控电子器具使用的软件程序说明资料报主管税务机关备案,或者未按照规定保存、报送开具发票的数据的;

(四)拆本使用发票的;

(五)扩大发票使用范围的;

(六)以其他凭证代替发票使用的;

（七）跨规定区域开具发票的；

（八）未按照规定缴销发票的；

（九）未按照规定存放和保管发票的。

2.《行政处罚法》第三十八条　调查终结，行政机关负责人应当对调查结果进行审查，根据不同情况，分别作出如下决定：

（一）确有应受行政处罚的违法行为的，根据情节轻重及具体情况，作出行政处罚决定；

（二）违法行为轻微，依法可以不予行政处罚的，不予行政处罚；

（三）违法事实不能成立的，不得给予行政处罚；

（四）违法行为已构成犯罪的，移送司法机关。

对情节复杂或者重大违法行为给予较重的行政处罚，行政机关的负责人应当集体讨论决定。

第四十二条　行政机关作出责令停产停业、吊销许可证或者执照、较大数额罚款等行政处罚决定之前，应当告知当事人有要求举行听证的权利；当事人要求听证的，行政机关应当组织听证。当事人不承担行政机关组织听证的费用。听证依照以下程序组织：

（一）当事人要求听证的，应当在行政机关告知后3日内提出；

（二）行政机关应当在听证的7日前，通知当事人举行听证的时间、地点；

（三）除涉及国家秘密、商业秘密或者个人隐私外，听证公开举行；

（四）听证由行政机关指定的非本案调查人员主持；当事人认为主持人与本案有直接利害关系的，有权申请回避；

（五）当事人可以亲自参加听证，也可以委托1至2人代理；

（六）举行听证时，调查人员提出当事人违法的事实、证据和行政处罚建议；当事人进行申辩和质证；

（七）听证应当制作笔录；笔录应当交当事人审核无误后签字或者盖章。

当事人对限制人身自由的行政处罚有异议的，依照治安管理处罚条例有关规定执行。

第四十三条　听证结束后，行政机关依照本法第三十八条的规定，作出决定。

案例10　税收诉讼中的证据规则

案情

某基层税务所于2013年7月15日接到群众举报:该辖区内的某服装生产企业开业已达两个月但没有缴纳任何税款。于是该税务所派出稽查人员张某和王某对该企业进行税务检查,在出示检查证和送达税务检查通知书后,张某和王某对该企业进行了检查,经查发现,该服装生产企业5月8日办理了营业执照,5月10日正式投产,但没有办理税务登记。并且查明,该服装生产企业共生产销售服装金额达15万元,但是没有申报纳税。根据检查情况,税务所作出了如下的处罚决定:

1. 限该服装生产企业于7月25日前办理税务登记,并处以1000元罚款。
2. 补缴税款1.4万元及从滞纳税款之日起按日加收滞纳金,并处未缴税款2倍罚款。

2014年7月19日,税务所向该企业送达《税务处罚事项告知书》,7月21日税务所按上述处理意见作出了《税务处理决定书》和《税务行政处罚决定书》,同时下发《限期缴纳税款通知书》,限该企业于2014年7月28日前缴纳税款和罚款,并于当天将三份文书送达给了服装厂。该企业补缴有关税款及罚款后,于7月25日向人民法院提起行政诉讼,法院受理后于7月27日将起诉状副本送达税务所,税务所街道起诉状副本后,派稽查人员作了进一步的调查取证,取得了充分的证据之后,于2014年8月10日向法院递交了答辩状。

法律问题及要求

(1) 从实体法的角度分析:本案中,税务所的处罚是否正确?
(2) 理解行政诉讼中的证据规则及其法律后果。

解题思路

从实体法的角度而言,本案中该税务机关的处罚是正确的,但是该税务机关却违反了税务处罚及税务行政诉讼的程序:(1) 税务机关不能在作出行政行为之后再收集证据,这样的证据不能作为认定被诉行政行为合法的根据;(2) 答辩状应该在收到起诉状副本之日起10日内递交。

相关法律链接

1.《税收征收管理法》第十五条第一款 企业,企业在外地设立的分支机构和从事生产、经营的场所,个体工商户和从事生产、经营的事业单位(以下统称从事生产、经营的纳税人)自领取营业执照之日起 30 日内,持有关证件,向税务机关申报办理税务登记。税务机关应当于收到申报的当日办理登记并发给税务登记证件。

第六十条第一款 纳税人有下列行为之一的,由税务机关责令限期改正,可以处 2000 元以下的罚款;情节严重的,处 2000 元以上 1 万元以下的罚款:

(一)未按照规定的期限申报办理税务登记、变更或者注销登记的;

(二)未按照规定设置、保管账簿或者保管记账凭证和有关资料的;

(三)未按照规定将财务、会计制度或者财务、会计处理办法和会计核算软件报送税务机关备查的;

(四)未按照规定将其全部银行账号向税务机关报告的;

(五)未按照规定安装、使用税控装置,或者损毁或者擅自改动税控装置的。

2.《行政诉讼法》第三十四条 被告对作出的行政行为负有举证责任,应当提供作出该行政行为的证据和所依据的规范性文件。

被告不提供或者无正当理由逾期提供证据,视为没有相应证据。但是,被诉行政行为涉及第三人合法权益,第三人提供证据的除外。

第三十五条 在诉讼过程中,被告及其诉讼代理人不得自行向原告、第三人和证人收集证据。

3.《最高人民法院关于执行〈行政诉讼法〉若干问题的解释》第二十六条 在行政诉讼中,被告对其作出的具体行政行为承担举证责任。

被告应当在收到起诉状副本之日起 10 日内提交答辩状,并提供作出具体行政行为时的证据、依据;被告不提供或者无正当理由逾期提供的,应当认定该具体行政行为没有证据、依据。

第三十条 下列证据不能作为认定被诉具体行政行为合法的根据:

(一)被告及其诉讼代理人在作出具体行政行为后自行收集的证据;

(二)被告严重违反法定程序收集的其他证据。

案例11 "一事不再理"原则的应用

案情

2013年12月,某市某区税务分局在年终检查时发现:该区的某百货公司公开倡导账外经营。经税务部门查实,该公司自2011年1月至检查时止,账外经营日用百货等业务,取得营业收入1273万元,偷税146万元。此案移交检察机关侦查终结并起诉至该区人民法院,该区人民法院以偷税罪判处矿产品公司罚金219万元,判处法定代表人彭某有期徒刑6个月,缓期1年执行。2014年10月,该税务分局稽查部门再次对该公司进行纳税检查,发现该公司2014年9、10月间存在收入不记账、虚报固定资产抵扣等偷税行为,偷税9万余元,并在检查中发现了私立账户、违规销毁会计原始凭证等违法行为的证据。于是该税务分局下发处罚通知书,责令其限期补缴税款和滞纳金,并处罚款9万元。

但该百货公司对此处罚不服,认为根据"一事不再罚"的原则,该税务分局不能对其进行第二次处罚,于是向其上级机关该市税务局提出复议,但该税务据认为这是无理取闹,未予理睬。该公司便以该税务局行政不作为为由,向法院提起诉讼。法院判决被告某市税务局败诉,令其限期作出具体行政行为。该税务局不得已只好作出了维持其下属某税务分局处罚行为的决定,但是,该百货公司仍不服,又一次以相同的事实和理由提起诉讼,法院对此案进行了受理。

法律问题及要求

(1)请熟悉并掌握"一事不再理"原则在行政处罚中的应用。
(2)请熟悉并掌握"一事不再理"原则在行政诉讼中的应用。

解题思路

行政处罚中,一事不再罚,但本案中的两次处罚的对象不是同一个违法行为,因此,该税务分局的处罚行政行为是正确的;行政诉讼中,对同一诉讼标的不能重复起诉,即"一事不再审",但本案中,该公司两次的诉讼标的是不一样的,第一次是针对不作为,第二次是针对税务局的维持决定。

相关法律链接

1. 《行政处罚法》第二十四条　对当事人的同一个违法行为,不得给予两次以上罚款的行政处罚。

2. 《税收征收管理法》第六十三条　纳税人伪造、变造、隐匿、擅自销毁账簿、记账凭证,或者在账簿上多列支出或者不列、少列收入,或者经税务机关通知申报而拒不申报或者进行虚假的纳税申报,不缴或者少缴应纳税款的,是偷税。对纳税人偷税的,由税务机关追缴其不缴或者少缴的税款、滞纳金,并处不缴或者少缴的税款50%以上5倍以下的罚款;构成犯罪的,依法追究刑事责任。

扣缴义务人采取前款所列手段,不缴或者少缴已扣、已收税款,由税务机关追缴其不缴或者少缴的税款、滞纳金,并处不缴或者少缴的税款50%以上5倍以下的罚款;构成犯罪的,依法追究刑事责任。

3. 《最高人民法院关于执行〈中华人民共和国行政诉讼法〉若干问题的解释》第三十六条　人民法院裁定准许原告撤诉后,原告以同一事实和理由重新起诉的,人民法院不予受理。

准予撤诉的裁定确有错误,原告申请再审的,人民法院应当通过审判监督程序撤销原准予撤诉的裁定,重新对案件进行审理。

第三十八条　人民法院判决撤销行政机关的具体行政行为后,公民、法人或者其他组织对行政机关重新作出的具体行政行为不服向人民法院起诉的,人民法院应当依法受理。

第四十四条　有下列情形之一的,应当裁定不予受理;已经受理的,裁定驳回起诉:

(一)请求事项不属于行政审判权限范围的;

(二)起诉人无原告诉讼主体资格的;

(三)起诉人错列被告且拒绝变更的;

(四)法律规定必须由法定或者指定代理人、代表人为诉讼行为,未由法定或者指定代理人、代表人为诉讼行为的;

(五)由诉讼代理人代为起诉,其代理不符合法定要求的;

(六)起诉超过法定期限且无正当理由的;

(七)法律、法规规定行政复议为提起诉讼必经程序而未申请复议的;

(八) 起诉人重复起诉的;
(九) 已撤回起诉,无正当理由再行起诉的;
(十) 诉讼标的为生效判决的效力所羁束的;
(十一) 起诉不具备其他法定要件的。

前款所列情形可以补正或者更正的,人民法院应当指定期间责令补正或者更正;在指定期间已经补正或者更正的,应当依法受理。

教师反馈及教材、课件申请表

尊敬的老师：

您好！感谢您一直以来对北大出版社图书的关爱。北京大学出版社以"教材优先、学术为本"为宗旨，主要为广大高等院校师生服务。为了更有针对性地为广大教师服务，满足教师的教学需要、提升教学质量，在您确认将本书作为教学用书后，请您填好以下表格并经系主任签字盖章后寄回，我们将免费向您提供相关的教材、思考练习题答案及教学课件。在您教学过程中，若有任何建议也都可以和我们联系。

书号/书名	
所需要的教材及教学课件	
您的姓名	
系	
院校	
您所主授课程的名称	
每学期学生人数	学时
您目前采用的教材	书名＿＿＿＿＿＿ 作者＿＿＿＿＿＿ 出版社＿＿＿＿＿＿
您的联系地址	
联系电话	
E-mail	
您对北大出版社及本书的建议：	系主任签字 盖章

我们的联系方式：

北京大学出版社法律事业部

地　　址：北京市海淀区成府路 205 号　　　联系人：李铎
电　　话：010-62752027　　　　　　　　　传　真：010-62556201
电子邮件：bjdxcbs1979@163.com
网　　址：http://www.pup.cn
北大出版社市场营销中心网站：www.pupbook.com